Detlef Rathmer

Wer du wirklich bist

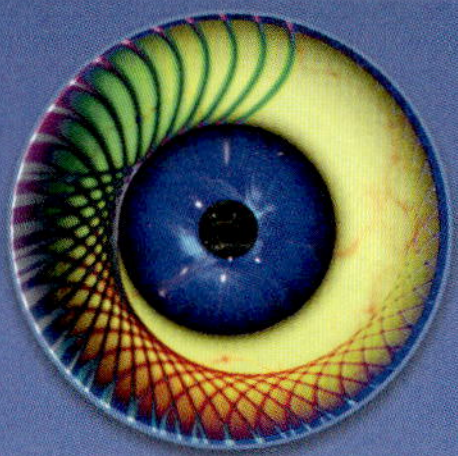

Hilfe auf dem Weg zur Selbsterkenntnis in übersichtlichen Schaubildern

Kompaktes Enneagramm-Wissen
für ein vertiefendes Verständnis
der eigenen Persönlichkeit

1. Auflage März 2015

ISBN: 978-3-00-048811-5

VR Verlagshaus RATHMER

Bibliographische Information der Deutschen Nationalbibliothek

Die deutsche Nationalbibliothek verzeichnet diese Publikation in der Deutschen Nationalbibliografie; detaillierte bibliographische Daten sind im Internet unter „www.dnb.de" abrufbar.

Lektorat, Endkorrektat, Gesamtgestaltung: Detlef Rathmer;
Technische Unterstützung: Jonah S. Rathmer;
Kreative Unterstützung: Marc Krekler

Email: 9Rathmer@gmail.com

Urheberrechtshinweis

Hinweise

1. Die Enneagramm-Fixierungen werden häufig kurz „Enneatypen" genannt.
2. „kp" bedeutet: kontraphobisch, also ein gegen die Angst gerichtetes Verhalten.
3. Bei Benutzung der männlichen Form (z.B. bei der Nennung von Berufen etc.) ist automatisch auch die weibliche Form gemeint.

Ampelsystem

Unter der Nummerierung der Übersichten finden sich Punkte mit folgender Bedeutung:

Enneagramm-Profis

Enneagramm-Amateure

Enneagramm-Laien

Inhaltsverzeichnis

Begriffsbestimmungen

Enneagramm (von altgriechisch ἐννέα, *ennea*, „neun", und *γράμμα*, *gramma*, „das Geschriebene, das Zeichen, der Buchstabe") bezeichnet ein neunspitziges Symbol, das als grafisches Strukturmodell neun grundsätzliche Qualitäten bzw. Urprinzipien des Universums unterscheidet, ordnet und miteinander in Beziehung setzt.

Enneagramm-Fixierung bedeutet, dass jeder Enneagrammtyp von einem Ideal ausgeht, einem Fixpunkt, an dem sich seine Lebensgestaltung ausrichtet und auf den er fixiert ist. Es macht geradezu das Verhaltensmuster des beschriebenen Typs aus, trotz aller Widrigkeiten an seinem Ideal festzuhalten.

Triaden: Nach der enneagrammatischen Persönlichkeitstypologie verfügt jeder Mensch über drei Intelligenzzentren: Kopf (Verstand/Ratio), Herz (Emotionen) und Bauch (Instinkt). Diese Zentren nennt man auch Triaden.

Flügel: Ein Typ weist meist auch Eigenschaften seiner beiden direkten Nachbarn auf, welche als Flügel (engl. wings) bezeichnet werden (Typ 1 hat z.B. die Flügel 9 und 2).

Nachweise

Übersicht 138: Von pixelio.de (Gardenie: mari-2000, Image-ID 134357; Narzisse: sikapaulus, Image-ID 687462; Rose: mari-2000, Image-ID: 706172; Orchidee: Andreas Hermsdorf, Image-ID 716611; Veilchen: Rudolpho Duba, Image-ID 643819; Tulpe: uschi dreiucker, Image-ID 689994; Strelitzie: Susanne Schmich, Image-ID 380159; Mohnblüte: Peter Freitag, Image-ID 696158; Gänseblümchen: Bernd Kasper, Image-ID 693264).
Übersicht 164: (M. Thatcher, by work provided by Chris Collins of the Margaret Thatcher Foundation [CC BY-SA 3.0 (creativecommons.org/licenses/by-sa/3.0)], via WMC (WMC); Nancy Reagan, by Official White House photographer, via WMC; Coco Chanel: von Marion Pike (Internet) [via WMC; Edith Piaf, by Nationaal Archief, Den Haag, Rijksfotoarchief: Fotocollectie Algemeen Nederlands Fotopersbureau (ANEFO), 1945-1989 - negatiefstroken zwart/wit, nummer toegang 2.24.01.05, bestanddeelnummer 914-6440 (Nationaal Archief) [CC BY-SA 3.0 nl (creativecommons.org/licenses/by-sa/3.0/nl/deed.en)], via WMC; Jacqueline Kennedy Onassis; by Cecil W. Stoughton (mcadams.posc.mu.edu/images/jackie2.htm), via WMC; Marlene Dietrich, von Trailer screenshot (Stage Fright trailer) via WMC; Bette Davis, by Roland Godefroy (Eigenes Werk) [GFDL (.gnu.org/copyleft/fdl.html) oder CC BY 3.0 (creativecommons.org/licenses/by/3.0)], via WMC; "Grace Kelly 1955" by Sterling Publications-publisher's name on cover in logo near title - eBaycoverpagesphoto page 55. Licensed under via WMC).
Übersicht 165: Konrad Adenauer, Bundesarchiv B145, Bild-F078072-0004%2C, WMC; Willy Brandt: Bundesarchiv, B 145 Bild-F057884-0009 / Engelbert Reineke / CC-BY-SA [CC BY-SA 3.0 de (creativecommons.org/licenses/by-sa/3.0/de/deed.en)], via WMC; Albert Einstein, Bundesarchiv, Bild 102-10447 / CC-BY-SA [CC BY-SA 3.0 de (creativecommons.org/licenses/by-sa/3.0/de/deed.en)], via WMC; Osho, by osho.com (osho.com) [CC BY-SA 3.0 (creativecommons.org/licenses/by-sa/3.0)], via WMC; Typ 8: Vitali Klitschko: Foto: Sven Teschke /via WMC.
Übersicht 217: (Typ 1: Bild „bow and arrow": uploader paxed, de.freepick.com).
Übersicht 230: Albert Schweitzer: Bundesarchiv, Bild 183-D0116-0041-019 / Unbekannt / CC-BY-SA 3.0 [CC BY-SA 3.0 de (creativecommons.org/licenses/by-sa/3.0/de/deed.en)], via WMC vom WMC; Christiaan Barnard (1968) by Eric Koch / Anefo (Nationaal Archief) [CC BY-SA 3.0 nl (creativecommons.org/licenses/by-sa/3.0/nl/deed.en)], via WMC.
Übersichten 234 – 242: Die Aufzählung der berühmten Persönlichkeiten dient lediglich zur Veranschaulichung der Enneagramm-Typen. Die Einordnung wurde aufgrund der subjektiven Einschätzung mit den zur Verfügung stehenden Parametern vorgenommen, die allgemein bekannt und öffentlich sind und erhebt insofern nicht den Anspruch auf absolute Richtigkeit. Eine sichere Bestimmung des Enneatyps ist letztlich nur im Rahmen eines persönlichen Gespräches, z.B. im Rahmen einer Anamnese, von Angesicht zu Angesicht möglich. Die Nennung der Namen hat darüber hinaus keinerlei persönlichen oder kommerziellen Hintergrund.
Übersicht 234: Steve Jobs: By MetalGearLiquid, based on File: Steve_Jobs_Headshot_2010-CROP.jpg made by Matt Yohe [CC BY-SA 3.0 (creativecommons.org/licenses/by-sa/3.0)], via WMC; Lecreativecommons.org/licenses/by-sa/3.0/nl/deed.en)], via WMC.; Leonard Nimoy: von Gage Skidmore from Peoria, AZ, USA (Leonard Nimoy Uploaded by maybeMaybeMaybe) [CC BY-SA 2.0 (creativecommons.org/licenses/by-sa/2.0)], via WMC; Herbert von Karajan: von Bilsen, Joop van / Anefo [CC BY-SA 3.0 nl (creativecommons.org/licenses/by-sa/3.0/nl/deed.en)], via WMC; Nelson Mandela: South Africa The Good News / sagoodnews.co.za [CC BY 2.0 (creativecommons.org/licenses/by/2.0)], via WMC; Ursula von der Leyen: Laurence Chaperon [CC BY-SA 3.0 de (creativecommons.org/licenses/by-sa/3.0/de/deed.en)], via WMC; Harrison Ford: By Mireille Ampilhac [CC BY-SA 2.0 (creativecommons.org/licenses/by-sa/2.0)], via WMC; Emma Thompson: Georges Biard [CC BY-SA 3.0 (creativecommons.org/licenses/by-sa/3.0)], via WMC; Wladimir Klitschko: By Michael Schilling (Own work) [CC BY-SA 3.0 (creativecommons.org/licenses/by-sa/3.0)], via WMC.
Übersicht 235: Papst Franziskus: von MLNR 1880 [CC BY-SA 3.0 (creativecommons.org/licenses/by-sa/3.0)], via WMC; Mutter Theresa: © 1986 Túrelio (via Wikimedia-Commons), 1986 /, via WMC; Sammy Davis Jr.: By Allan warren (Own work) [CC BY-SA 3.0 (creativecommons.org/licenses/by-sa/3.0) or GFDL (gnu.org/copyleft/fdl.html)], via WMC; Ray Charles: photo by Alan Light [CC BY 2.0 (creativecommons.org/licenses/by/2.0)], via WMC; Farrah Fawcett: von Windmill Entertainment [CC BY-SA 3.0 (creativecommons.org/licenses/by-sa/3.0)], via WMC; John Travolta: von Towpilot (Eigenes Werk) [CC BY-SA 3.0 (creativecommons.org/licenses/by-sa/3.0) oder GFDL (gnu.org/copyleft/fdl.html)], via WMC.
Übersicht 236: Karl Popper: By LSE library [flickr.com], via WMC; Karl Lewis: von Manfred Werner - Tsui (Eigenes Werk) [GFDL (gnu.org/copyleft/fdl.html) oder CC BY-SA 3.0 (creativecommons.org/licenses/by-sa/3.0)], via WMC; William Shatner: By Keith McDuffee (Flickr) [CC BY 2.0 (creativecommons.org/licenses/by/2.0)], via WMC; Oprah Winfrey: photo by Alan Light [CC BY 2.0 (creativecommons.org/licenses/by/2.0)], via WMC; Halle Berry: Gage Skidmore [CC BY-SA 3.0 (creativecommons.org/licenses/by-sa/3.0)], via WMC; Miroslav Klose: By Michael Kranewitter (Own work) [CC BY-SA 3.0 (creativecommons.org/licenses/by-sa/3.0)], via WMC; Richard Gere: By spaceodissey from Parma, Italy [CC BY 2.0 (creativecommons.org/licenses/by/2.0)], via WMC; Steffi Graf: By Steffi_Graf_in_Hamburg.jpg: Mark Henckel from Hamburg-Altona, Deutschland (sommer-in-hamburg.de/) derivative work: César [CC BY-SA 2.0 (creativecommons.org/licenses/by-sa/2.0)], via WMC; Helene Fischer: von de: Benutzer: ZicheFan ((moved from de.wikipedia.org)) [CC BY-SA 3.0 (creativecommons.org/licenses/by-sa/3.0)], via WMC; Mario Barth: By Michael Schilling (Own work) [CC BY-SA 3.0 (creativecommons.org/licenses/by-sa/3.0)], via WMC; Victoria Beckham: By Gerrit van Aaken from Hochheim am Main, Hesse, Germany (Flickr) [CC BY 2.0 (creativecommons.org/licenses/by/2.0)], via WMC.
Übersicht 237: Winona Ryder: By PM - Il Piccolo Missionario (Flickr) [CC BY-SA 2.0 (creativecommons.org/licenses/by-sa/2.0)], via WMC; Joachim Löw: By Steindy (talk) 10:00, 27 June 2011 (UTC) (Own work) [GFDL (gnu.org/copyleft/fdl.html) or CC BY-SA 3.0 (creativecommons.org/licenses/by-sa/3.0)], via WMC; Cate Blanchett: Paul Cush [CC BY 3.0 (creativecommons.org/licenses/by/3.0)], via WMC; David Garrett: By Maximilian Kühn, denoised by Pro2 (Transferred from de.wikipedia) [CC BY-SA 3.0 de (creativecommons.org/licenses/by-sa/3.0/de/deed.en)], via WMC; Kate Bush: upload.wikimedia.org/wikipedia/commons/5/5c/KateBushComicRelief.png.; Johnny Depp: Angela George [CC BY-SA 3.0 (creativecommons.org/licenses/by-sa/3.0)], via WMC; Romy Schneider: By Iberia Airlines [CC BY 2.0 (creativecommons.org/licenses/by/2.0)], via WMC; Kate Winslet: gdcgraphics [CC BY-SA 2.0 (creativecommons.org/licenses/by-sa/2.0)], via WMC; Prinz Charles: By Allan warren (Own work) [CC BY-SA 3.0 (creativecommons.org/licenses/by-sa/3.0) or GFDL (gnu.org/copyleft/fdl.html)], via WMC.
Übersicht 238: Michelle Pfeiffer: By Jeremiah Christopher [CC BY 2.0 (creativecommons.org/licenses/by/2.0)], via WMC; Bill Gates: dts-nachrichtenagentur.de/nachrichtenbilder [Attribution], via WMC; Madeleine Stowe: By DoubleSpeak with Matthew and Peter Slutsky from United States [CC BY-SA 2.0 (creativecommons.org/licenses/by-sa/2.0)], via WMC; Jane Goodall; By Nick Stepowyj at flickr.com/people/nickstep/ (flickr.com/photos/nickstep/5407412315/) [CC BY 2.0 (creativecommons.org/licenses/by/2.0)], via Wikimedia Commons; Sam Neill: By sean.koo (Sam Neill) [CC BY-SA 2.0 (creativecommons.org/licenses/by-sa/2.0)], via WMC; Daniel Craig: von Liam Mendes Uploaded by MyCanon (Daniel Craig) [CC BY-SA 2.0 (creativecommons.org/licenses/by-sa/2.0)], via WMC; Anthony Hopkins: gdcgraphics [CC BY-SA 2.0 (creativecommons.org/licenses/by-sa/2.0)], via WMC; Herbert Grönemeyer: By Superbass (Own work) [CC BY-SA 4.0 (creativecommons.org/licenses/by-sa/4.0)], via WMC; Jean Pütz (Photo by Arne Köhler); Roman Polanski: By Roman_Polanski_Emmanuelle_Seigner_Césars_2011.jpg: Georges Biard derivative work: César [CC BY-SA 3.0 (creativecommons.org/licenses/by-sa/3.0)], via WMC.
Übersicht 239: Frank Elstner (Photo by Thomas Richter); Nena: von Michael Movchin (Eigenes Werk) [CC BY-SA 3.0 (creativecommons.org/licenses/by-sa/3.0)], via WMC; Woody Allen: By David Shankbone (David Shankbone) [CC BY 3.0 (creativecommons.org/licenses/by/3.0)], via WMC; Diane Keaton: von Sbclick Uploaded by MyCanon (Diane Keaton) [CC BY 2.0 (creativecommons.org/licenses/by/2.0)], via WMC; Hugh Grant: Tine Hemeryck [CC BY-SA 2.0 (creativecommons.org/licenses/by-sa/2.0)], via WMC; Robert Redford: By Steve Jurvetson (Flickr) [CC BY 2.0 (creativecommons.org/licenses/by/2.0)], via WMC; Emma Watson: von David Shankbone (Emma Watson) [CC BY 2.0 (creativecommons.org/licenses/by/2.0)], via WMC; Mesut Özil: von Steindy (Diskussion) 11:56, 27 June 2011 (UTC) (Eigenes Werk) [GFDL (gnu.org/copyleft/fdl.html) oder CC BY-SA 3.0 (creativecommons.org/licenses/by-sa/3.0)], via WMC; Papst Benedikt XVI.: By Fabio Pozzebom/ABr (Agência Brasil [1]) [CC BY 3.0 br (creativecommons.org/licenses/by/3.0/br/deed.en)], via WMC; Iris Berben: By Kurt Kulac (Own work) [CC BY-SA 3.0 (creativecommons.org/licenses/by-sa/3.0)], via WMC; Julia Roberts: By David Shankbone (Own work) [CC BY 3.0 (creativecommons.org/licenses/by/3.0)], via WMC; Ellen DeGeneres: Angela George [CC BY-SA 3.0 (creativecommons.org/licenses/by-sa/3.0)], via WMC; Robert De Niro: von David Shankbone (Eigenes Werk) [CC BY 3.0 (creativecommons.org/licenses/by/3.0)], via WMC; Renée Zellweger: von Renée_Zellweger_(Berlin_Film_Festival_2009).jpg: [CC BY 3.0 (creativecommons.org/licenses/by/3.0)], via WMC; Joachim Gauck: von J. Patrick Fischer (derivative work: Hic et nunc (Diskussion)) [CC BY-SA 3.0 (creativecommons.org/licenses/by-sa/3.0)], via WMC; Elijah Wood: By ElijaWood.jpg: Parriswells derivative work: RanZag (ElijahWood.jpg) [CC BY 3.0 (creativecommons.org/licenses/by/3.0)], via WMC.
Übersicht 240: Thomas Gottschalk: von Thomas Schmidt (NetAction) (Eigenes Werk) [CC BY-SA 3.0 (creativecommons.org/licenses/by-sa/3.0)], via WMC; Steven Spielberg: Gerald Geronimo [CC BY-SA 2.0 (creativecommons.org/licenses/by-sa/2.0)], via WMC; George Clooney: By Nicolas Genin (66ème Festival de Venise (Mostra)) [CC BY-SA 2.0 (creativecommons.org/licenses/by-sa/2.0)], via WMC; Shakira: Georges Biard [CC BY-SA 3.0 (creativecommons.org/licenses/by-sa/3.0)], via WMC; Michael Ballack (von Florian K. für das WorldcupWicki); Jacqueline Bisset: Andrey Lunin [CC BY-SA 2.0 (creativecommons.org/licenses/by-sa/2.0)], via WMC; Brad Pitt: By DoD News Features (141015-D-FW736-069) [CC BY 2.0 (creative commons.org/licenses/by/2.0)], via WMC; Franz Beckenbauer: By © Ralf Roletschek - Fahrradtechnik und Fotografie (Own work) [GFDL (gnu.org/copyleft/fdl.html) or CC BY 3.0 (creativecommons.org/licenses/by/3.0)], via WMC; Gérald Depardieu: Georges Biard [CC BY-SA 3.0 (http://creative commons.org/licenses/by-sa/3.0)], via WMC; Atze Schröder: von Superbass (Eigenes Werk) [CC BY-SA 3.0 (creativecommons.org/licenses/by-sa/3.0)], via WMC; Drew Barrymore: By GlynLowe.com from Hamburg, Germany [CC BY 2.0 (creativecommons.org/licenses/by/2.0)], via WMC; Liza Minelli: von Boss Tweed (Flickr) [CC BY 2.0 (creativecommons.org/licenses/by/2.0)], via WMC; Lothar Matthäus: Foto: Udo Grimberg, Lizenz: CC-BY-SA 3.0 DE [CC BY-SA 3.0 de (creativecommons.org/licenses/by-sa/3.0/de/deed.en)], via WMC; Jeanne Moreau: By Jeanne_Moreau_Marcello_Mastroianni_1991.jpg: Georges Biard derivative work: César [CC BY-SA 3.0 (creativecommons.org/licenses/by-sa/3.0)], via WMC.
Übersicht 241: Angela Merkel: By Michael Thaidigsmann (Own work) [CC BY-SA 4.0 (http://creativecommons.org/licenses/by-sa/4.0)], via WMC; Jack Nicholson: Georges Biard [CC BY-SA 3.0 (creativecommons.org/licenses/by-sa/3.0)], via WMC; Quentin Tarantino: By Siebbi (cropped version of ipernity.com) [CC BY 3.0 (http://creativecommons.org/licenses/by/3.0)], via WMC; Mao Zedong portrait attributed to Zhang Zhenshi and a committee of artists (see [1],[1]), this version hung at Tiananmen Gate prior to about 1967. (Own work), via WMC; Larry Hagman: By Toglenn (Own work) [CC BY-SA 3.0 (creativecommons.org/licenses/by-sa/3.0) or GFDL (gnu.org/copyleft/fdl.html)], via WMC; Diego Maradona: By Mireille Ampilhac [CC BY-SA 2.0 (creativecommons.org/licenses/by-sa/2.0)], via WMC; Franck Ribéry: By Christophe95 (Own work) [CC BY-SA 3.0 (creativecommons.org/licenses/by-sa/3.0)], via WMC; Peer Steinbrück: dts-nachrichtenagentur.de/nachrichtenbilder [Attribution], via WMC.
Übersicht 242: Jürgen Klinsmann: By Steindy (talk) 21:30, 22.11. 2013 (UTC) (Own work) [GFDL (gnu.org/copyleft/fdl.html) or CC BY-SA 3.0 (creativecommons.org/licenses/by-sa/3.0)], via WMC; Richard von Weizsäcker: Bundesarchiv, Bild 146-1991-039-11 / CC-BY-SA [CC BY-SA 3.0 de (creativecommons.org/licenses/by-sa/3.0/de/deed.en)], via WMC; Kevin Costner: Georges Biard [CC BY-SA 3.0 (creativecommons.org/licenses/by-sa/3.0)], via WMC.; Jennifer Aniston: Angela George [CC BY 3.0 (creativecommons.org/licenses/by/3.0)], via WMC; Silvia Neid: By Moritz Johannes Löw, Mo4jolo (Own work) [CC BY-SA 3.0 (creativecommons.org/licenses/by-sa/3.0)], via WMC; Jeff Bridges: Gage Skidmore [CC BY-SA 3.0 (creativecommons.org/licenses/by-sa/3.0)], via WMC; Prinzessin Beatrix: By Emiel Ketelaar, (FrozenImage via Wikiportrait) [CC BY 3.0 (creativecommons.org/licenses/by/3.0) or GFDL (gnu.org/copyleft/fdl.html)], via WMC; Sandra Bullock: Richard Goldschmidt [CC BY 3.0 (creativecommons.org/licenses/by/3.0)], via WMC; Maria Höfl-Riesch: By Christian Jansky (Own work) [CC BY-SA 3.0 (creativecommons.org/licenses/by-sa/3.0)], via WMC; Max Moor: von Harald Bischoff (Eigenes Werk) [CC BY-SA 3.0 (http://creativecommons.org/licenses/by-sa/3.0)], via WMC; Robin Wright: Georges Biard [CC BY-SA 3.0 (creativecommons.org/licenses/by-sa/3.0)], via WMC.
Nicht näher gekennzeichnete Bilder entstammen zum Teil der Bilderdatenbank pixabay.com (= urheberrechtsfreie Bilder) oder sonstiger public domains.

Vorwort

Jedes lebende Wesen wünscht sich dauerhaftes und ungetrübtes Glück, jeder liebt vor allem sich selbst, und Liebe strebt allein nach Glück. Um jenes Glück erfahren zu können, das unsere wahre Natur ist, und das wir - jenseits des Denkens - in tiefem Schlaf erleben, sollten wir uns selbst erkennen. Der beste Weg zu dieser Erkenntnis ist der des Erforschens "Wer bin ich?“ *(Sri Ramana Maharshi, 1879-1950)*

„Wer bin ich?“ Diese Frage stellt sich wohl jeder Mensch im Laufe seines Lebens. Sie ist die vielleicht zentralste Frage des Menschen überhaupt und seit Beginn der Menschheit zeitlos aktuell. In allen Kulturen und zu allen Zeiten der Menschheitsgeschichte stehen die Menschen genau vor diesem Mysterium und suchen auf unterschiedlichste Arten nach plausiblen Antworten. Das Nicht-Wissen um die Antwort verursacht Unklarheit, Unsicherheit, Angst, Fanatismus, Streit, Krieg.

Die Enneagramm-Fixierungen sind wahrscheinlich bereits vor der Geburt festgelegte Programmierungen in jedem Menschen. Mit ein wenig Übung erkennst du diese 9 universellen Urprinzipien des Daseins in vielen Lebensbereichen, denn sie „durchweben“ gleichsam unser Leben. Sie zu erkennen bedeutet ein bewussteres Leben auf allen Ebenen unserer Existenz zu führen.

Die folgenden Seiten geben einen Beitrag zur Entwicklung der Enneagrammforschung, indem die vielfältigen Aspekte der alten Weisheitslehre des Enneagramms in Form von übersichtlichen Schaubildern in umfassender aber gleichwohl leicht verständlicher Art dargestellt werden.

Worte können bestenfalls Wegweiser sein, auf die Wirklichkeit hinweisen. Buddhas Ausdruck „Der Finger, der zum Mond zeigt, ist nicht der Mond“ verdeutlicht das.

Das innere Wissen um die wahren Zusammenhänge des Universums (bzw. der 9 universellen Schöpfungskräfte) entzieht sich regelmäßig allen analytischen Erklärungsversuchen. Durch die Schaubilder des Buches kannst du die Geheimnisse dieser alten Persönlichkeitslehre zuverlässig und tief durchdringen und findest darin viele Hinweise zum Erkennen der eigenen Persönlichkeitsstruktur, zum Wunder deines Seins.

Dir wird durch das Studium dieses Werkes der eigene Enneatyp deutlich; dieser kann der Weg deiner Selbsterkenntnis sein mit dem Ziel, achtsam mit dir und deiner Umwelt umzugehen, bewusster zu werden, aufzuwachen.

Viele Deiner Lebenszusammenhänge werden klarer, indem du lernst, in dich hineinzuschauen wie durch den Blick in einen Spiegel, welcher dir nicht nur deine äußeren Gesichtszüge, sondern dein „wahres Gesicht“ tief im Inneren zeigt. Wenn du deine eigene Fixierung erkennst, bist du plötzlich in der Lage, sowohl für bereits gelebtes Verhalten trostreiche Erklärungen zu finden als auch in der Gegenwart typentsprechende und damit bewusstere und dem wirklichen Leben besser entsprechende Entscheidungen zu treffen.

Deinem eigenen Erkennen folgt unweigerlich das Erkennen deiner Umwelt, was zu einem friedvolleren und mitfühlenderen Umgang mit dem Umfeld führen kann, anstatt vorschnell ein doch oft einseitiges Urteil über den gegenüberstehenden Menschen zu treffen.

Mit diesem Buch werden einerseits die unterschiedlichen Abwehrmechanismen der neun Menschentypen des Enneagramms vorgestellt, zum anderen die innerpsychischen Zusammenhänge deutlich gemacht, indem die einzelnen Wahrnehmungsmuster und Handlungsstrategien der 9 Fixierungen deutlich abgebildet werden. Sowohl die psychologische als auch die spirituelle Strömung der Enneagramm-Forschung werden in diesem Werk berücksichtigt.

Wie bin ich zur Enneagramm-Arbeit gekommen?

In meiner homöopathischen Praxis in Billerbeck bei Münster hatte ich immer wieder schwierige Fälle, in denen es mir trotz umfangreicher und intensiver Anamnesen nicht gelang, das passende homöopathische Heilmittel zu finden. Die Forschungen des Herrn Dr. med. Peter Hegemann haben mich dann auf die Idee gebracht, hier ebenfalls eine effektivere Herangehensweise zu probieren. Den einzelnen Enneagramm-Typen werden im Rahmen der sog. Enneagramm-Homöopathie jeweils spezifische homöopathische Heilmittel zugeordnet. (Diese Art der Therapie hat sich insbesondere in chronischen Fällen bewährt, gehört jedoch unbedingt in die Hände eines erfahrenen und kompetenten Therapeuten.) Um meinem Anspruch, Patienten zielsicher und erfolgreich behandeln zu können, gerecht zu werden, habe ich mich intensiv mit dem Enneagramm auseinandergesetzt. Die Visualisierung in Form von Schaubildern war mir beim Erlernen stets von großem Nutzen und ich möchte dieses wertvolle Hilfsmittel hiermit gerne an dich weiterreichen.

Dieses Buch unterscheidet sich wesentlich von anderen Büchern, denn es verzichtet bewusst auf viele beschreibende Erklärungen, weil Sprache letztlich nur eine schlechte Übersetzung der Lebenswirklichkeit ist. Das Enneagramm-Wissen soll dir hier primär durch die bildhafte Betrachtung der Schaubilder intuitiv verständlich werden; der Schwerpunkt und das besondere Anliegen liegen also auf der analogen Betrachtung des Lebens in Form der 9 Prinzipien des Universums.

Ich wünsche dir nun viel Freude und Begeisterung beim Studium der zahlreichen Übersichten zum Enneagramm. Begib dich mit diesem Buch auf die Reise zu dir selbst und finde deinen Enneatyp heraus – möglicherweise wird es dein Leben verändern, voraussichtlich bereichern, wenn du dadurch entdeckst, wer du wirklich bist.

Detlef Rathmer *Billerbeck, den 16.03.2015*

Einführung in die Enneagramm-Lehre

Die 9 Antriebs- und Motivationsmuster des Enneagramms sind als Diagnosemodelle für die menschliche Psyche von ausschlaggebender Bedeutung, weil sie detailliert, tiefgründig und umfassend die inneren Beweggründe, Denkmuster und grundlegenden Überzeugungen eines jeden Menschen beschreiben. Neueinsteiger in die Enneagrammlehre sind oft erstaunt, derartig klare und präzise Porträts von sich selbst, ihren Freunden, Eltern oder sonstigen Vertrauten zu entdecken. Die einzelnen Menschen sehen „ihre Realität" durch verschiedenartige „Wahrnehmungsbrillen", also in gewisser Weise verzerrt, in unterschiedlichen Sichtweisen und Versionen von der Wirklichkeit. Dieses jeweils zu Erkennen bringt dir ein hohes Maß an Verständnis und innerem Frieden, denn egal welches dieser 9 Wahrnehmungsmuster der Wirklichkeit du im Einzelfall selbst einnimmst oder gerade betrachtest, keine Sichtweise ist grundsätzlich besser als eine andere. Jedes der neun Enneagramm-Muster hat seine eigene innere Logik und Integrität. Jede der neun vorhandenen Arten der Wahrnehmung, des Verhaltens und des Handelns hat seine Stärken, Talente und Vorteile auf der einen Seite, andererseits aber auch seine Grenzen, Stolpersteine und blinden Flecken der eigenen Natur.

Bei der Beschreibung und Erklärung der Enneagramm-Muster benutze ich auch das Bild von Nationalitäten: Zwar sind wir einmalige und einzigartige Individuen und doch gehören wir zu einer größeren Gruppe von Menschen, die wir als Deutsche, Chinesen oder Inder definieren. Es gibt einerseits gemeinsame Verhaltensweisen bestimmter Nationalitäten, die wir dann als typisch „deutsch" oder „chinesisch" bezeichnen, andererseits sorgen eine große Vielzahl von Persönlichkeiten in jedem Land dafür, dass die Menschen einzigartig sind. Ziel ist es also, die einzelnen Enneagramm-Muster zu verstehen und dabei gleichzeitig zu erkennen, dass es keine Methode ist um Menschen in Schubladen zu stecken. Die enneagrammatische Sichtweise erkennt in hohem Maße die Individualität der Persönlichkeitsstruktur der Menschen an, wobei sie aber davon ausgeht, dass in der Tiefe, also auf der Essenz-Ebene des Menschen 9 Prinzipien dieses Universums herrschen. Je nach biologischer und sozio-kultureller Herkunft, Sozialisation und sonstiger Prägung durch die Lebensumstände des einzelnen Menschen entstehen auf diese Weise „die zehntausend Eigenschaften", die wir erkennen.

Natürlich kann die Beschäftigung mit diesem seit Jahrtausenden bestehenden Wissen für dich zunächst eine etwas erschreckende und beunruhigende Erfahrung bedeuten, aber der Nutzen des Erkennens deiner bislang verdeckten eigenen Antriebe wird schnell deutlich. Durch die Beschäftigung mit diesen oft unbewussten Charakterfixierungen bekommen Aspekte deines eigenen Verhaltens plötzlich einen verblüffenden Sinn. So wird dir nach und nach immer mehr bewusst, warum du in gewisser Weise denkst, fühlst und handelst. Durch diese Erfahrung gesteigerter

Bewusstheit mithilfe des Enneagramm-Wissens wirst du nach und nach befähigt, deine eigenen inneren Abläufe zukünftig Schritt für Schritt zu optimieren. Du erkennst deine eigenen tiefen Überzeugungen und Schattierungen der täglichen Handlungen und Entscheidungen sowie deren Auswirkungen in den zwischenmenschlichen Beziehungen. Warst du bislang in unbewussten Handlungsmustern gefangen, hast du dir und anderen dadurch Leid zugefügt? Solange dir diese Zusammenhänge noch unklar und unbewusst gewesen sind, hattest du keine wirkliche Wahl, denn du hast nur entsprechend deinem unbewusst ablaufenden Reaktionsmuster deiner eigenen Persönlichkeit *reagiert*. Erst durch die Kenntnisse dieser inneren Zusammenhänge hast du die Chance, wahrhaftig frei von deiner egoistischen Persönlichkeit zu werden, die dich ansonsten bis zum Lebensende im „Würgegriff“ gefangen hält und unfrei leiden lässt. Naturgemäß erkennst du diese unbewussten Strukturen dann zunächst eher bei anderen als bei dir. Oft handeln wir einfach „blind“ schon seit unserer Kindheit immer nach denselben Abwehrschemata und wundern uns dann, dass unsere Lebensumstände derartig dramatisch und sehr oft auf einer persönlichen Ebene unbefriedigend verlaufen. Wie hypnotisiert schlafwandelt der noch unbewusste Mensch durch sein Leben mit seinen begrenzten Vorstellungen von der Welt, die er meistens von seinen Eltern unreflektiert übernommen hat, anstatt die innere Fülle und den Reichtum des gesamten aktuellen Lebens in dieser Welt zu erblicken. Du kannst jetzt damit beginnen, die hypnotische Brille der verzerrten Wahrnehmung eigener unbewusster Persönlichkeitsanteile, die sog. Enneagramm-Fixierung, als solche zu erkennen und diese bis heute getragene Brille abzunehmen. Insbesondere die Lehre von den Untertypen, wie sie in diesem Buch ausführlich dargestellt wurde, kann dir nach dem Erlernen der Grundideen des Enneagramms offenbaren, wer du wirklich bist.

Die Stärke der Enneagramm-Lehre liegt vor allem darin, dass sie dem Menschen ein Instrument der Selbsterkenntnis zur Verfügung stellt, damit dieser auf einer tieferen, unterhalb der Persönlichkeit liegenden Seins-Ebene seine ursprünglichen Kapazitäten und kreativen Ressourcen erkennen kann. Das Resultat wird ein glücklicheres und zufriedeneres Leben sein. Wenn du es schaffst, mit Hilfe des Enneagramms hinter die Maske Deiner Persönlichkeit zu schauen, erkennst du deine wirklichen Möglichkeiten und Chancen für ein erfülltes, zufriedenes und glückliches Leben, welches ich dir von Herzen wünsche!

Leonardo da Vinci (1452 – 1519)
hat es wohl auch schon gewusst!*

eonardo erforschte Zeit seines Lebens die geometrischen Figuren (Kreis, Dreieck, Viereck etc.) und deren Proportionalität zum Kosmos.
betrachtete den Menschen als Mikrokosmos, in dem sich alle Prinzipien des Universums widerspiegeln (vgl. Übersichten 226 und 227)

1. Kapitel

Allgemeiner Teil
(1 – 68)

1

Die neun Persönlichkeiten

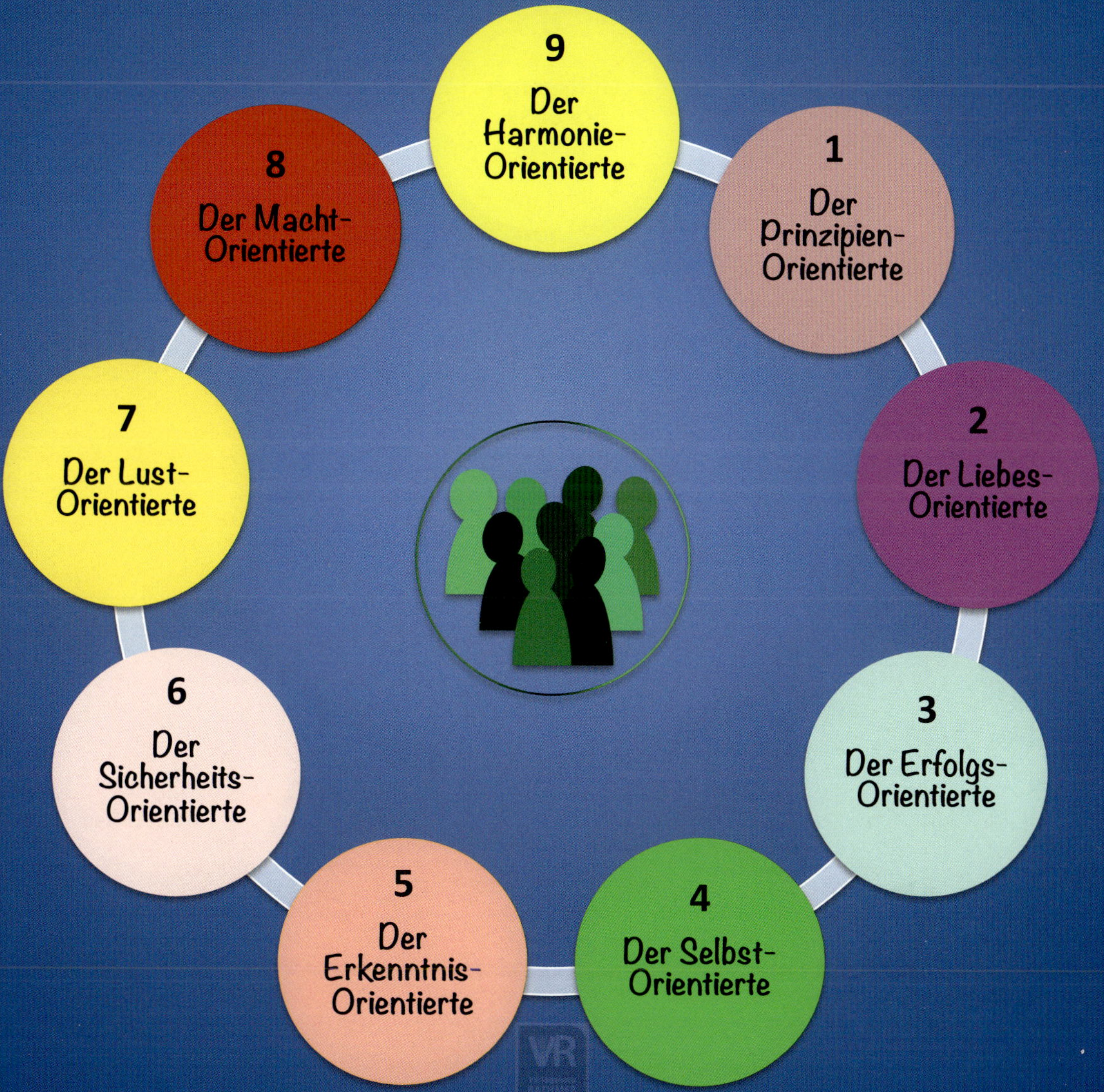

2

Kurzbeschreibungen

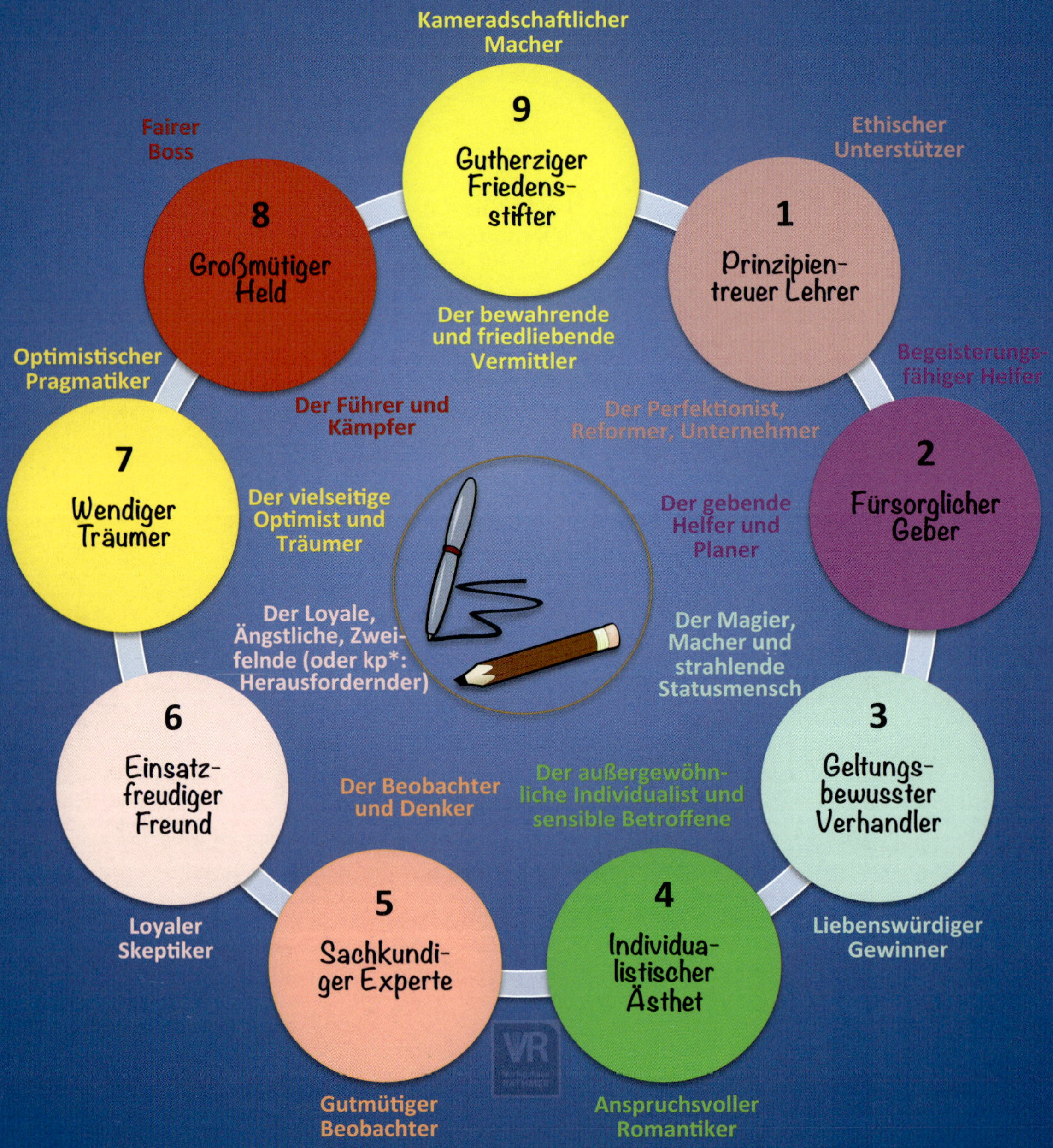

* „kp“ bedeutet kontraphobisch = der keine Angst zeigende Sechser-Unter-Typ.

3

Kurzbeschreibungen nach Dr. Claudio Naranjo*

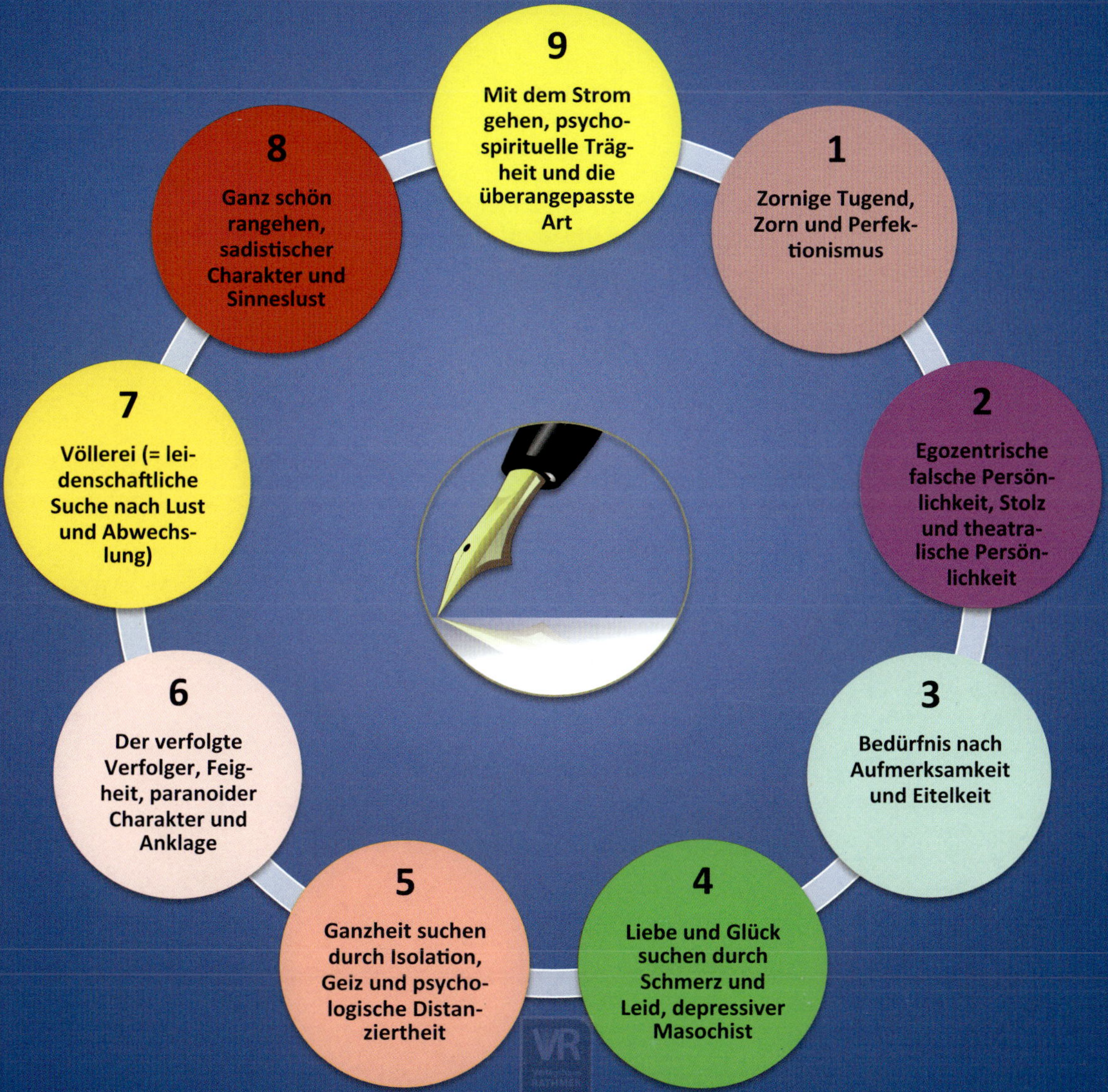

* Dr. Claudio Naranjo, (geb. 24.11.1932, in Valparaíso, Chile), US-amerikanischer Mediziner, Psychiater, Gestalttherapeut, Lehrer für Meditation, Enneagrammexperte und Begründer der psychologischen Enneagrammlehre

4

Archetypen

5

Selbstbeschreibungen

1
„Ich bin gut, perfekt, gerecht, habe Recht, bin der Beste und besitze das Beste!“

2
„Ich bin liebevoll, freundlich, großzügig, mitfühlend, sehr sensibel, verständnisvoll und selbstlos!“

3
„Ich bin erfolgreich, clever, warmherzig, aktiv/ein Macher, kann und werde alles erreichen!“

4
„Ich bin besonders, besser als andere, fühle tiefer als andere, bin kreativ und einzigartig, habe Klasse und Stil“!

5
„Ich weiß, ich verstehe, ich stehe über den Dingen, bin überlegen und objektiv!“

6
Phobisch: „Ich bin loyal, pflichtbewusst, glaube an eine größere Sache!“

Kontraphobisch: „Ich bin stark, mächtig, habe vor nichts Angst!“

7
„Ich bin o.k., glücklich, ein Sonnenschein für andere, bin positiv, optimistisch und idealistisch!“

8
„Ich bin stark, mächtig, gerecht, selbstbewusst, zäh, und kompetent; ich kämpfe für das Gerechte!“

9
„Ich bin zufrieden, fühle mich wohl, bin freundlich, umgänglich, friedfertig, liebevoll und verträglich!“

6

Selbstgefühl

7

Hauptverlangen

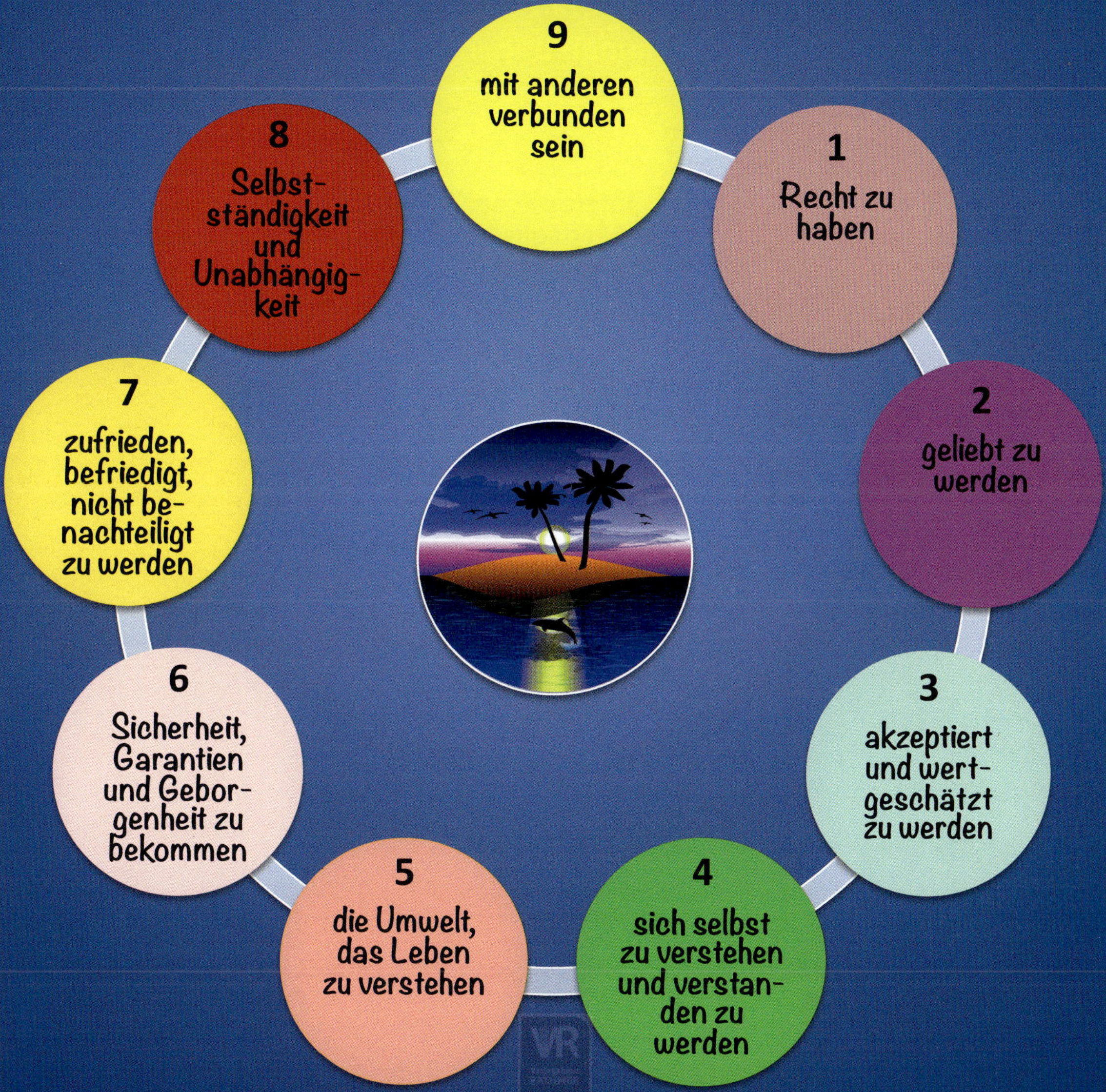

8

Kernressourcen

Jeder Enneatyp verfügt im Kern auch über eine bestimmte charakterliche Ressource. Auch wenn er schon tief in seine Probleme verstrickt ist, kann ihm diese als Rettungsanker dienen und ihm helfen Lösungen zu finden:

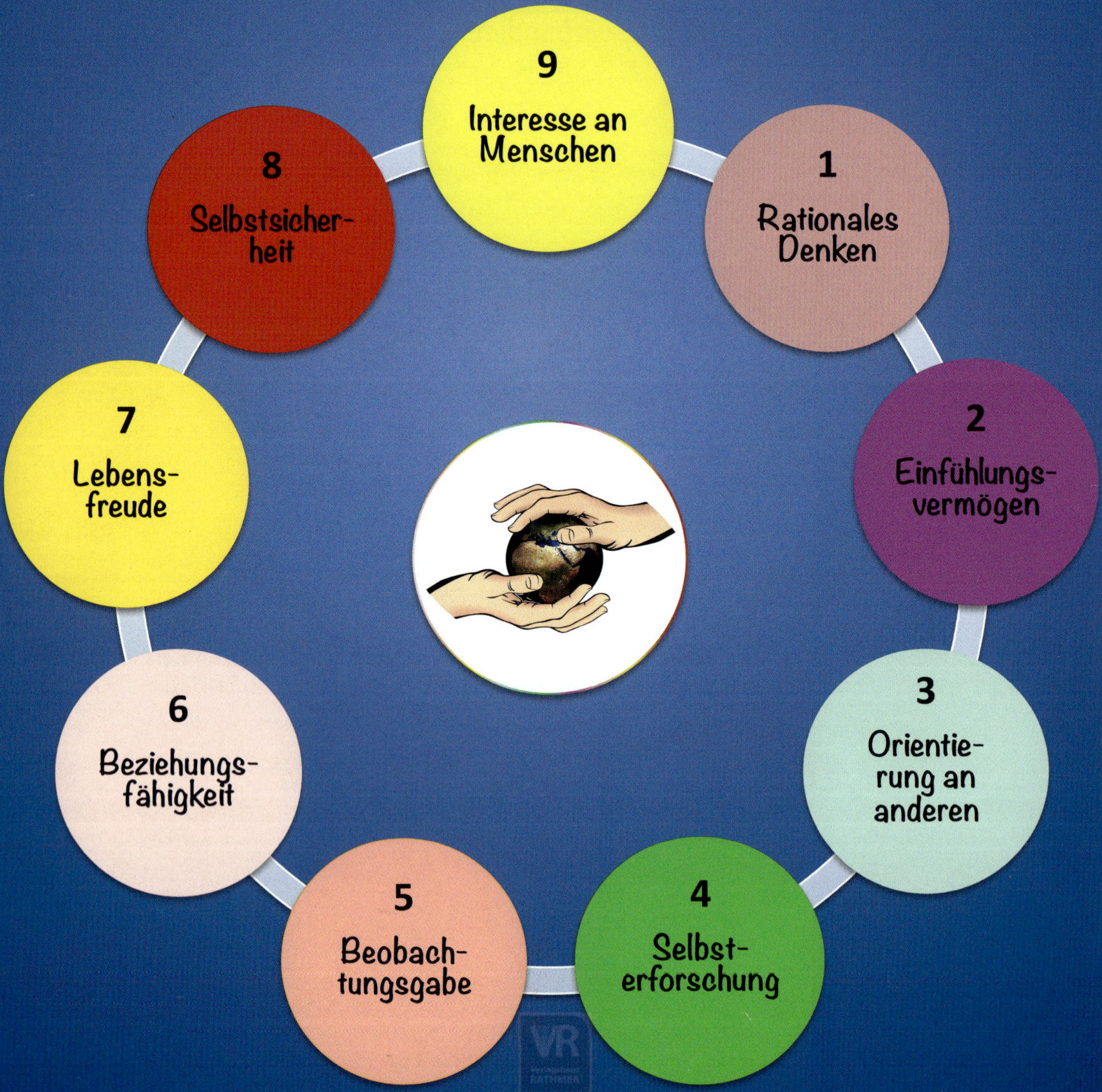

9

Kernproblematik

Jeder Enneatyp verfügt über eine in seinem Kern vorhandene Problematik/Thematik:

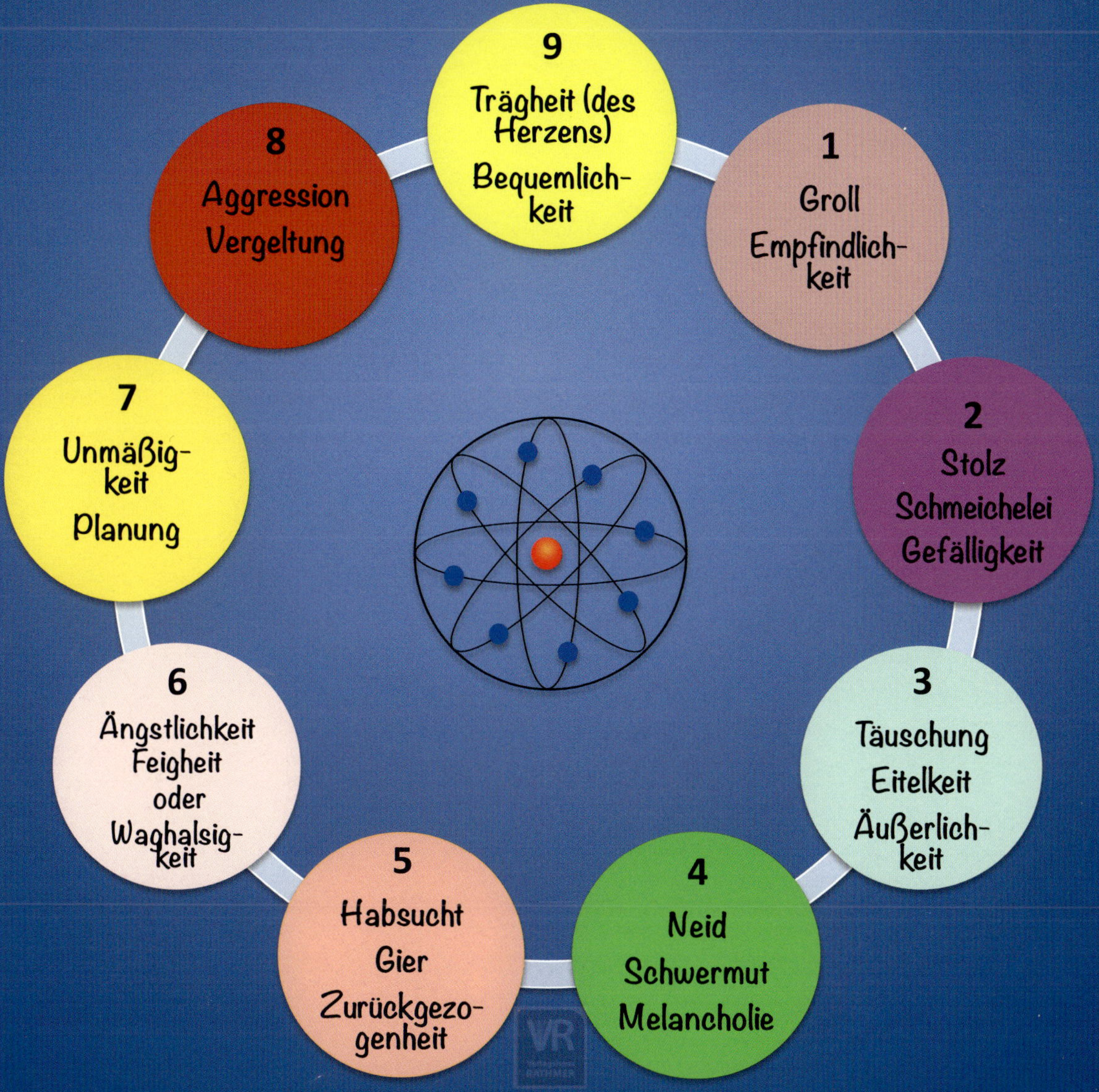

10

Stärken

Wenn diese „Stärken“ zu einseitig gelebt werden, geraten sie aus dem Gleichgewicht und werden dann zu Schwächen des jeweiligen Typs:

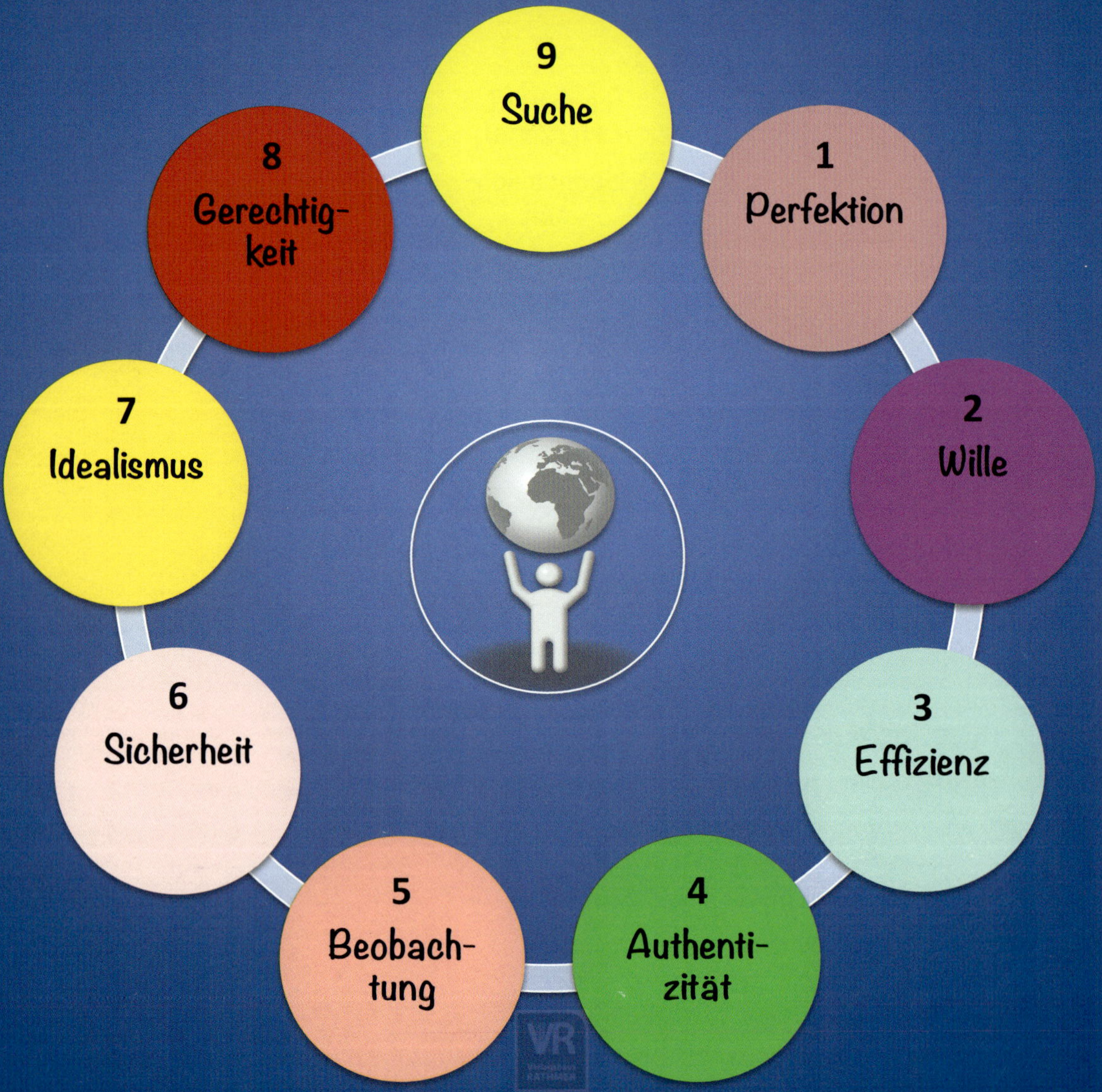

11

Qualitäten der Enneatypen

12

Positive Eigenschaften

13

Negative Eigenschaften

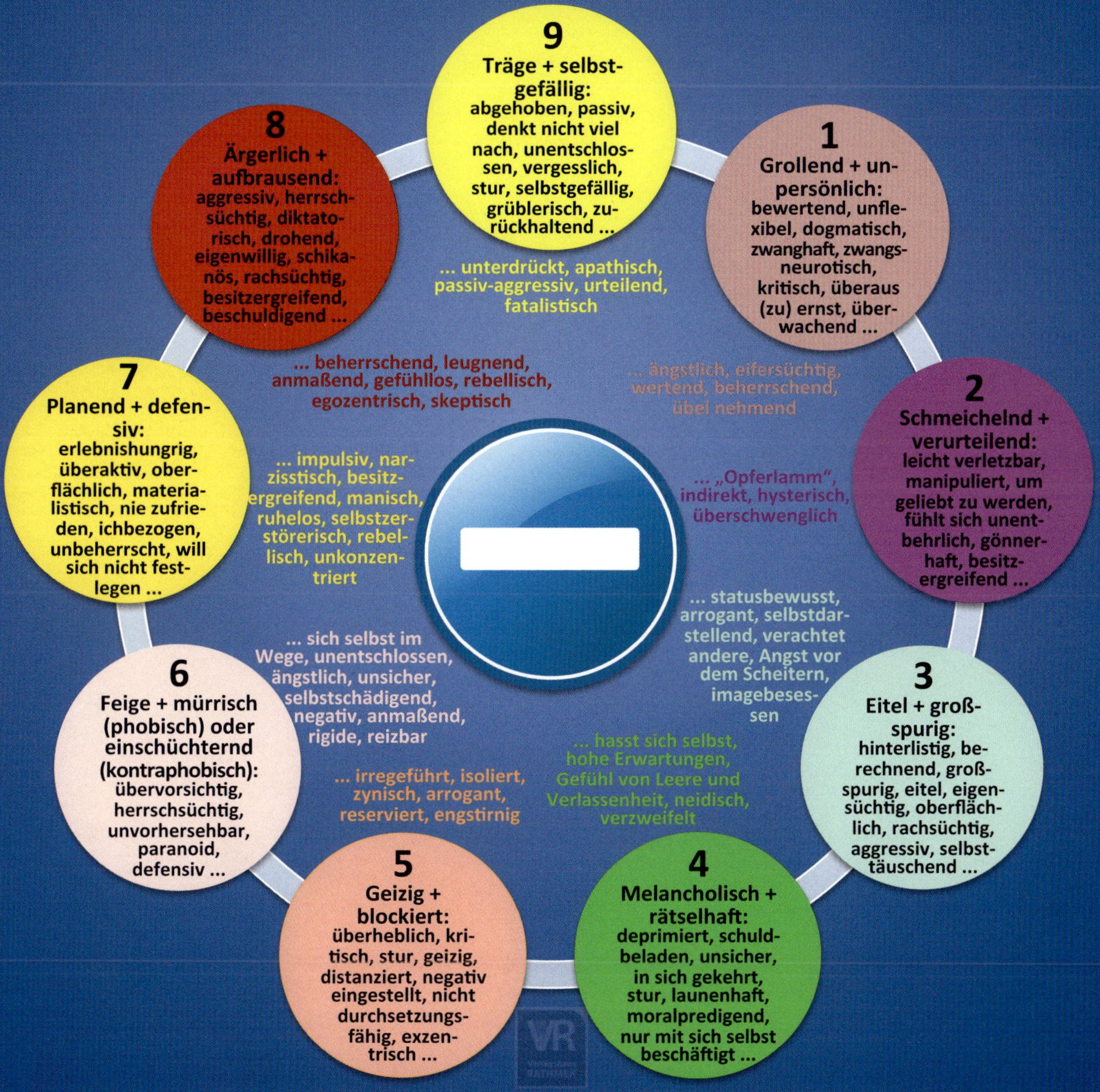

14

Handlungsbereitschaft der Enneatypen

15

Zentrale persönliche Themen

Statements

Die Meinungen der 9 Typen zur Enneagramm-Methode:

9 „Es bringt Harmonie in mir und zwischen den Menschen!“

1 „Das Modell greift perfekt ineinander, die Methode ist sehr gründlich!“

2 „Es hilft mir, mich noch mehr auf die Bedürfnisse anderer einzustimmen!“

3 „Es ist effizient und zielgerichtet!“

4 „Es ist tiefgründig und lenkt den Blick darauf, dass wir alle verschieden und einzigartig sind!“

5 „Es ist strukturiert, passt genau zusammen und bringt Weisheit!“

6 „Es bietet Sicherheit, es ist ein klares Modell und ein zuverlässiges System!“

7 „Es ist eine faszinierende Methode mit vielen Möglichkeiten, Menschen zu betrachten!“

8 „Es zeigt die Wahrheit über Menschen und ist eine kraftvolle Wachstumsmethode!“

17

Der Umgang mit der Zeit und das individuelle Zeitempfinden*

Im besten Fall sind die Enneatypen...

1
moralisch hoch-stehend, klug, verlässlich, gerecht, produktiv, ordnungsliebend, idealistisch, diszipliniert ehrlich

2
liebevoll, fürsorglich, anpassungs- und begeisterungsfähig, einsichtig, großzügig, einfühlsam

3
optimistisch, zuverlässig, arbeitsam, tüchtig, antriebsstark, energisch, praktisch

4
warmherzig, mitfühlend, verinnerlicht, ausdrucksvoll, hilfsbereit, diffenzierend, schöpferisch, intuitiv

5
analytisch veranlagt, ausdauernd, selbstgenügsam, empfindsam, klug, objektiv, tiefblickend

6
loyal, fürsorglich, liebenswert, warmherzig, mitfühlend, witzig, praktisch veranlagt, hilfsbereit, verantwortungsbewusst

7
fröhlich, schnell, einfallsreich, spontan, begeisterungsfähig, produktiv, zuversichtlich, charmant, neugierig

8
direkt, maßgebend, loyal, energisch, erdnah, Beschützer, voller Selbstvertrauen

9
friedlich, freundlich, offen, großzügig, geduldig, aufgeschlossen, diplomatisch, mitfühlend

19

Im schlimmsten Fall sind die Enneatypen ...

20

Ansprüche

Bei jedem Menschen steht entsprechend seines Enneatyps auch ein Grundanspruch im Vordergrund, der sich aus dem Grundbedürfnis ergibt. Diesen Anspruch möchte er – bei sich und anderen – eingelöst sehen:

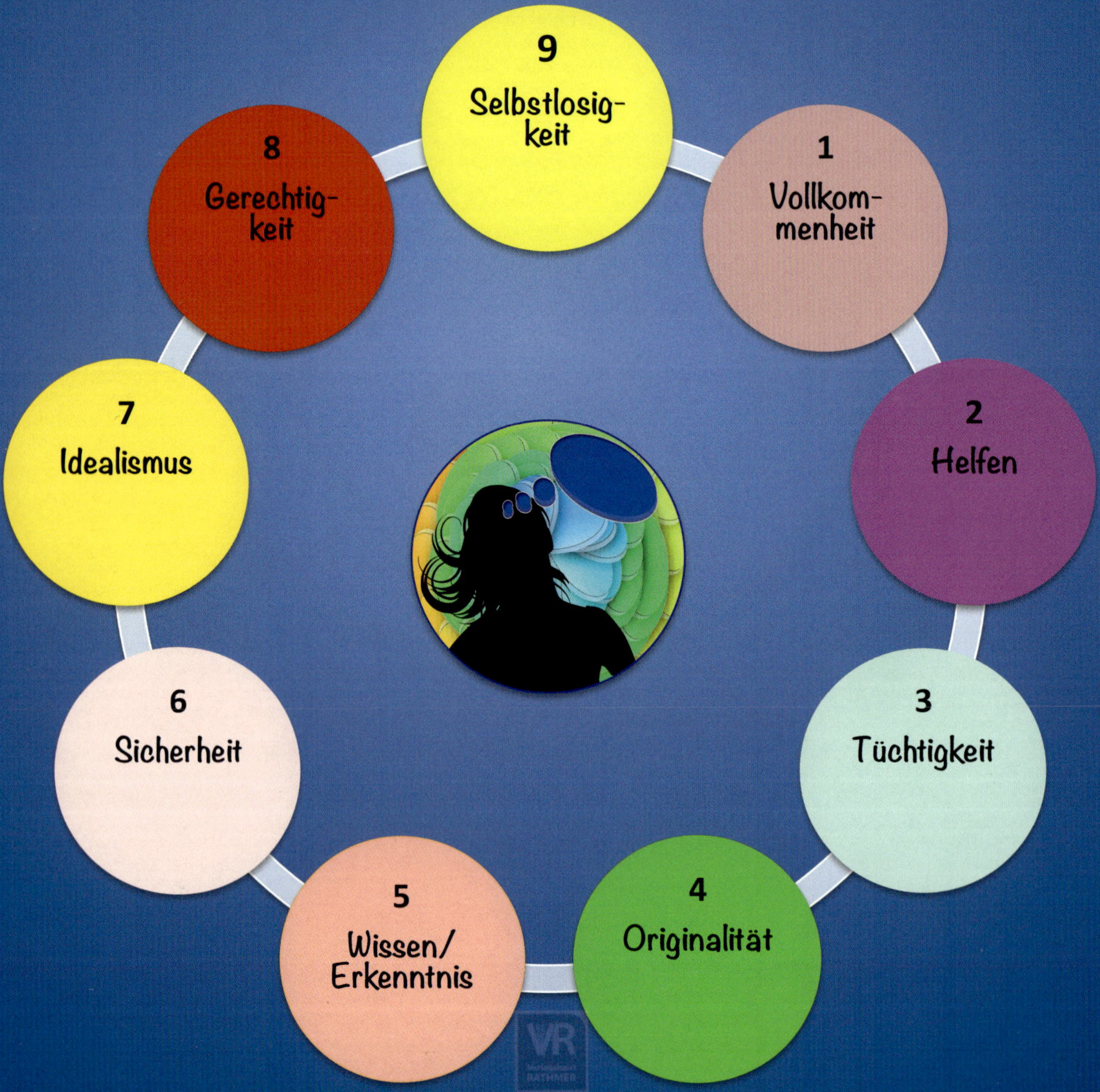

21

Bedürfnisse

Bei jedem Menschen steht entsprechend seines Enneatyps ein Bedürfnis im Vordergrund, das ihm wichtiger erscheint als alles andere:

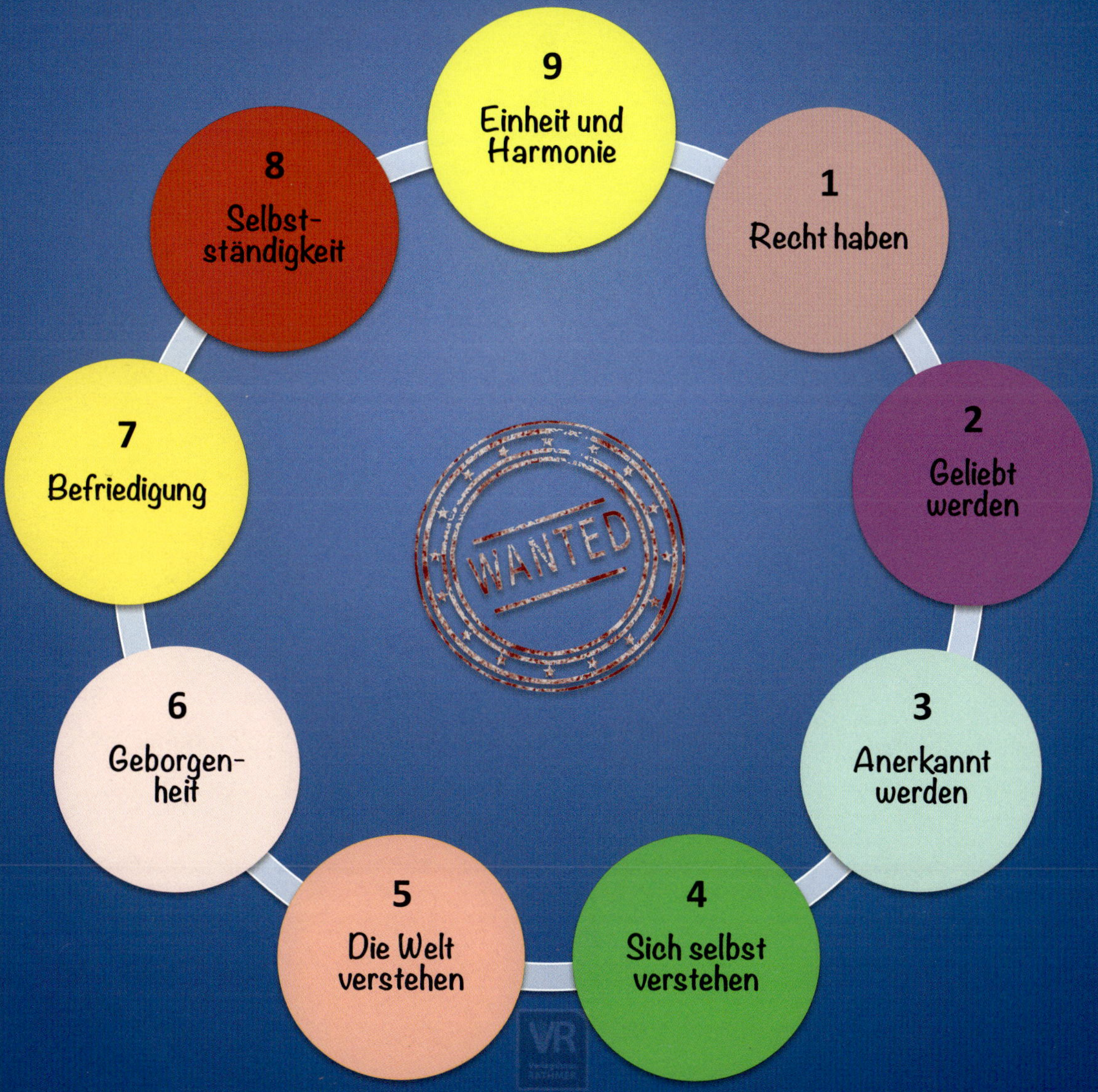

22

Blindheit

Die einseitige Aufmerksamkeits-Fokussierung kann zu einer eingeschränkten Wahrnehmung der Realität führen, zu einer „Blindheit“ für ...

9 das Wesentliche

1 emotionale Zwischentöne

2 die Würde anderer

3 persönliche Eigenschaften

4 das Gute im Vorhandenen

5 persönliche Bedürfnisse

6 persönliche Motive

7 Notwendig-keiten

8 persönliche Freiheit

23

Fallen

Jeder Enneatyp kann auf seiner Sinnsuche einen charakteristischen Irrweg einschlagen:

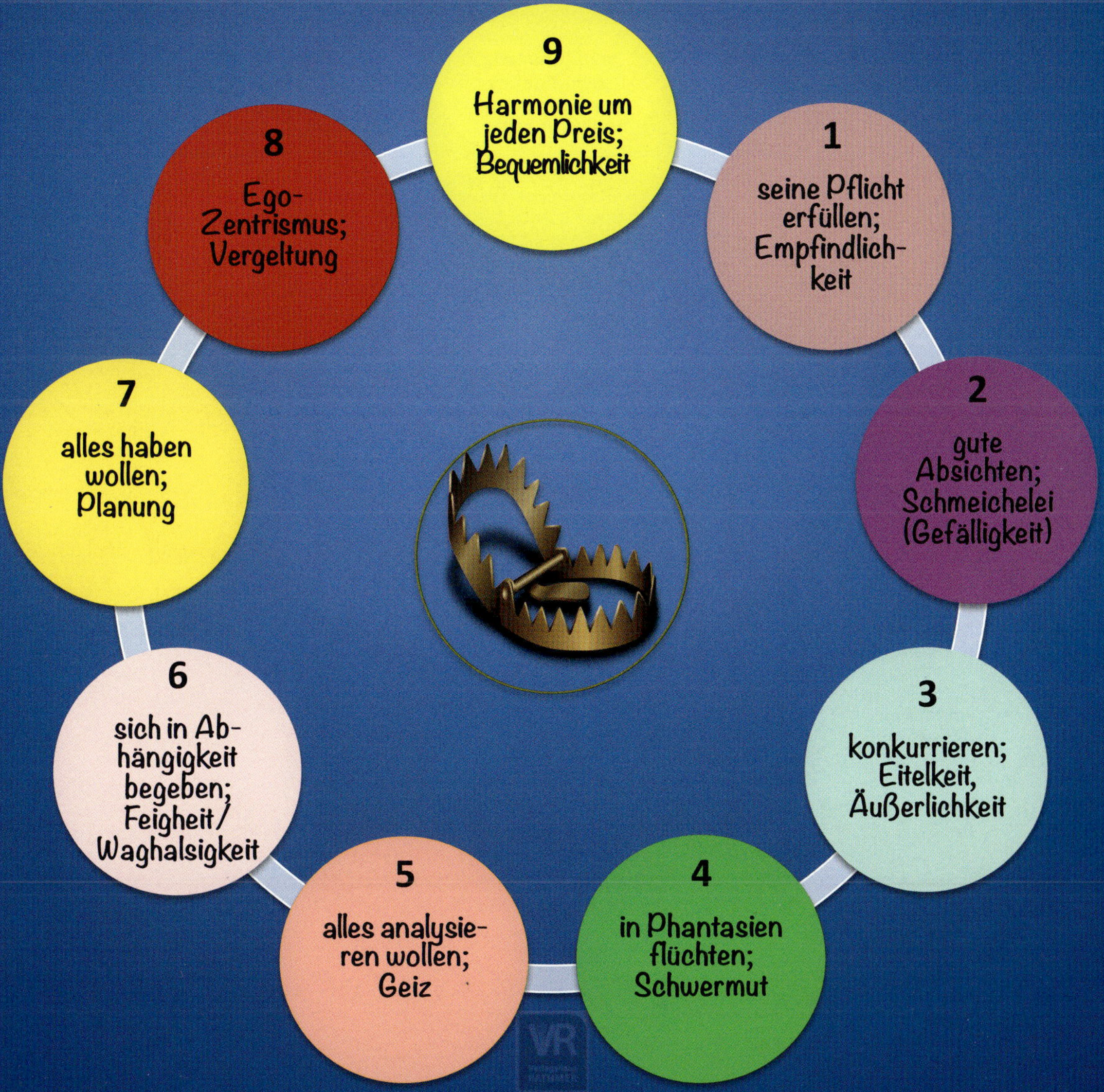

24

Selbstzweifel

1
„Ich bin schlecht, defekt und genüge nicht. Ich bin fehlerhaft, unvollkommen, unwichtig, ein Besserwisser ...

... immer unzufrieden, ein Niemand und im Unrecht!"

2
„Ich bin bedeutungslos, unwichtig, habe keinen Platz und keine eigene Bedeutung im Leben ...

... ich bin vom Universum ausgestoßen und treibe richtungslos dahin!"

3
„Ich bin ein Blender, bin seicht und oberflächlich, habe versagt, bin leer und substanzlos ...

... ich bin mit nichts und niemandem verbunden, bin einfach nichts wert!"

4
„Ich bin verlassen und verstoßen, es gibt keine Hoffnung für mich, bin abgeschnitten vom Sein ...

... ich werde es nie schaffen, nie verbunden sein. Ich tauge als Mensch nichts und bin hoffnungslos verloren!"

5
„Ich bin abgeschnitten vom Leben, gehöre nicht dazu, bin von allem getrennt. Es wird nie etwas von außen kommen, es hat alles keinen Sinn...

... ich bin völlig allein und einsam und dem Leben nicht gewachsen!"

6
„Ich bin schwach und unfähig, feige und ängstlich. Ich bin kraftlos, nicht überlebensfähig ...

... ich kann mir selbst nicht vertrauen, bin aggressiv und feindselig!"

7
„Ich bin ein hoffnungsloser Optimist. Die Welt ist ein bedrohlicher Ort und ich habe keinen Platz mehr im großen Ganzen ...

... ich bin leer und hohl, verloren. Ich bin abgeschnitten von der Quelle des Lebens!"

8
„Ich bin schwach, schlecht, schuldig, gefühllos. Ich habe keine Seele, bin schuld daran, dass mir das passiert ist ...

... mit mir stimmt etwas nicht, die Welt ist feindlich und böswillig!"

9
„Ich verdiene Liebe und Aufmerksamkeit nicht, bin minderwertig, nicht liebenswert, unwichtig, bedeutungslos ...

... unzulänglich, uninteressant, aggressiv, mir fehlt etwas Wichtiges!"

25

Abgelehnte Elemente

Vorstellungen vom Ich und die Ich-Ideale*

27

Die rosarote Brille der Enneatypen

Ich bin gut, wenn ich ...

In Anlehnung an „Das Enneagramm“, Rohr/Ebert, S. 249.

Umgang mit Ärger

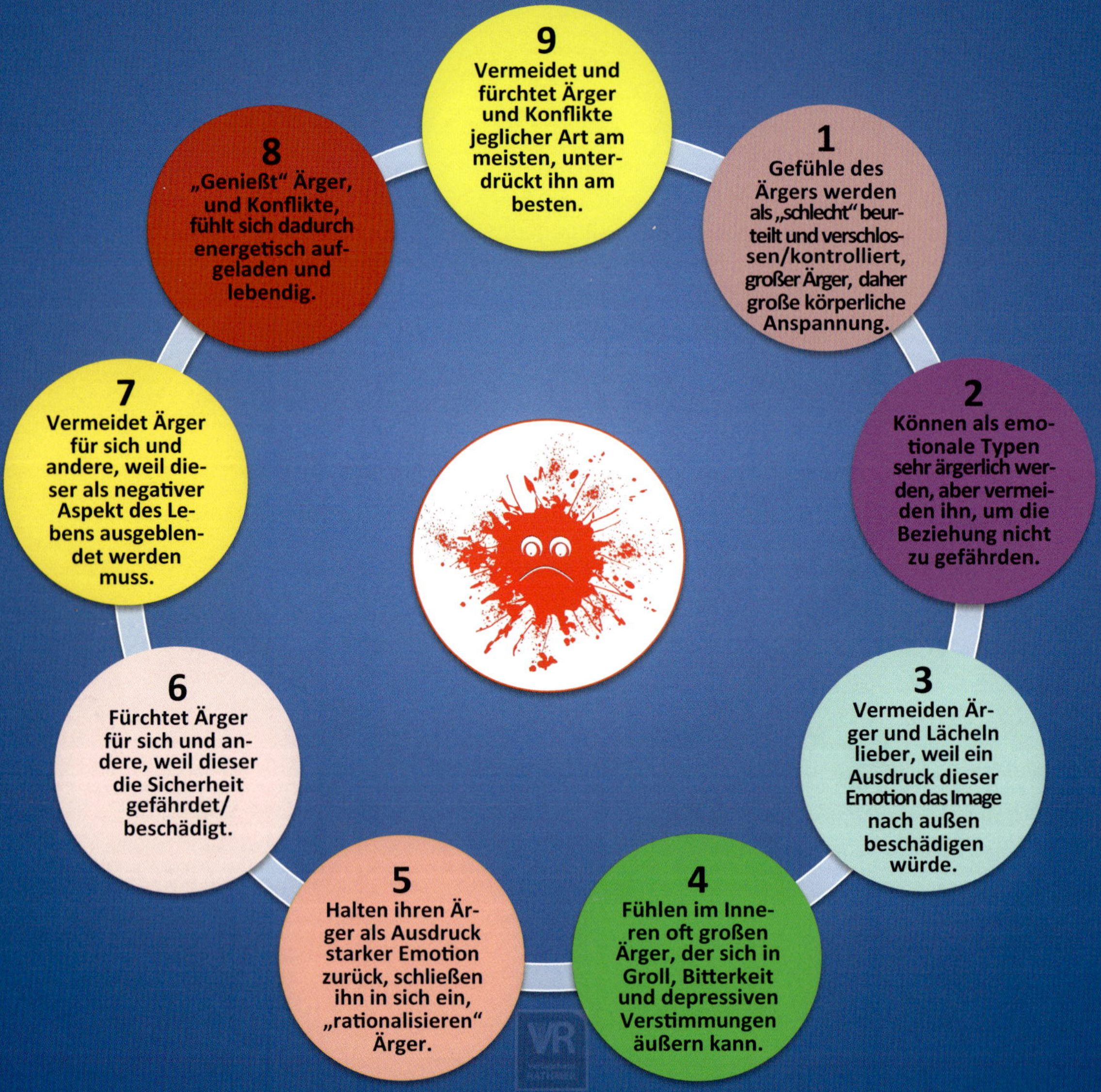

29

Verhalten in Problemsituationen

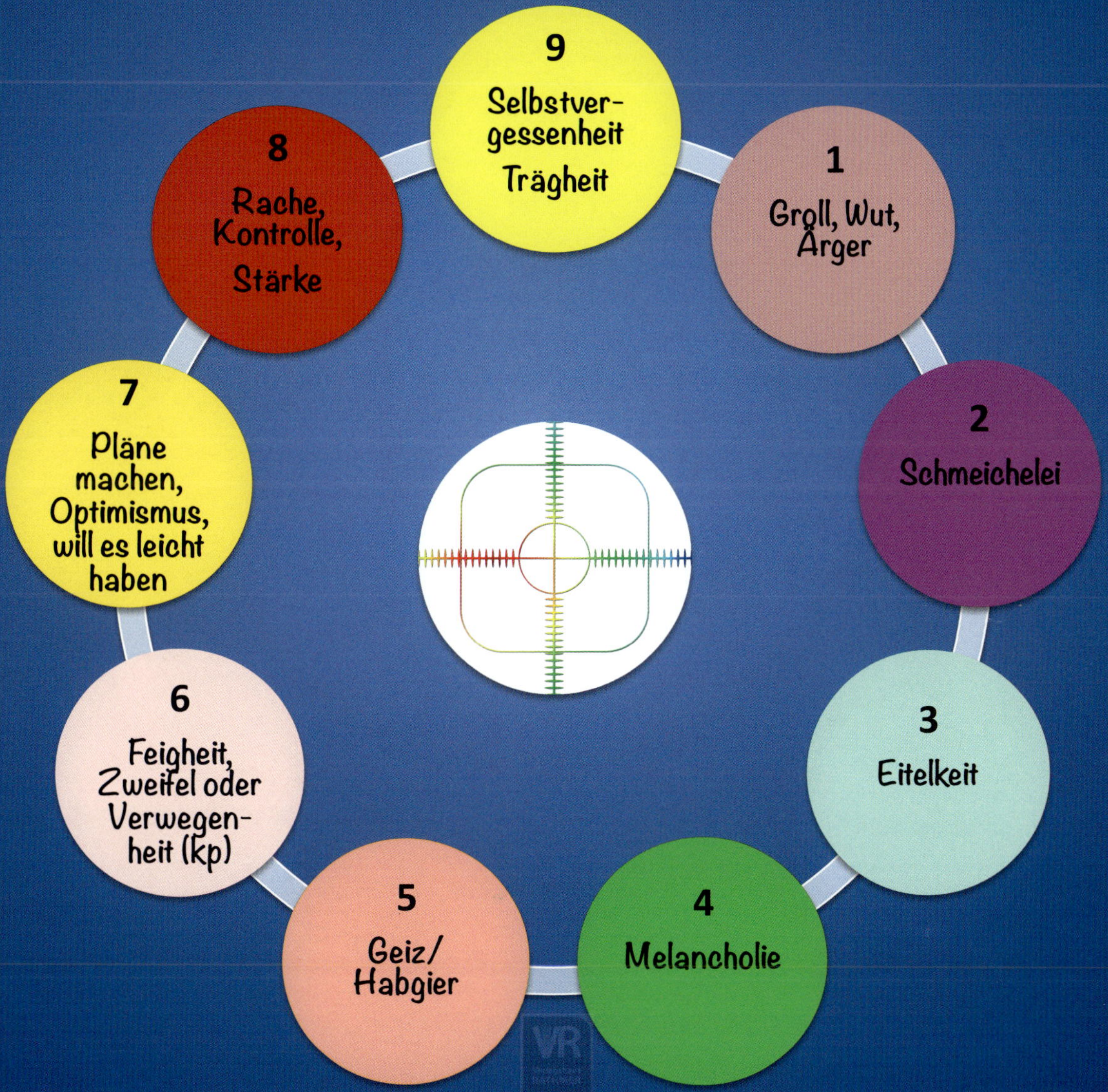

Ausprägungen von Gier/Habsucht

Mehr ist ...

Grundängste

Bestimmte Grundängste, die sonstige Befürchtungen und Unsicherheiten übersteigen und im jeweiligen Enneatyp verankert sind:

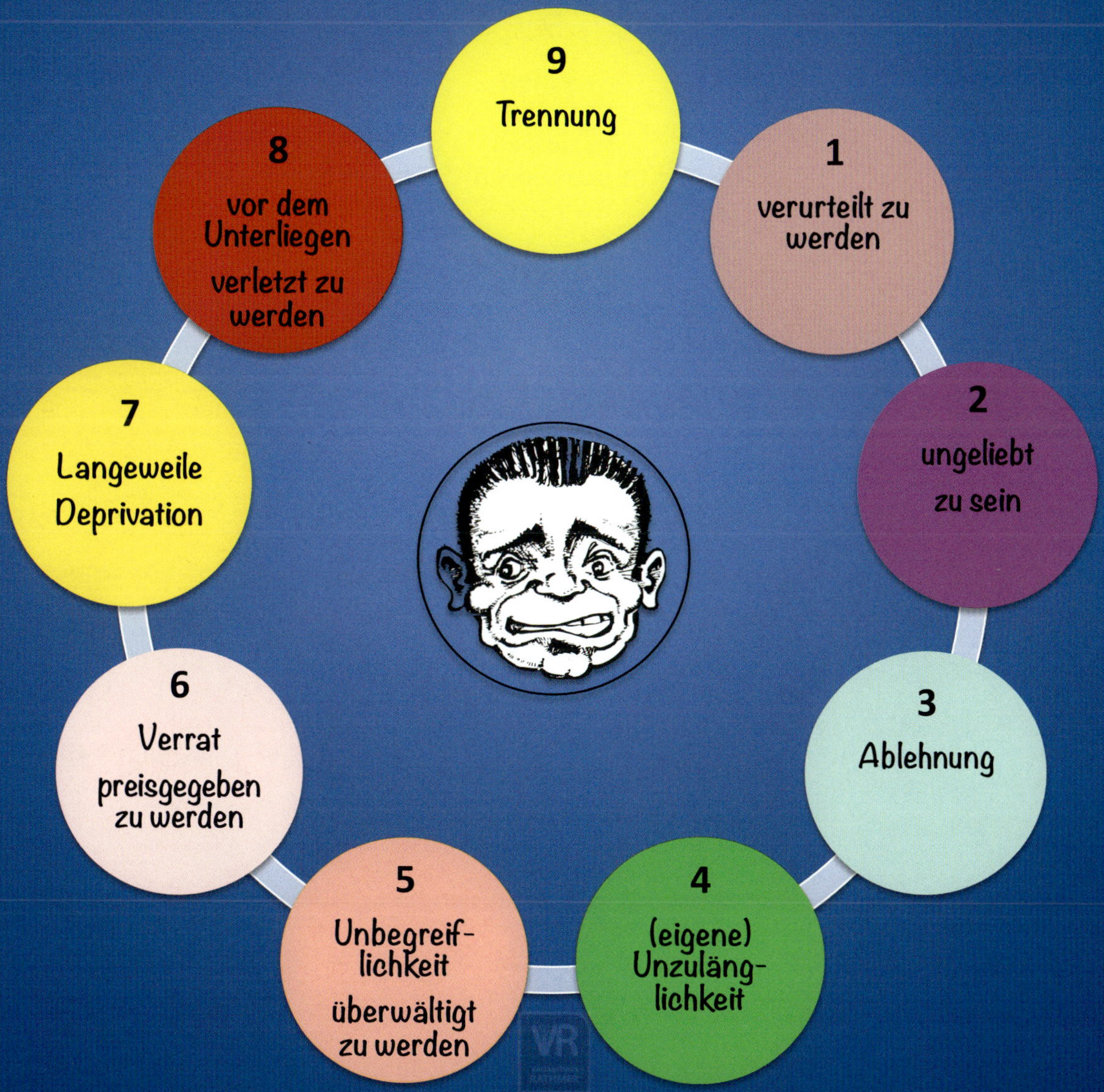

Spezielle Ängste

Bei den einzelnen Enneagrammtypen bilden sich die Ängste auf unterschiedliche Weise aus, also Angst davor ...

9 ... einen Konflikt herauf zu beschwören

1 ... Fehler zu machen, nicht gut genug zu sein

2 ... zurückgewiesen und nicht geliebt zu werden

3 ... Misserfolg zu haben

4 ... verlassen zu werden und vor Verlorenheit

5 ... etwas zu verlieren

6 ... Angst zu haben (Angst vor der Angst)

7 ... Anstrengung und Schmerzen zu erleiden

8 ... schwach und abhängig zu sein

Umgang mit Angst

9 Ich halte mir alle Strategien offen, sicher ist sicher.

1 Ich bringe am besten alles in Ordnung.

2 Ich bringe andere dazu, mich zu lieben, abhängig zu sein.

3 Ich baue mein Image als erfolgreicher Mensch auf.

4 Ich freunde mich mit der Dunkelheit/ meinem eigenen Schmerz an.

5 Ich versuche die Komplexität der Welt zu erfassen.

6 Ich bin auf der Hut und suche nach vertrauensvollen Verbündeten.

7 Ich besiege die Angst durch Spaß und Vergnügen.

8 Ich beherrsche andere, einschüchtern gibt Sicherheit.

Mögliche Lebensmottos

1. „Sicher habe ich auch Fehler, aber nie Unrecht!“ (J. Hoffa)

2. „Wir sind alle auf der Welt, um anderen zu helfen; aber wozu die anderen auf der Welt sind, weiß ich nicht!“ (W.H. Auden)

3. „Die Arbeit macht mehr Spaß als das Vergnügen!“ (N. Coward)

4. „Alles in der Welt lässt sich ertragen, nur nicht eine Reihe von schönen Tagen!“ (J.W. v. Goethe)

5. „Du kannst vieles beobachten, wenn du einfach nur zusiehst!“ (Y. Berra)

6. „Ich habe eine neue Lebensphilosophie: Jetzt fürchte ich nur noch den nächsten Tag!“ (C.M. Schulz)

7. „Du lebst nur einmal – aber wenn du es richtig anstellst, genügt das!“ (J.E. Lewis)

8. „Geh nie wütend zu Bett – bleib auf und kämpfe!“ (P. Diller)

9. „Verschiebe nichts auf morgen, was du auch ganz vermeiden kannst!“ (J. Grube)

Wertvorstellungen

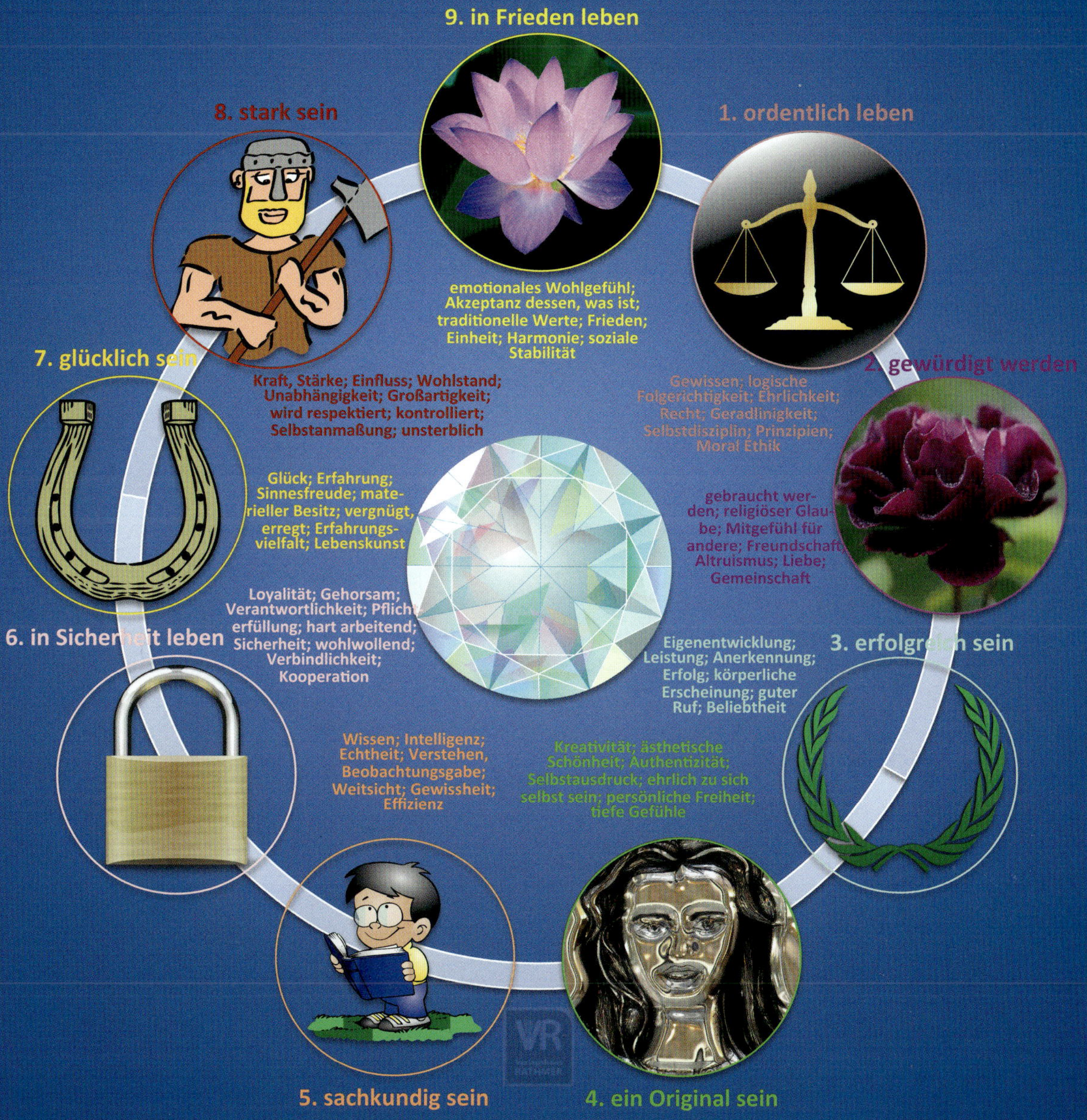

Glaubenssätze und die daraus resultierenden Vermeidungen

9. Vermittler
Ich bin friedlich und angepasst. So vermeide ich Gefühle des Unbehagens, des Konfliktes und des Abgelehntwerdens.

1. Perfektionist
Ich bin ein korrekter und gewissenhafter Mensch. So vermeide ich Gefühle des Schlechtseins/Falschseins.

2. Geber
Ich bin hilfsbereit und gebefreudig. So vermeide ich Gefühle des Nichtgewürdigtwerdens und der Zurückweisung.

3. Dynamiker
Ich bin ein erfolgreicher Mensch. So vermeide ich Gefühle der Inkompetenz und verliere nicht mein Gesicht.

4. Individualist
Ich bin einzigartig und besonders. So vermeide ich Gefühle der Unzulänglichkeit und Unwichtigkeit.

5. Beobachter
Ich bin ein kenntnisreicher und ruhiger Experte. So vermeide ich Gefühle des Ungenügendseins und der Leere.

6. Loyaler Skeptiker
Ich bin loyal und skeptisch. So vermeide ich Gefühle der Verwundbarkeit und der Hilflosigkeit.

7. Optimist
Ich bin okay und ein guter Mensch. So vermeide ich Gefühle des Schmerzes und der Begrenzung.

8. Boss/Beschützer
Ich bin stark, fair und gerecht. So vermeide ich Gefühle der Verwundbarkeit, der Schwäche und der Machtlosigkeit.

Fehlhaltungen, die in die Sackgasse führen

9
Trägheit
Bequemlichkeit
Faulheit

1
Wut
Ärger
Zorn

2
Stolz
Einbildung
Selbstgefäl-
ligkeit

3
Täuschung
Lüge
Betrug
Eitelkeit

4
Neid
Melancholie
Trauer

5
Habsucht
Habgier

6
Angst
Furcht
Zweifel

7
Unersätt-
lichkeit
Unmäßigkeit
Völlerei

8
Wollust
Schamlosigkeit
Unkeuschheit
Exzess

38

Sehnsüchte

Bei jedem Menschen steht entsprechend seines Enneatyps eine Sehnsucht im Vordergrund, die ihm wichtiger erscheint als alle anderen:

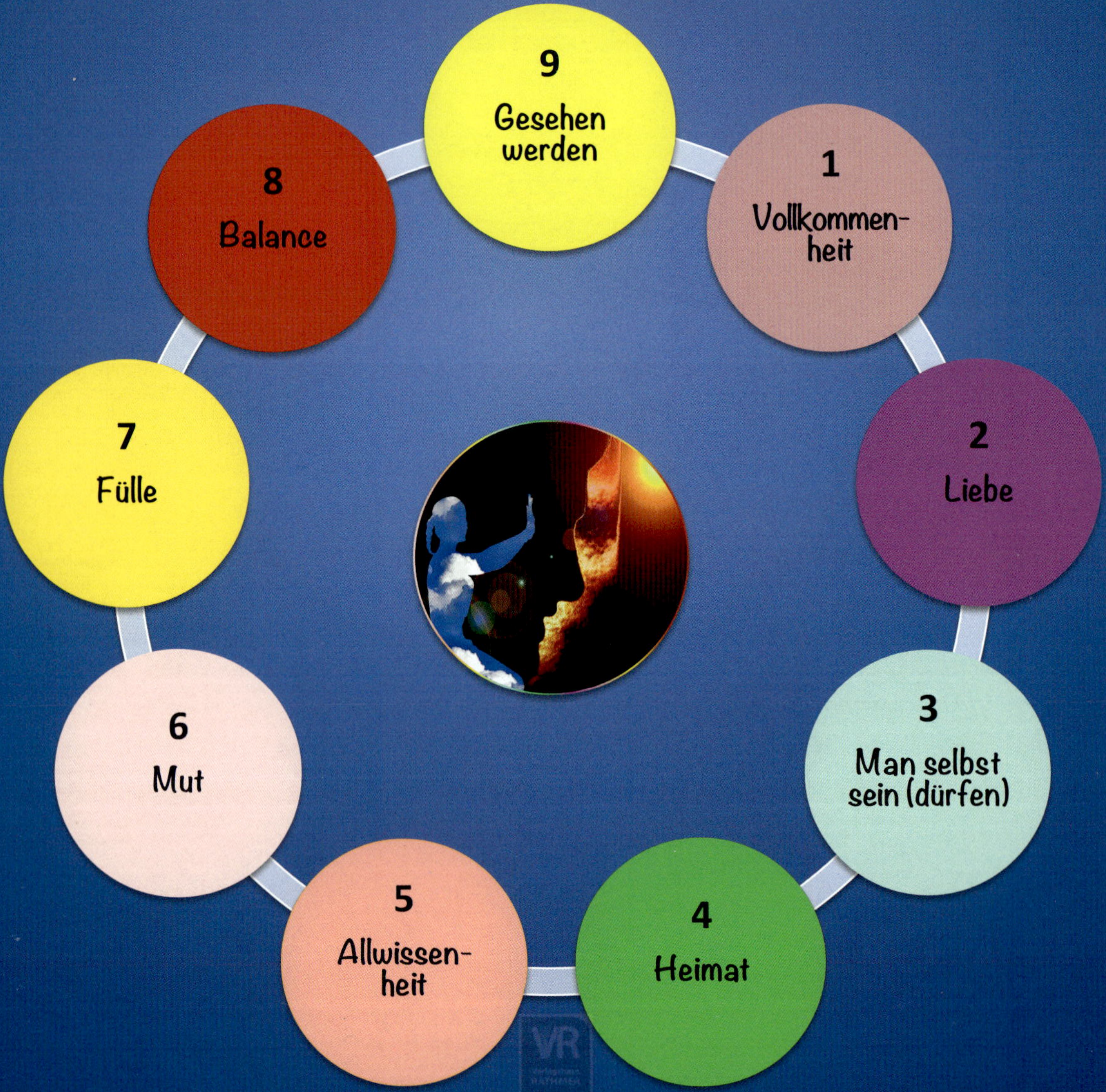

39

Süchte (Versuchungen)

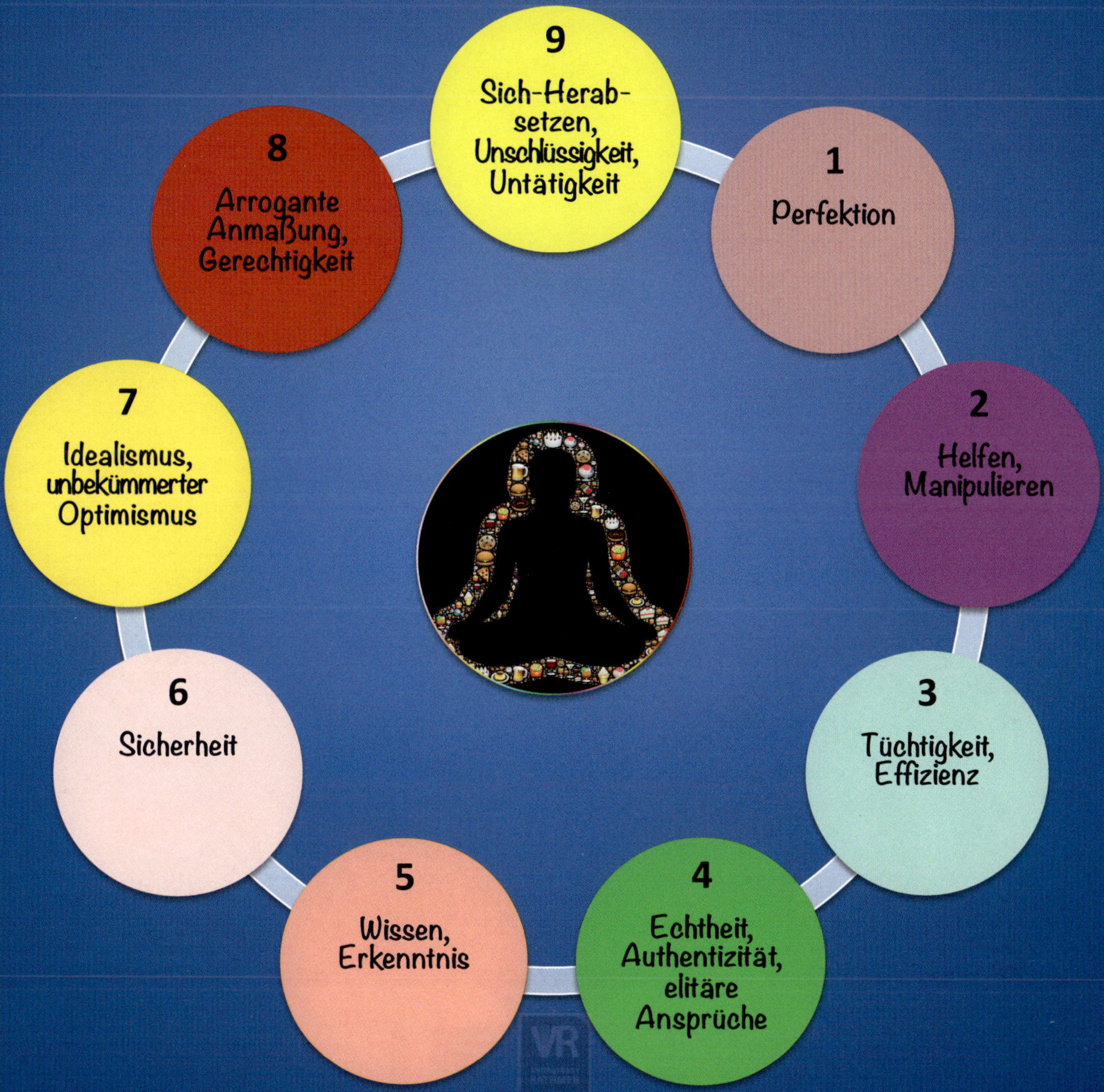

40

Aufmerksamkeitsschwerpunkte

Es gehört zu den Grundcharakteristika eines jeden Enneagramm-Typs, auf bestimmte Eigenschaften, Situationen oder Beziehungen sein besonderes Augenmerk, seine Energie zu richten:

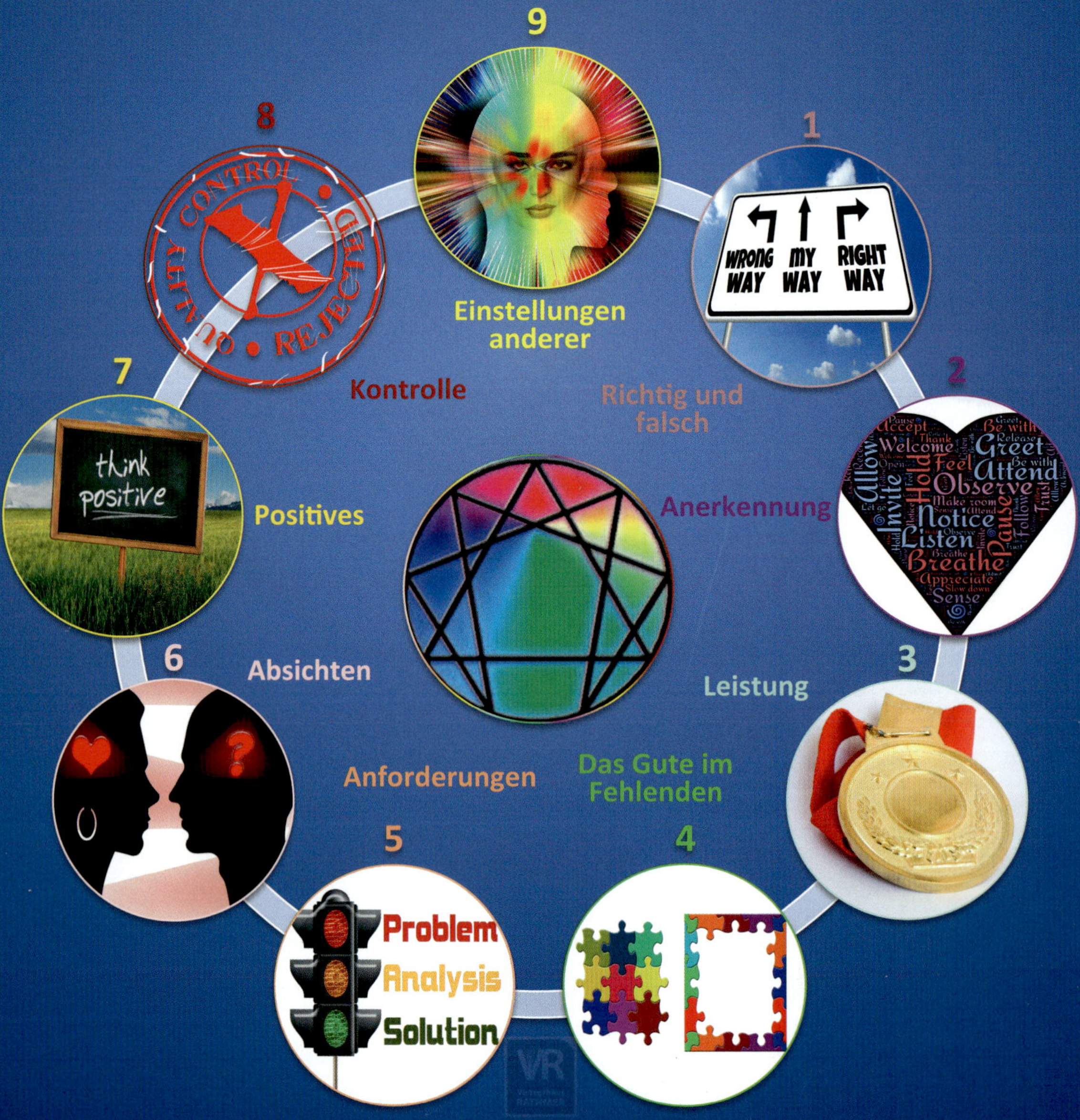

41

Aufmerksamkeitsrichtung

Die Aufmerksamkeit ist gerichtet auf folgende Fragen:

42

Fragestellungen zur Aufmerksamkeit

Durch hilfreiche Fragen können die einseitigen Ausprägungen der Aufmerksamkeit bewusst verändert werden:

Energiepunkte

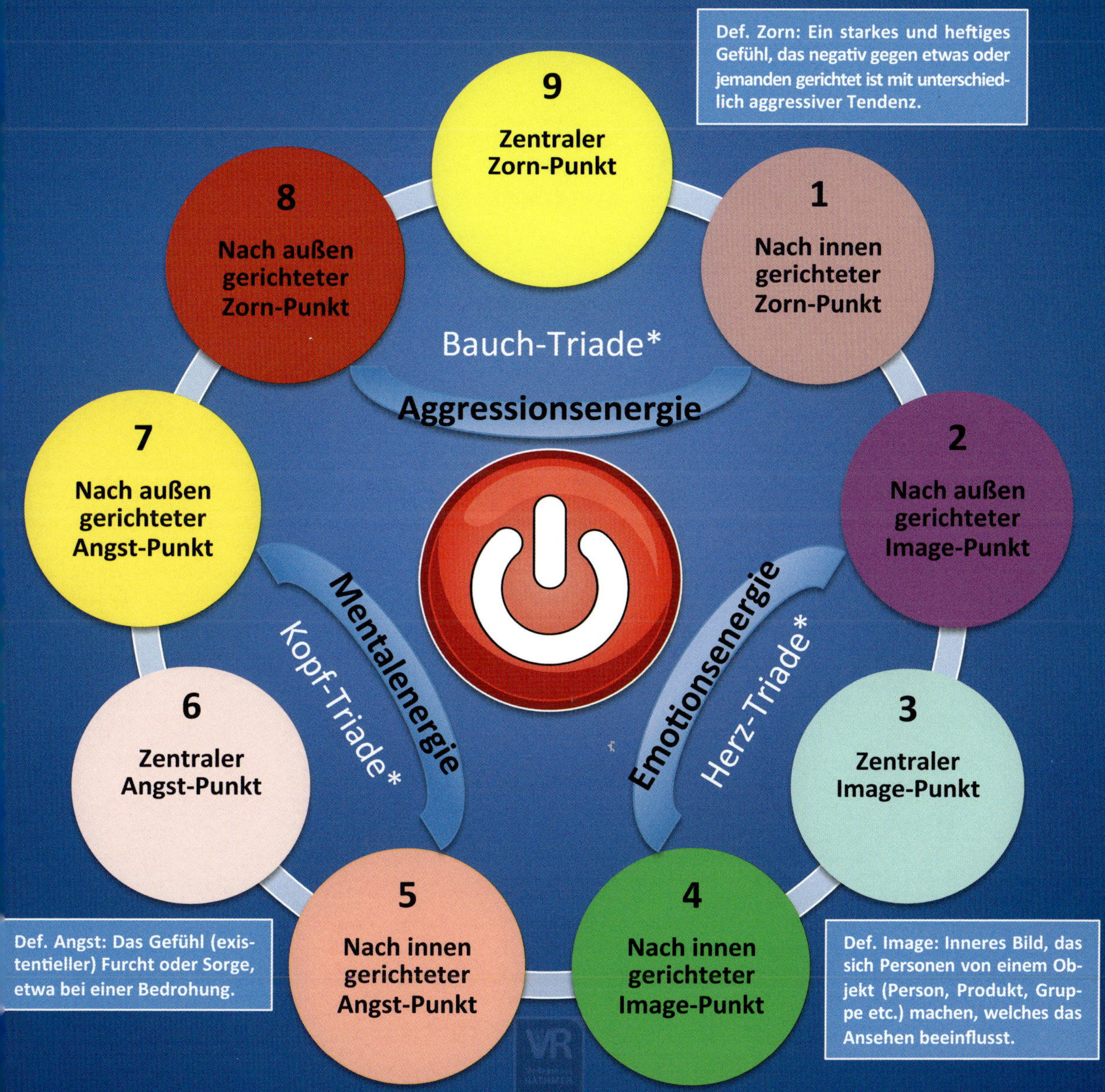

* Jeder Mensch verfügt über **drei Intelligenzzentren**: **Kopf** (Verstand/Ratio), **Herz** (Emotionen) und **Bauch** (Instinkt). Diese Zentren nennt man auch **Triaden**. Jeder Enneatyp verfügt dabei über eine besondere Ausprägung und spezifische Dominanz seines Triadenthemas.

Die drei Grundenergien

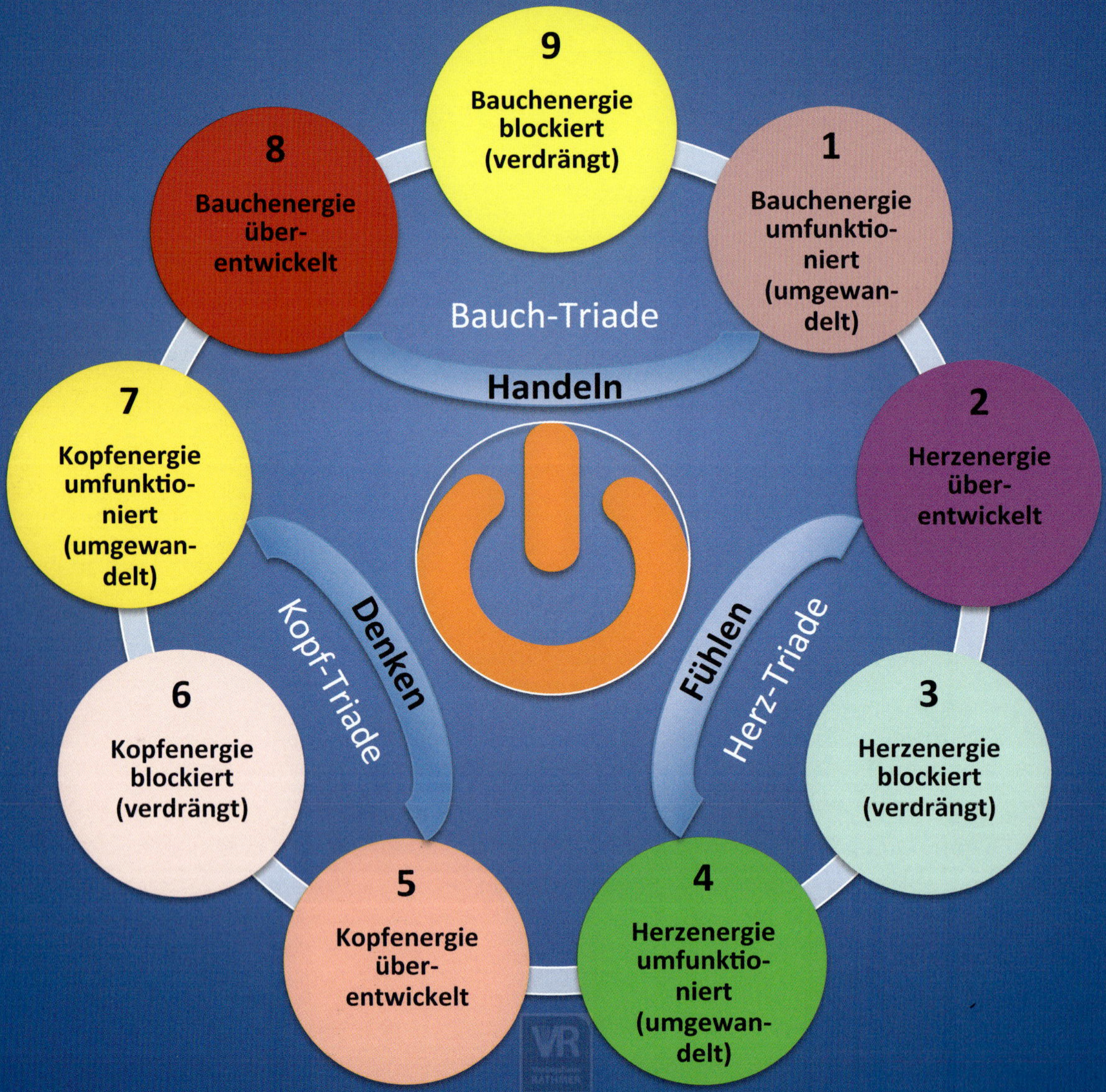

45

Erklärungen zu den drei Grundenergien

Die Grundenergie wird in der spezifischen Ausformung des einzelnen Enneagramm-Musters entweder

a) **überentwickelt:** Die Grundenergie „besetzt“ in einseitig übertriebener Weise das „innere Feld“ und führt allein die Regie. Dies ist eine Möglichkeit dieser Enneatypen, die innere Not nicht mehr zu spüren: **Bauchenergie** (siehe Typ 8), **Herzenergie** (siehe Typ 2) und **Kopfenergie** (siehe Typ 5)

b) **blockiert** (verdrängt): Hier sind die Lebensimpulse des Menschen (mehr oder weniger) abgeschaltet, damit die jeweilige zentrale Not aus dem Bewusstsein verschwinden kann: **Bauchenergie** (siehe Typ 9), **Herzenergie** (siehe Typ 3) und **Kopfenergie** (siehe Typ 6)

c) **umfunktioniert** (umgewandelt): Die Grundenergie wird in ihrer Richtung umgedreht und auf die eigene Person gewendet. Aus selbstbehauptender Aggression (**Bauchenergie**) wird Aggression gegen die eigene Person (siehe Typ 1), aus der auf andere gerichteten **Herzenergie** wird „Selbstverliebtheit“ (siehe Typ 4) und die Wahrnehmungs- und Denkfunktion des Kopfes (**Kopfenergie**) wird umfunktioniert zum Zweck positiver Selbststimulation (siehe Typ 7). Die Umwandlung der Grundenergien dient ebenfalls dazu, das zentrale Dilemma jeweils erträglicher zu machen bzw. aus dem Bewusstsein fernzuhalten.

46

Herausforderungen an das Leben

Intensiv zu leben bedeutet mit allen Sinnen …

47

Möglichkeiten zur Umkehr

Die Enneatypen sind berufen, in ihrem Leben jeweils folgende Themen zu verwirklichen, zu denen sie den Kontakt verloren haben:

In Anlehnung an „Das Enneagramm“, Rohr/Ebert, S. 238.

Lernaufgaben der Enneatypen

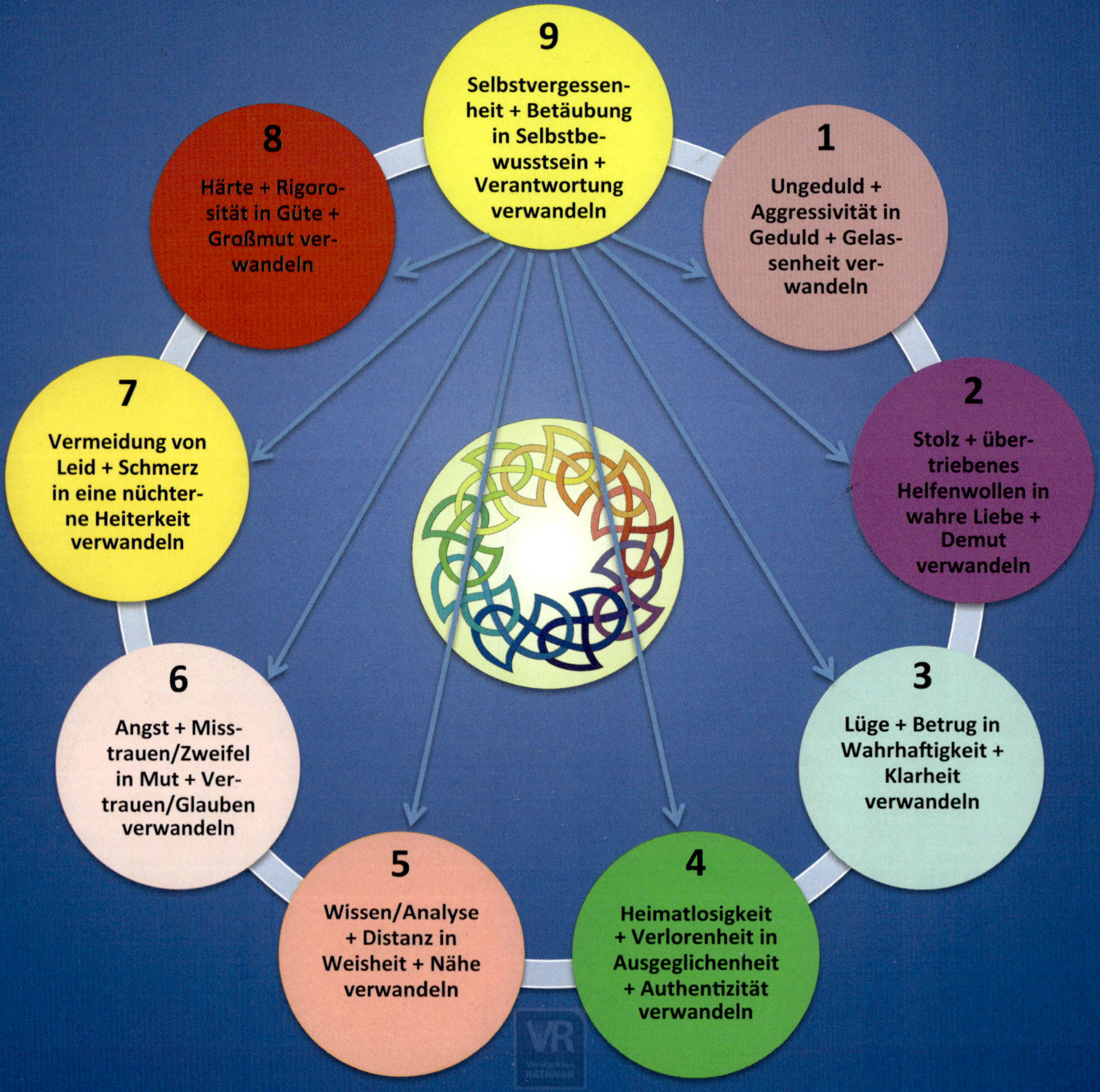

Anmerkung: Die Fixierungen 1 – 8 haben ihre Wurzel im Punkt 9 und sind Abwandlungen davon. Die zentrale Aufgabe jedes Typs besteht darin, aus seiner spezifischen Selbstvergessenheit herauszufinden und zur Selbstbewusstheit zu gelangen.

Erlösende Aufforderungen an die Enneatypen

50

Innere Leitsätze*

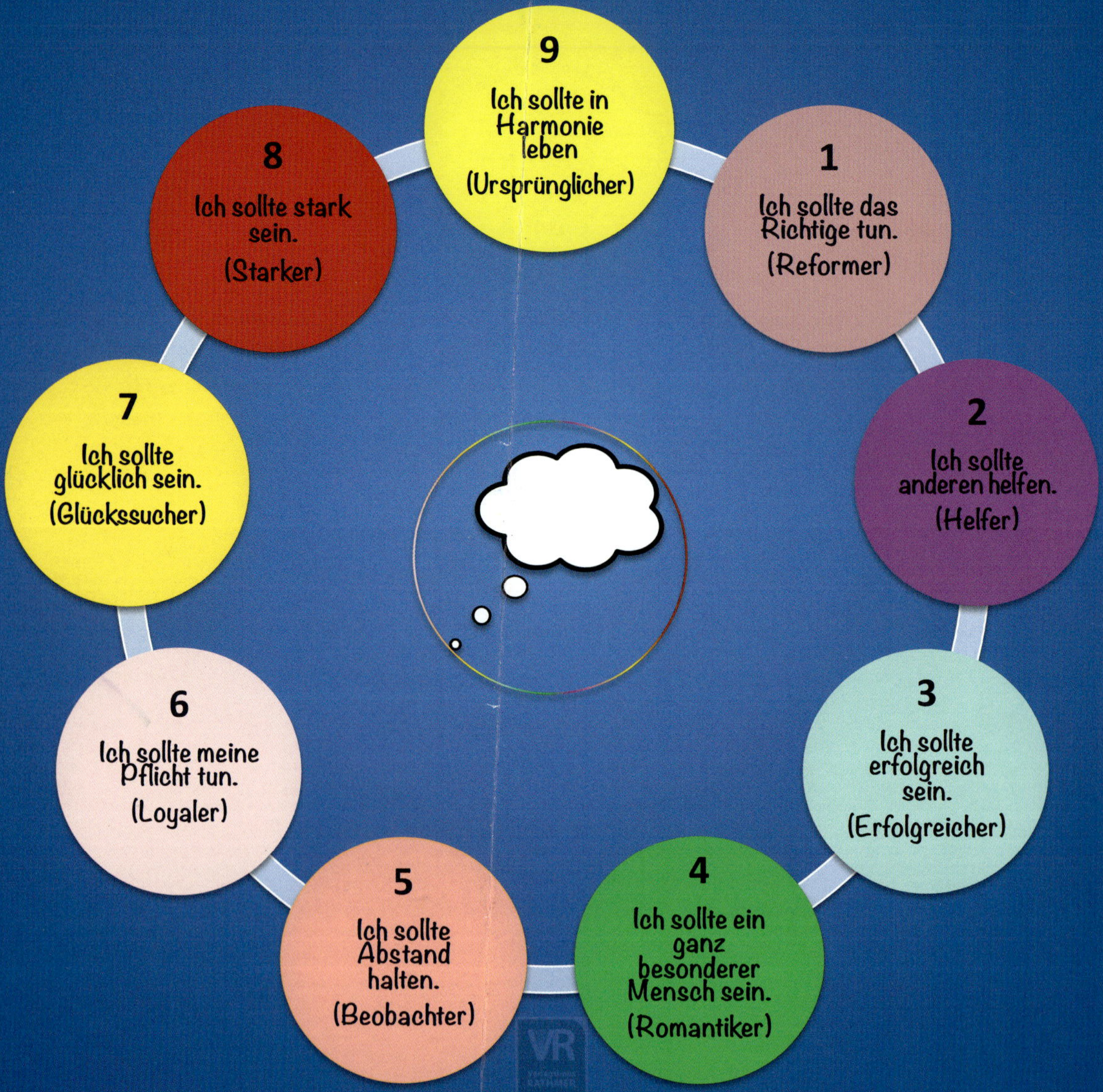

* Diese Leitsätze begründen die inneren Widerstände der jeweiligen Enneatypen und verhindern dadurch ihre gesunde Entwicklung vom unbewussten Typ zum bewussten Original, also von Unbewusstheit zu Bewusstheit und ggfs. von Krankheit zu Gesundheit.

51

Innere Stimme

9
„Ich muss den Frieden wahren und mit anderen eins werden. Ich möchte dafür sorgen, dass alles so bleibt, wie es ist.“

1
„Ich muss perfekt sein, das Richtige tun – und alle anderen auch.“

2
"Ich brauche Liebe und Anerkennung. Ich möchte meine Gefühle für andere frei zum Ausdruck bringen.“

3
„Ich muss produktiv und erfolgreich sein, bestätigt und bewundert werden.“

4
„Ich muss verstanden werden und meine eigenen Gefühle verstehen.“

5
„Ich muss alles wissen und die Welt um mich herum verstehen. Ich möchte allein gelassen werden und mir selbst genügen.“

6
„Ich brauche Anerkennung und das Gefühl, dass man sich um mich kümmert. Ich stelle alles in Frage.“

7
„Ich muss mein Leben so einrichten, dass ich Spaß habe, glücklich bin und meinen Beitrag in dieser Welt leiste.“

8
„Ich muss selbstständig und stark sein, um in der Welt etwas zu bewirken. Ich habe gern Macht über andere.“

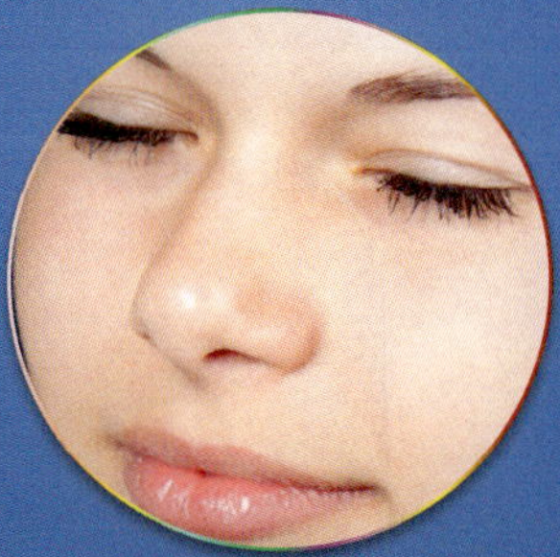

Innere Fragestellungen

Je nach Aufmerksamkeitsschwerpunkt sind die inneren Fragen gerichtet auf z.B. folgende Themen:

9 Wer oder was bedroht die Harmonie?

1 Was ist richtig, was ist falsch, was lässt sich verbessern?

2 Wer oder was braucht meine Hilfe, was ist nötig, wird benötigt?

3 Welche Leistung wird verlangt, wer oder was verlangt meinen Einsatz?

4 Was fehlt in meinem Leben, in meinen Beziehungen, wovon bin ich getrennt?

5 Was will oder erwartet man von mir, wer oder was dringt in meine Privatsphäre ein?

6 Was kann schiefgehen, wo lauert die Gefahr, wo stecken die Risiken und wie sehen sie aus?

7 Welche Optionen oder Möglichkeiten bieten sich, was ist eher angenehm, was nicht?

8 Was ist wahr und was nicht, wer oder was ist ungerecht, was braucht (meinen) Schutz?

Beweggründe* für mögliche innere Fragen

54

Grundlegende Motivationen

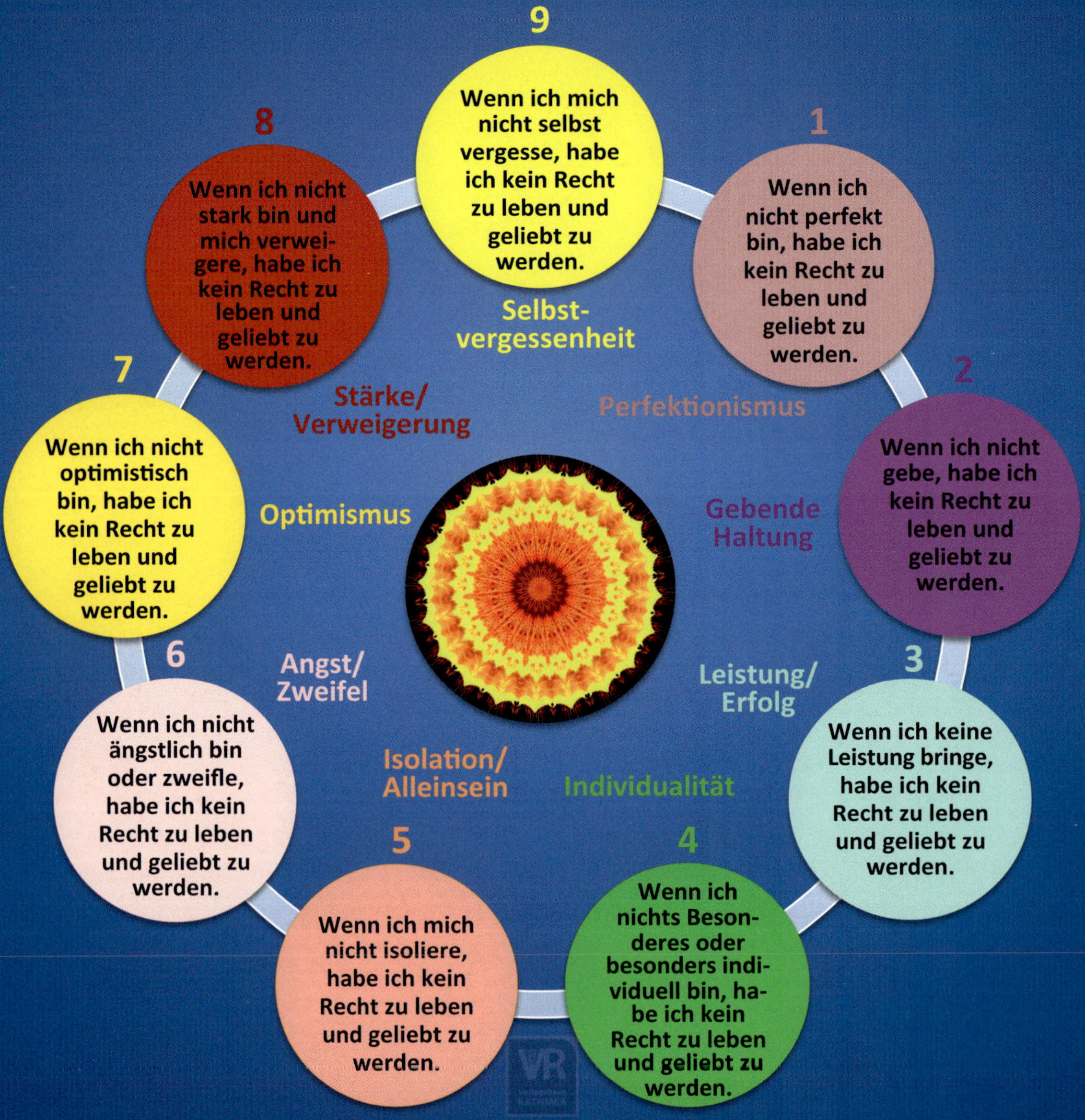

55

Weiterentwicklung (Transformation) der Enneatypen durch...

9
a) Konfliktfähigkeit trainieren b) sich selbst erfahren, das Ursprüngliche erkennen ...

... c) ins rechte Handeln kommen d) Autoaggressivität überwinden

1
a) akzeptieren, dass das Leben vollkommen ist b) das Positive wahrnehmen c) sich den eigenen Wahrheiten stellen ...

... d) den verborgenen Humor zulassen e) sich dem Leben aussetzen

2
a) anderen nicht die Verantwortung abnehmen b) Sinngefühl und Stille suchen ...

... c) sich selbst finden d) sich selbst helfen d) eigene Bedürfnisse erkennen

3
a) Erfolg darf nicht Primärwert des Lebens sein b) eigene Wahrheiten nicht mehr verdrängen ...

... c) Gespräche mit sich selbst führen e) auf die innere Stimme hören

4
a) die Vielschichtigkeit der Seele kennenlernen b) das „Ja“ zum Leben suchen c) die inneren Schätze heben d) das Profane lieben lernen ...

... e) die Sehnsucht verstehen f) die Welt zur Heimat machen

5
a) Emotionen wahrnehmen und leben b) spielen und tanzen c) Ziele im Leben suchen d) tiefen Sinn suchen ...

... e) Lieben lernen f) Brücken zum realen Leben bauen

6
a) Selbsterkenntnis gewinnen b) angstauslösende Situationen aufsuchen c) Projektionen vermeiden ...

... d) sich nicht alles gefallen lassen e) Mut und Vertrauen entwickeln

7
a) Wege zum inneren Halt gehen b) die innere Mitte suchen c) Realitätsprüfung ...

... d) mehr Bodenhaftung bekommen e) bei Dingen bleiben und verharren

8
a) Problemhierarchie erstellen b) sich für sich selbst verantwortlich fühlen c) stark sein durch Eingestehen von Schwäche ...

... d) den Egoismus erkennen e) Kraft auch anderen schenken und zugestehen

Emotionale Transformation durch die Entwicklung von ...

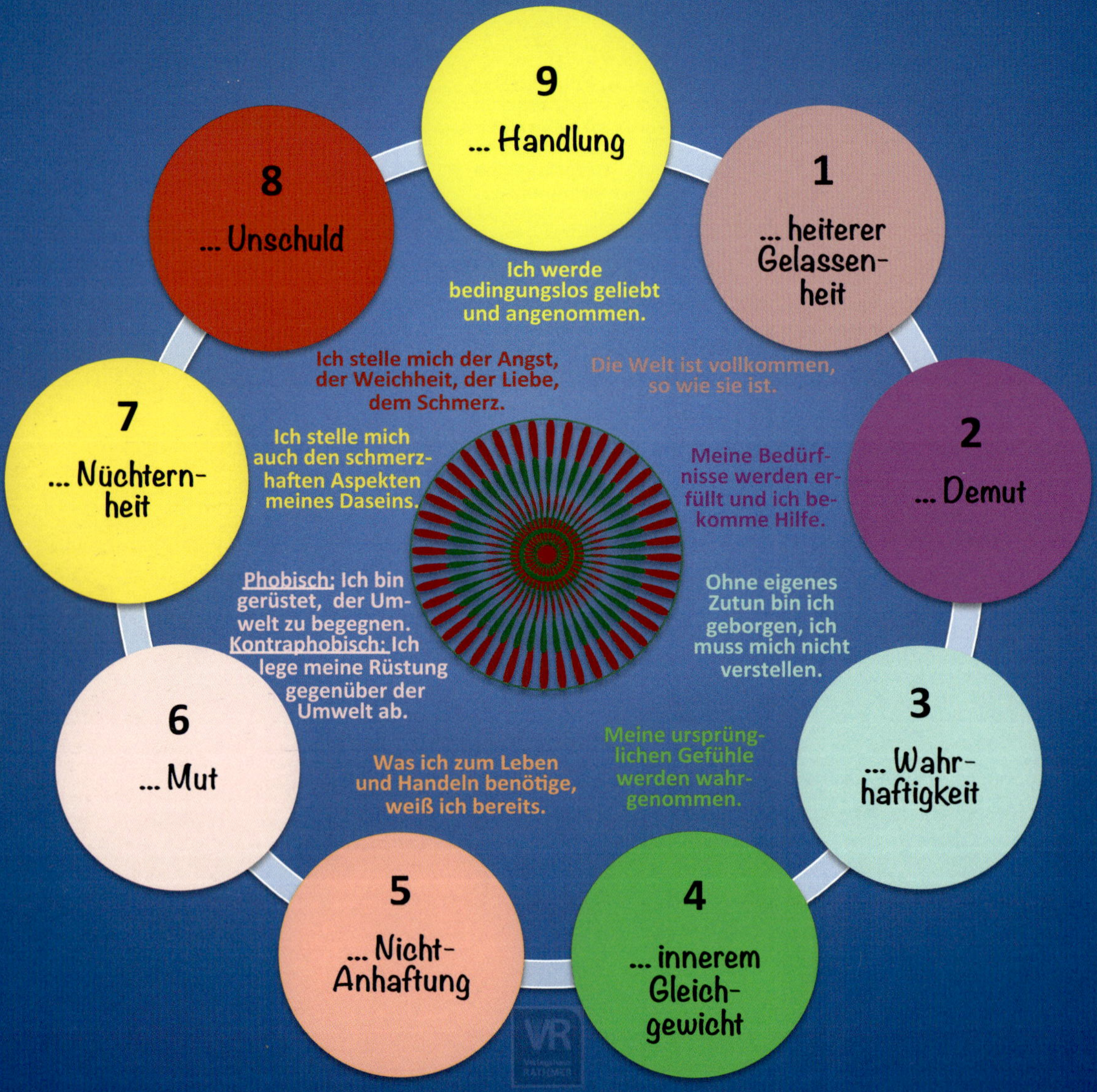

57

Befreiung

Zur Befreiung aus ihrer einseitigen Fixierung helfen den jeweiligen Enneatypen bestimmte, ebenfalls für sie typische Tugenden die sie entwickeln müssen, wenn sie ihr positives Potenzial vollständig ausschöpfen möchten:

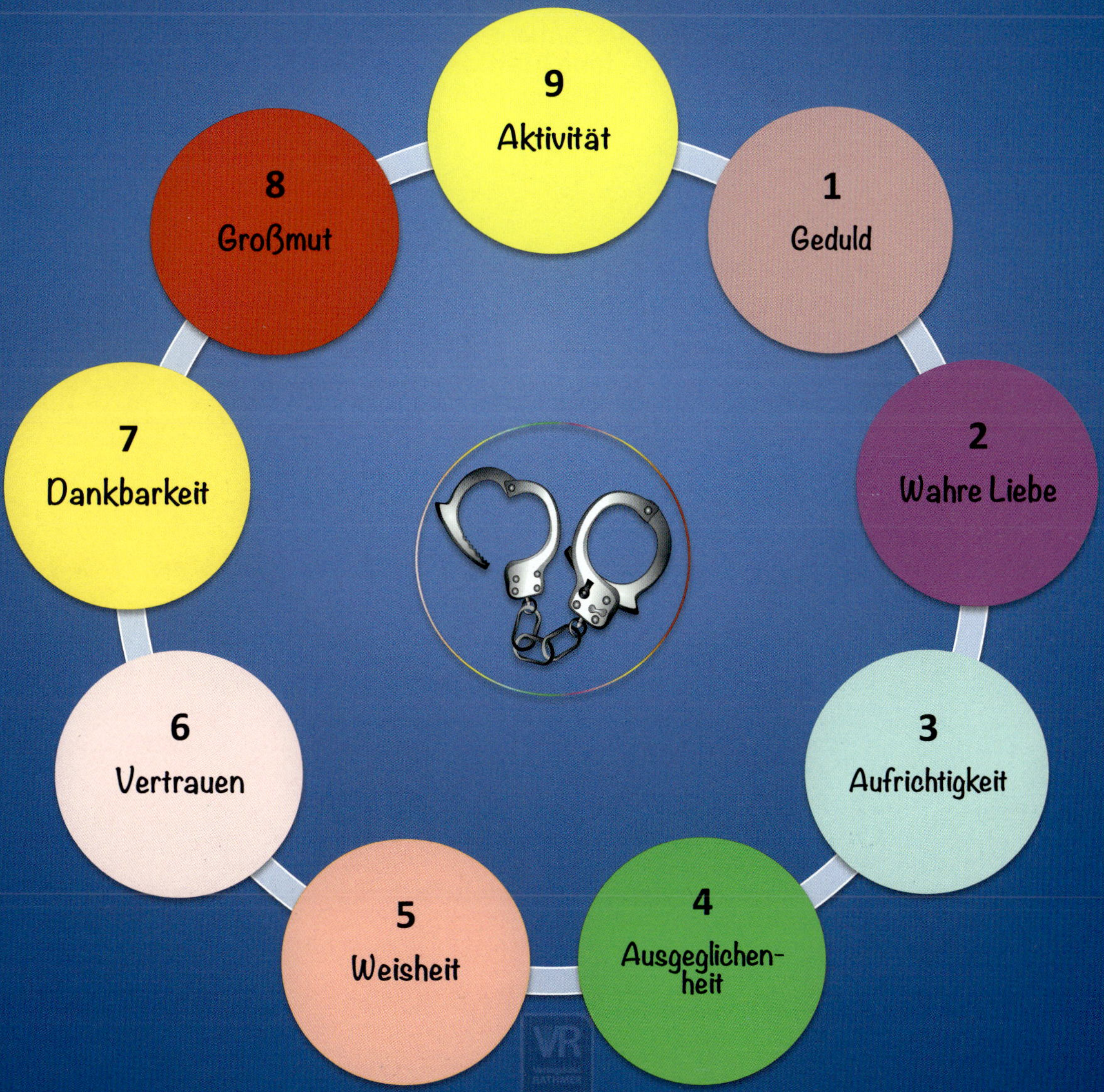

58

Die wahren Werte der Enneatypen

Anregungen zur Entwicklung von Enneatyp 1

1

- Suche nach den positiven Aspekten bei den Mitmenschen, ihren Handlungen und in allen sonstigen Lebenslagen
- vorurteilsfreie Wahrnehmung der eigenen und fremden Lebensumstände
- Akzeptieren unterschiedlicher Betrachtungsweisen und Standpunkte der Mitmenschen
- Wertschätzung auch kleiner Schritte
- Relativierung der eigenen Wichtigkeit/ Bedeutsamkeit
- Geduld und Gelassenheit
- Humor
- Ausbalancieren von Pflicht und Freude
- Anfreunden mit den eigenen Begrenzungen und Unzulänglichkeiten

Anregungen zur Entwicklung von Enneatyp 2

2

- Demut statt Selbstgefälligkeit
- geben ohne zu nehmen
- eigene Bedürfnisse ausleben
- auch sich selbst lieben lernen
- wohlwollende Akzeptanz von gesundem Egoismus und einer gewissen Eigennützigkeit
- andere loslassen, ihnen Unabhängigkeit gewähren
- andere nicht mit „überschießenden Liebesbemühungen“ überhäufen
- die eigene Bedürftigkeit erkennen und akzeptieren
- allein sein ohne einen unmittelbaren Bezug zu einem anderen Menschen
- eine Verbindung zu und mit sich selbst aufbauen
- den eigenen Stolz erkennen

Anregungen zur Entwicklung von Enneatyp 3

3

- sich der eigenen Täuschungsmanöver bewusst werden
- sich der Realität stellen (mehr Sein statt Schein!)
- Natürlichkeit zeigen
- Nutzen und Erfolg angemessener einschätzen
- die Möglichkeit des Scheiterns bewusst machen
- Arbeitswelt und private Lebensumstände unterscheiden
- Gefühle eingestehen und zulassen
- (Selbst-) Täuschungen erkennen und Wahrhaftigkeit lernen
- Eitelkeit im Inneren erkennen und akzeptieren
- nicht den materiellen Verlockungen dieser Welt verfallen als Ersatz für echte Gefühle

Anregungen zur Entwicklung von Enneatyp 4

4

- seelische Balance wiederfinden
- in der Gegenwart leben und dort verweilen
- das Normale, Gewöhnliche akzeptieren
- Selbstliebe sowie Nächstenliebe praktizieren
- Wünsche als tatsächlich erfüllt ansehen
- die eigenen Wunden sowie die allgemeine Sensibilität und Verletzlichkeit als Teil der menschlichen Verletzlichkeit an sich betrachten
- Kunst und Alltäglichkeit in Verbindung bringen
- die alten Verletzungen mit Gleichmut anschauen und innerlich mit der Vergangenheit abschließen
- Authentizität entwickeln
- Neid in sich erkennen und reflektieren

63

Anregungen zur Entwicklung von Enneatyp 5

5

- Weitergabe des eigenen Wissens ohne Furcht vor Verlusten
- sich loslösen von Allwissenheitsphantasien
- Akzeptanz von Meinungsvielfalt
- Großzügigkeit üben und Geiz/Habsucht erkennen
- frühzeitig lernen, Dinge und Situationen loszulassen
- handeln statt nur zu denken
- den eigenen Körper bewusst wahrnehmen
- sich einbringen in Gruppen und Teamarbeit
- Vertrauen zu den Mitmenschen entwickeln
- sich dem Fluss des Lebens hingeben
- Dankbarkeit äußern
- sich aus dem „Elfenbeinturm“, der Isolation begeben, sich dem Leben und der Liebe sowie den tief verborgenen Emotionen öffnen

Anregungen zur Entwicklung von Enneatyp 6

6

- angemessene Risikobereitschaft lernen
- Zivilcourage üben
- Entfaltung eigenständiger Handlungswege
- Äußerung eigener Ansichten und Absichten
- Eigenverantwortung übernehmen
- Entscheidungsfreude zeigen ohne großes Zögern oder Äußern von Bedenken
- positive Lebenseinstellung entwickeln
- Vertrauen und Mut entwickeln
- ertragen von Ungewissheiten
- sich der eigenen inneren Angst widmen
- Risiken bewusst eingehen
- der kontraphobische Typ muss seine Rüstung und seine Widerstände gegen das Leben ablegen und seine Angst akzeptieren, dann kann er auch sein einschüchterndes Verhalten ablegen

Anregungen zur Entwicklung von Enneatyp 7

7

- Realitätssinn entfalten
- Prioritäten setzen
- sich auch den Einzelheiten widmen
- Tiefgang statt Oberflächlichkeit
- Vorhaben auch zu Ende führen
- sich selbst Grenzen setzen und sie auch beachten
- Stille und Reflexion suchen und finden und kurzweilige Ablenkungen vermeiden
- die täglichen Mühen, die sog. lästigen Pflichten annehmen und als Anlässe zur Reife auffassen
- Schmerz und Leid zulassen im Leben und nicht ständig davor wegrennen
- Nüchternheit und Sachlichkeit entwickeln sowie Langeweile ertragen lernen

Anregungen zur Entwicklung von Enneatyp 8

8

- Interessen der Mitmenschen gelten lassen
- sich eingliedern in soziale Gefüge
- sich anpassen lernen
- die eigenen Auffassungen auch einmal hinterfragen und lernen, sich zurücknehmen
- Kompromisse eingehen
- eigene Schuld akzeptieren und zugeben
- anderen Schutz bieten
- auf eigene und fremde Gefühle Rücksicht nehmen
- die eigenen sanften Züge entwickeln und die eigene Verletzlichkeit zeigen
- sich geliebt fühlen statt gefürchtet zu sein
- das eigene innere Kind akzeptieren
- den Abwehrmechanismus der Leugnung von eigener Schwäche und Bedürftigkeit aufgeben

Anregungen zur Entwicklung von Enneatyp 9

9

- Fleiß, rechtes Handeln entwickeln
- die eigenen Gaben erkennen und nutzen
- sich körperlich bewegen, ins Handeln kommen und energisch zupacken
- Antriebsstärke zeigen
- Initiativen ergreifen, Prioritäten setzen, Entscheidungen treffen
- Sachverhalte durchdringen
- aufwachen, eigene Auffassungen bilden
- aus der Selbstvergessenheit zur Selbstbewusstheit finden
- Konflikte konstruktiv bewältigen
- vermitteln, Frieden stiften
- Eigenliebe entwickeln
- nach innen gehen und innere Welten entdecken
- eigene Wünsche entdecken und im Außen manifestieren

Die 9 symbolischen Figuren

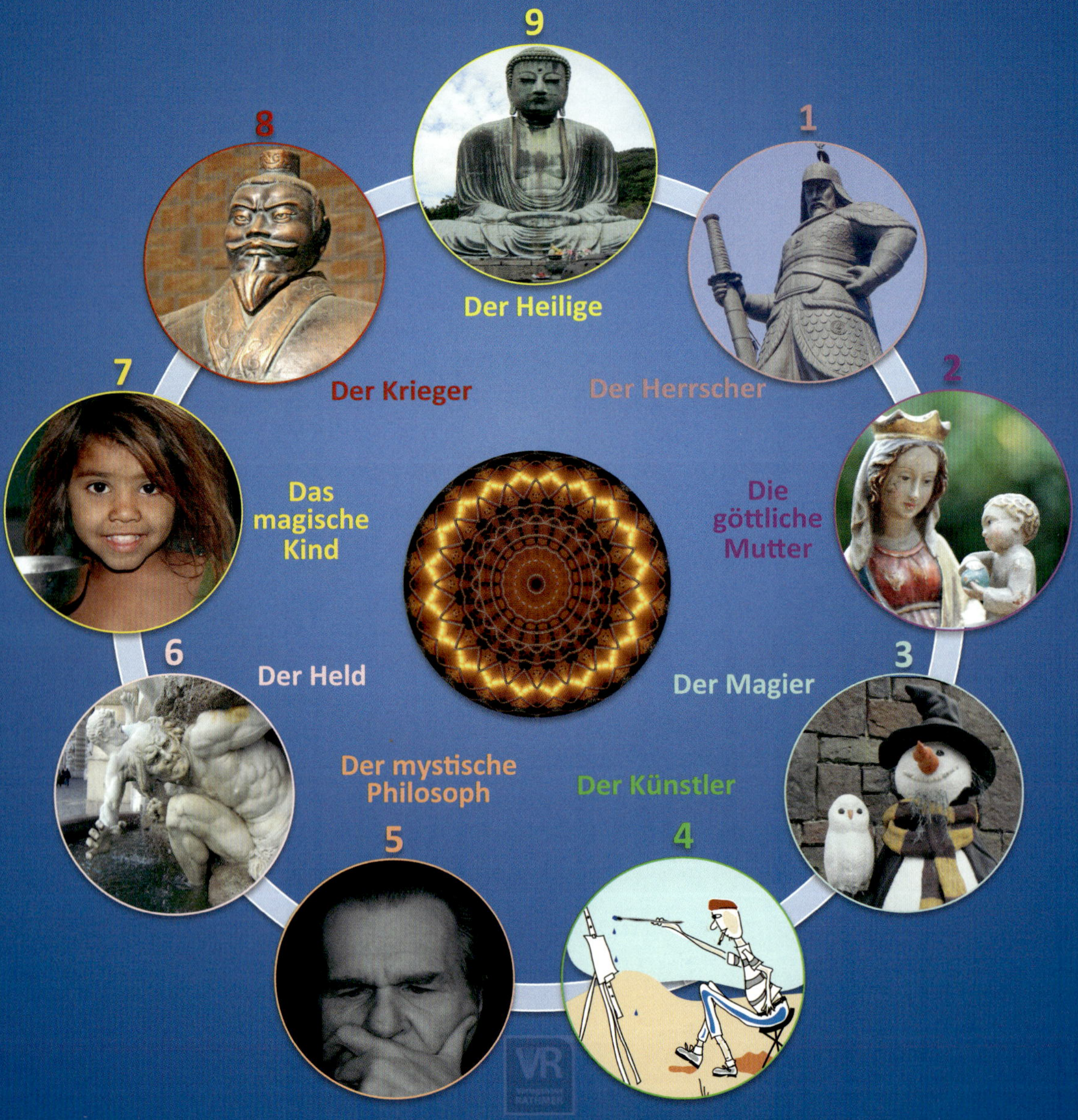

Raum für Notizen

2. Kapitel

Vertiefendes Wissen
(69 – 100)

Die Triaden des Enneagramms

Jeweils drei der neun Typen sind einer der Triaden zugeordnet:

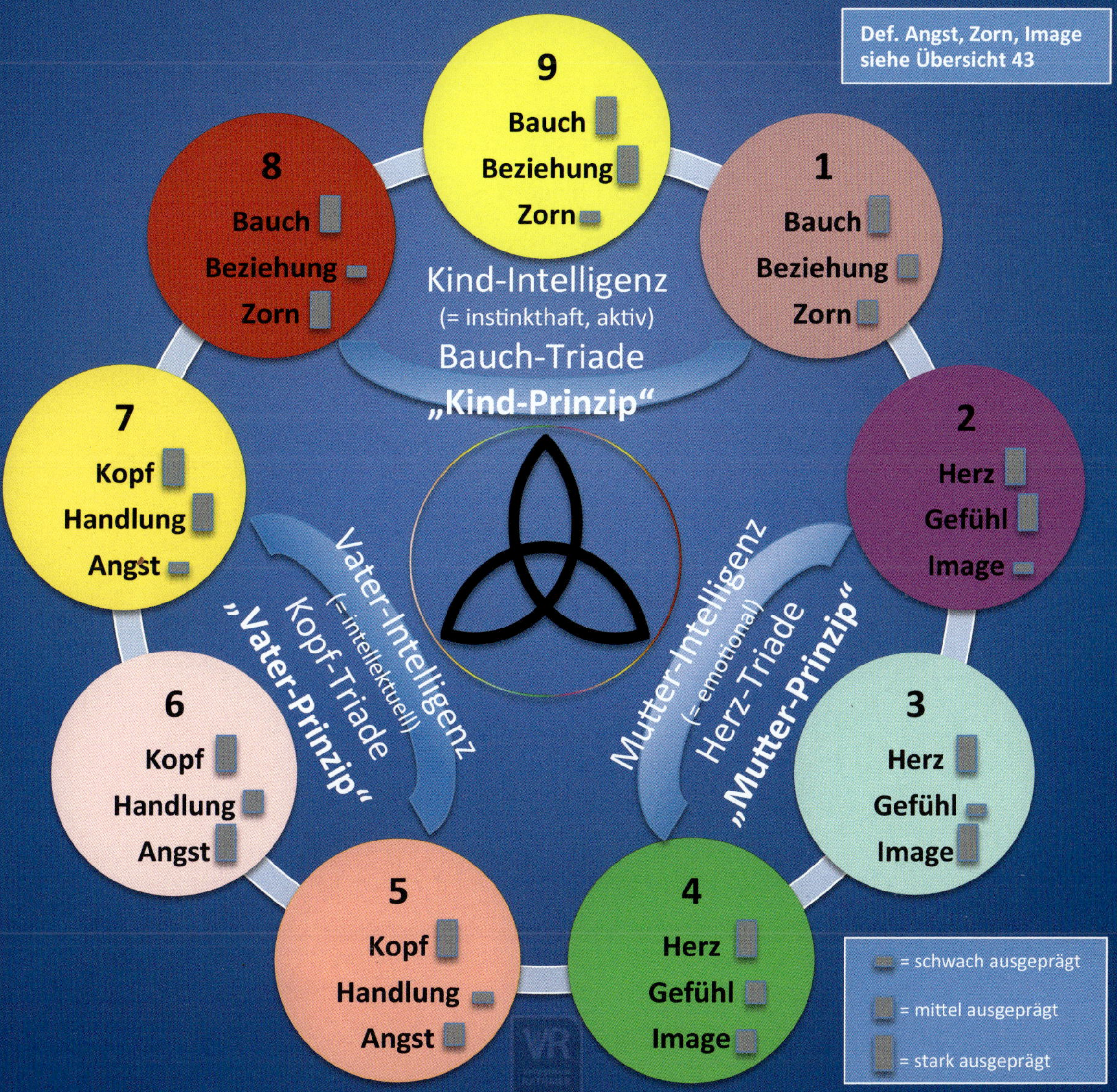

Die drei Grundfixierungen des Enneagramms

Die allgemeinen Grundfixierungen der drei Triaden führen zu entsprechenden spezifischen Ausprägungen der einzelnen Enneatypen:

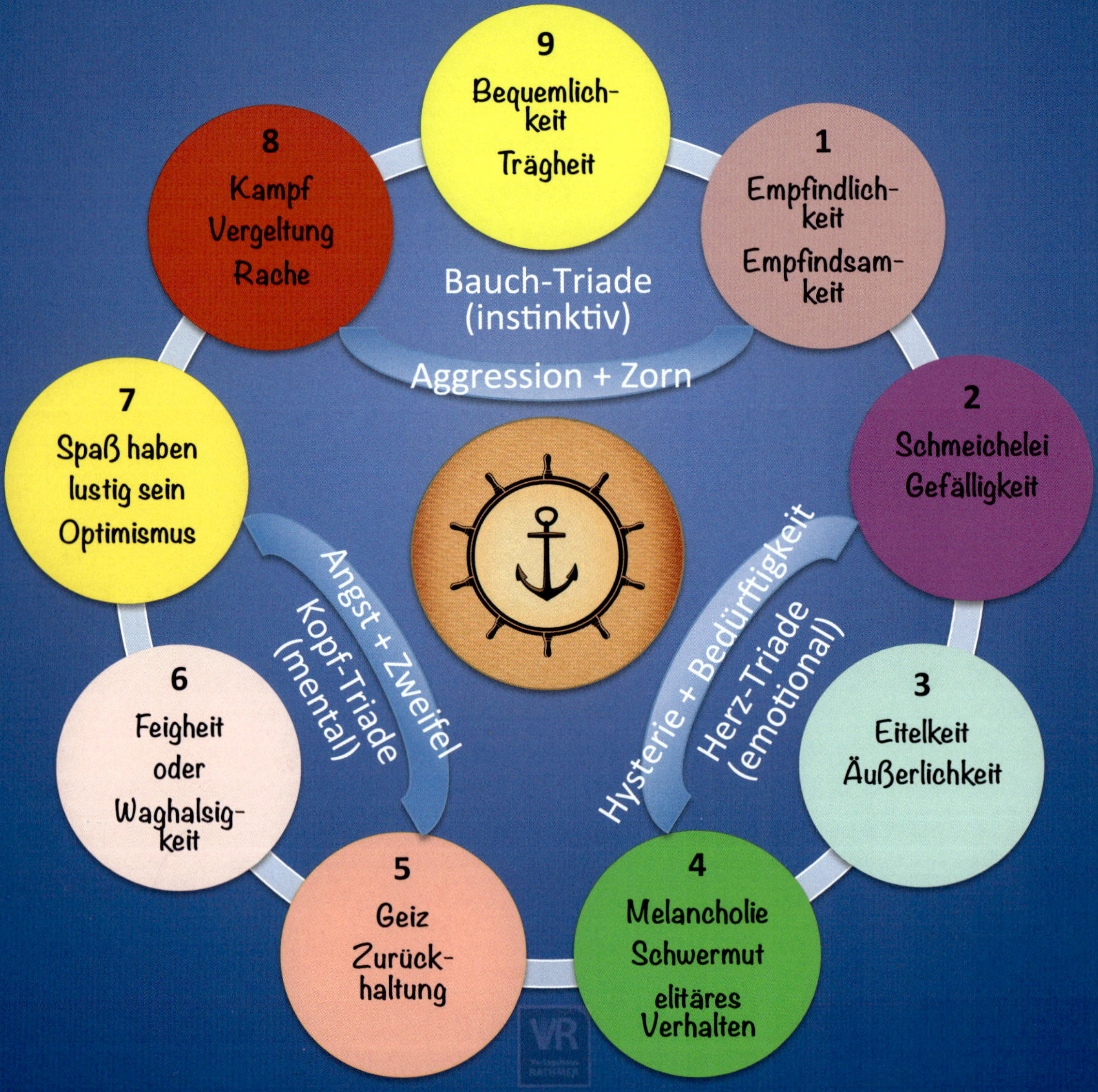

71

Energiezentren und Grundbedürfnisse

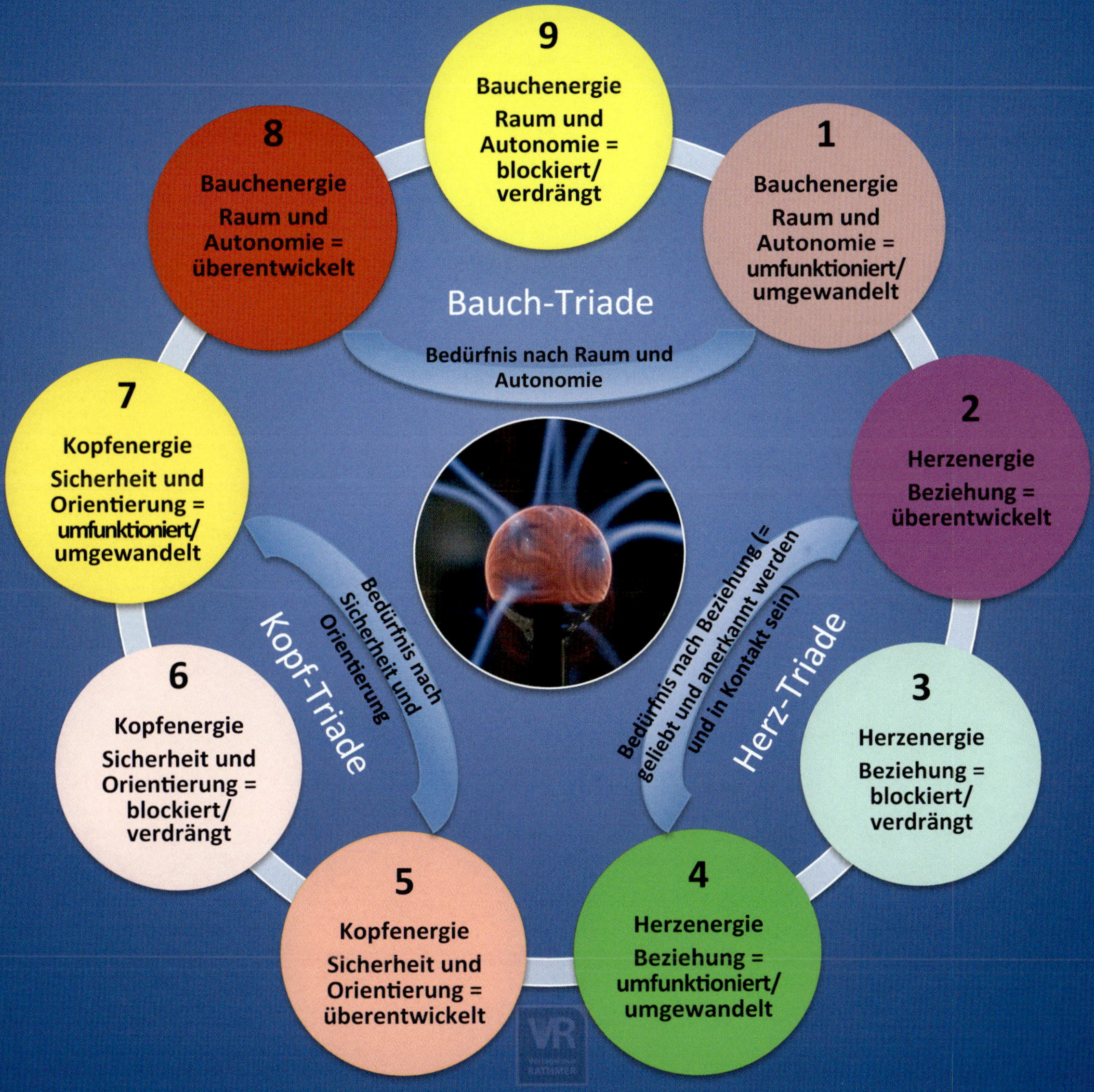

Erklärungen zu den drei Grundenergien siehe Übersicht 45.

Das Enneagramm als Prozessmodell

Im Prozessmodell von Gurdjieff, griechisch-armenischen Esoteriker (1866-1949), stellen die 9 Punkte im Enneagramm neun aufeinander folgende Phasen dar, die ein Entwicklungsprozess durchlaufen muss, bevor er abgeschlossen ist und der Mensch zu einer erhöhten Bewusstseinsstufe kommt.

Die dynamische Entwicklung erfolgt über die einzelnen Untertypen*.

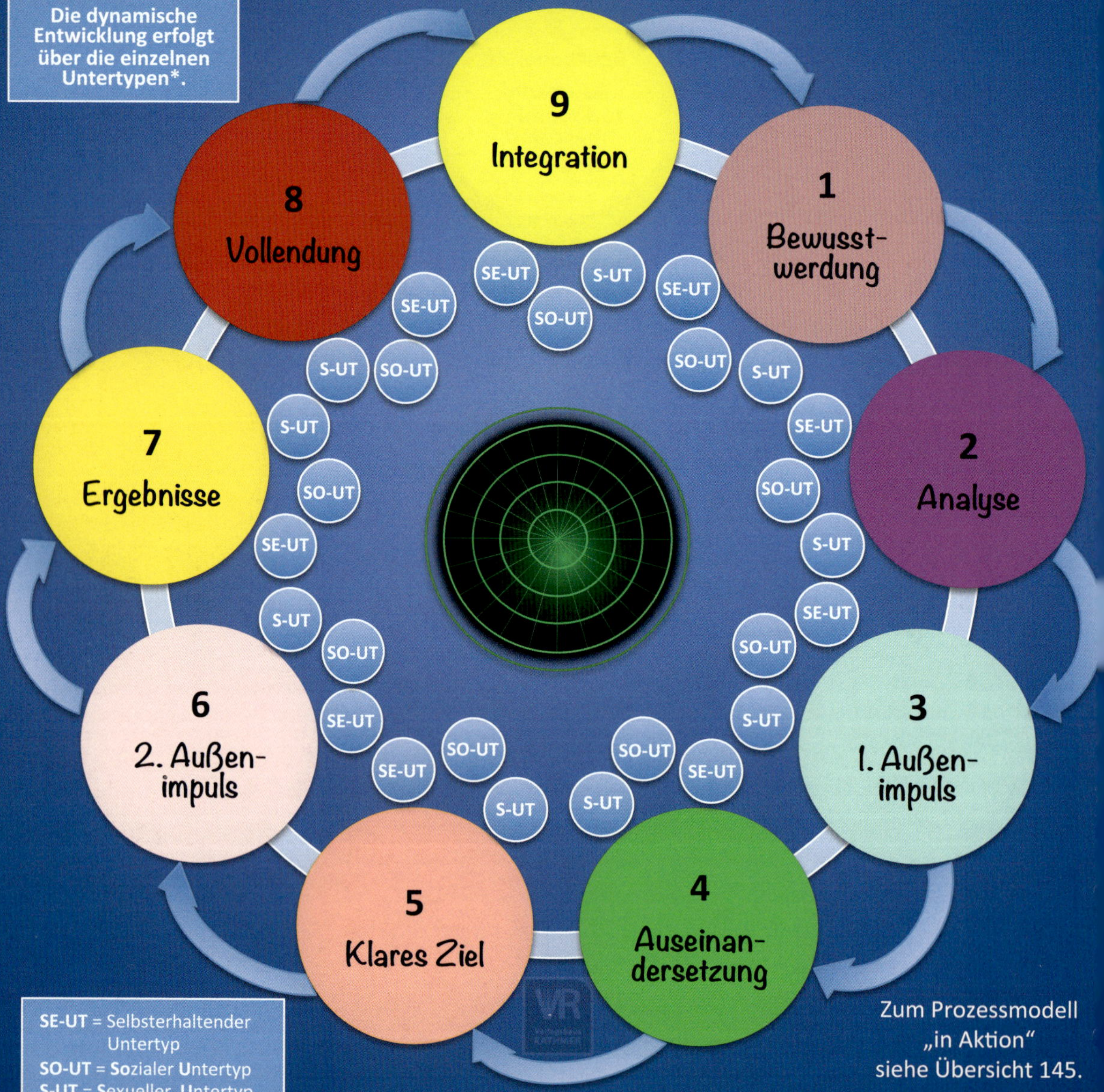

SE-UT = **S**elbst**e**rhaltender **U**nter**t**yp
SO-UT = **So**zialer **U**nter**t**yp
S-UT = **S**exueller **U**nter**t**yp

Zum Prozessmodell „in Aktion“ siehe Übersicht 145.

* Zur Lehre der Untertypen siehe Übersichten 190 – 205.

73

Der Enneagramm-Regelkreis lebendigen Lernens

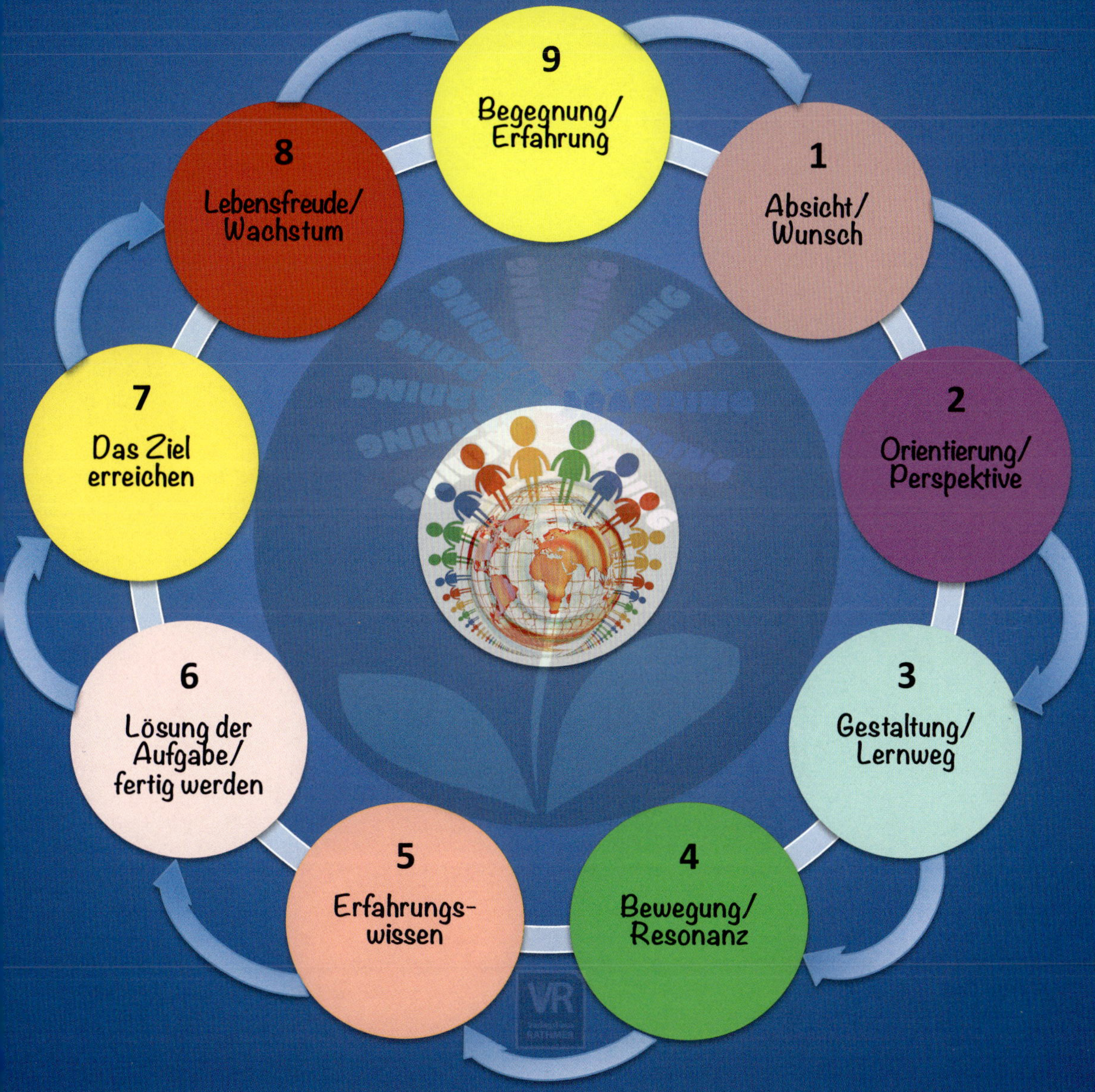

74

Evolution = positive Entwicklung

In Zeiten der Sicherheit besteht für jeden Menschen die Chance, sich zu entwickeln. Die Entwicklung – Evolution – verläuft u.a. in Richtung der positiven Eigenschaften eines jeweils anderen Enneagrammtyps (= sog. Integrationsrichtung in Richtung des sog. Entspannungspunktes):

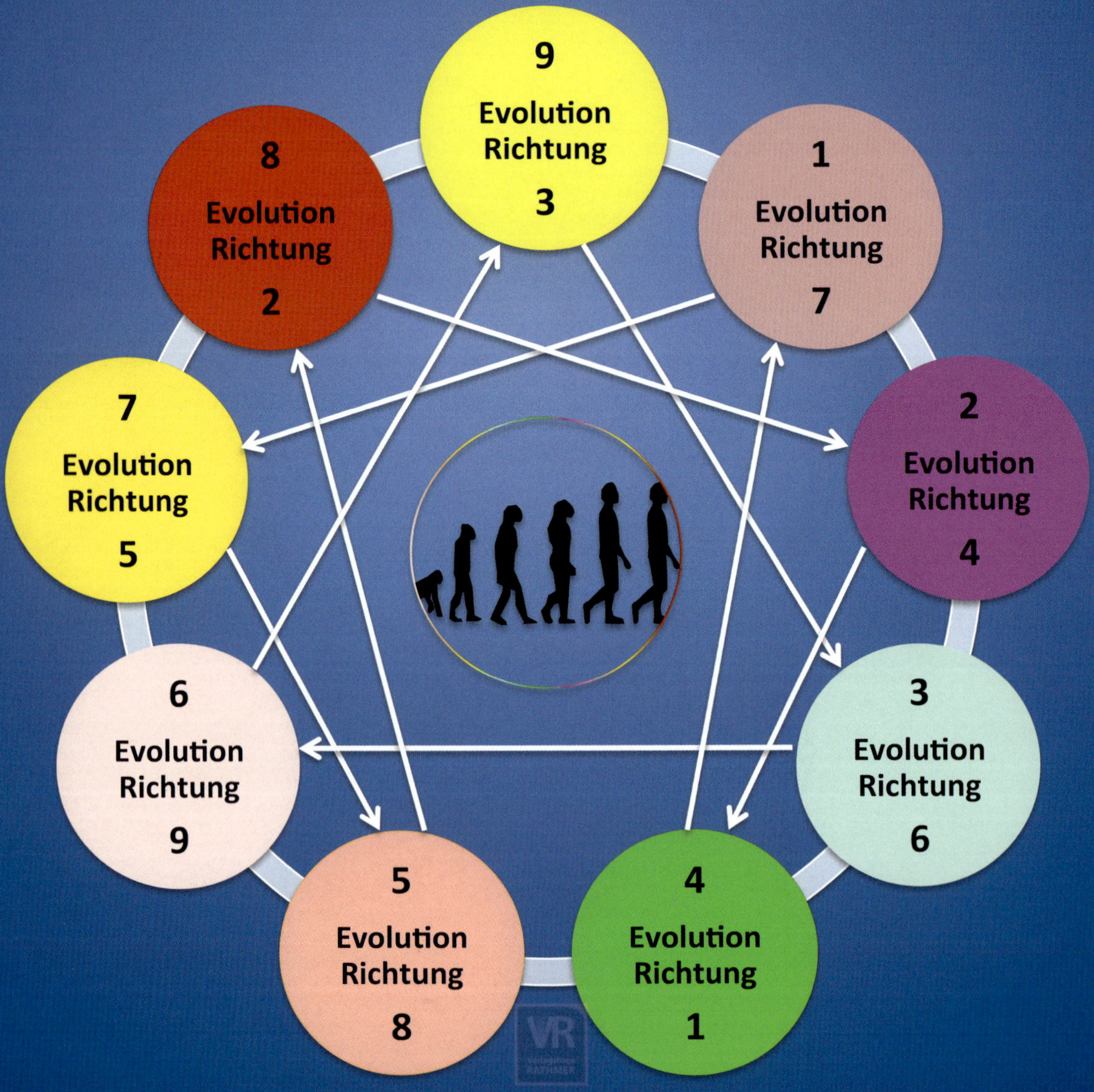

75

Devolution = negative Entwicklung

Die Rückentwicklung – Devolution – verläuft u.a. in Richtung der negativen Eigenschaften eines jeweils anderen Enneagrammtyps (= sog. Desintegrationsrichtung in Richtung des sog. Stresspunktes):

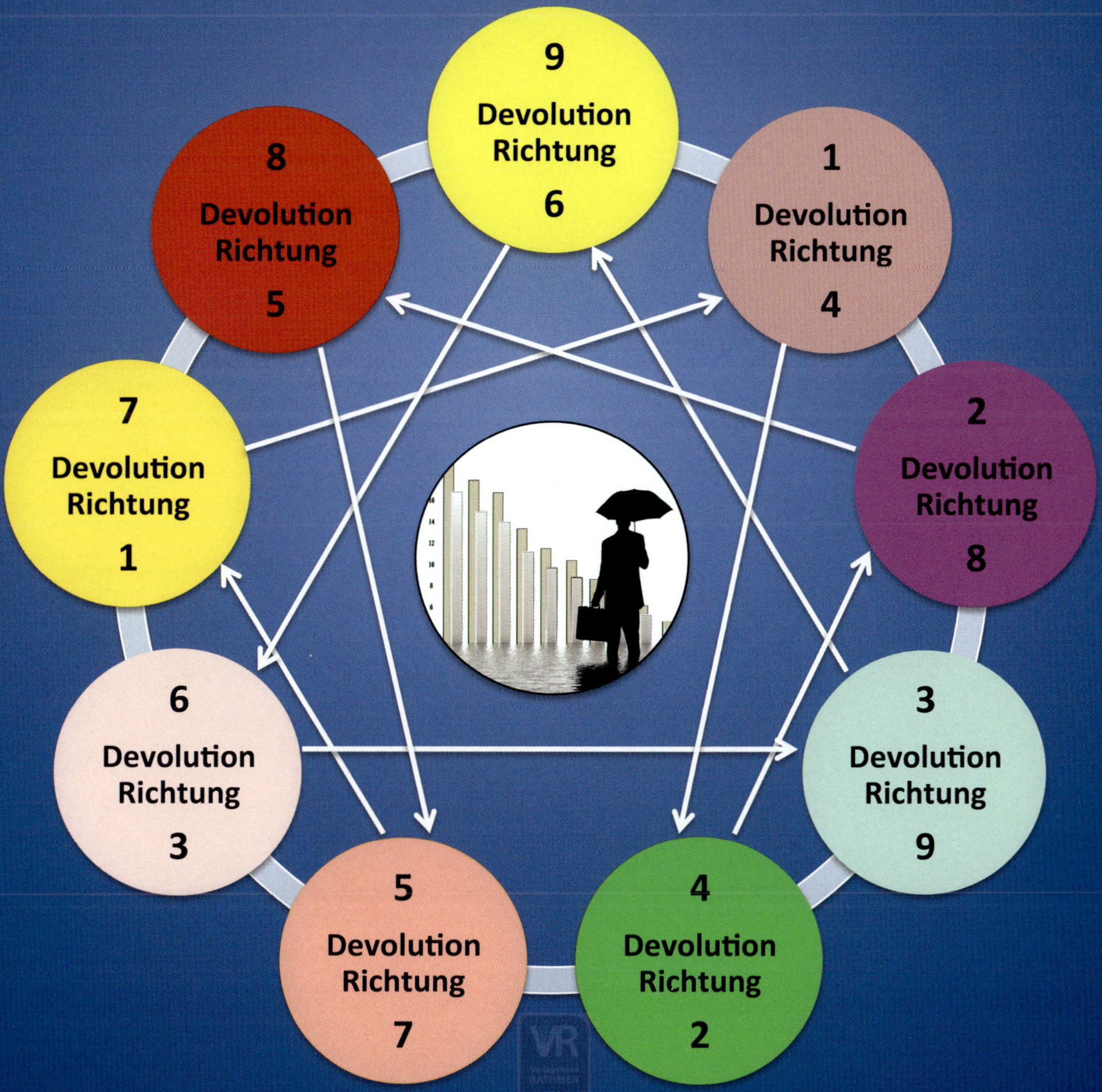

Die Entspannungs*- und Stresspunkte**

* Entspannungspunkte in Pfeilrichtung
** Stresspunkte entgegen der Pfeilrichtung

Die Enneagramm-Muster und ihre Stresspunkte

Die Muster des Enneagramms ändern unter gewissen Bedingungen ihren „Aggregatzustand" und „schalten um" auf ein anderes Muster. Allerdings bleibt es beim selben Enneatyp, es kommen nur andere Aspekte des jeweiligen Stresspunktes zum Vorschein. Je stärker jemand mit äußeren Situationen und inneren Erfahrungen zu tun hat, die in irgendeiner Weise an die unbewusste innere Not stoßen, desto größer wird der Abwehrmechanismus des Menschen und das Muster wechselt tendenziell immer stärker in den Stresspunkt des jeweiligen Grundtypus:

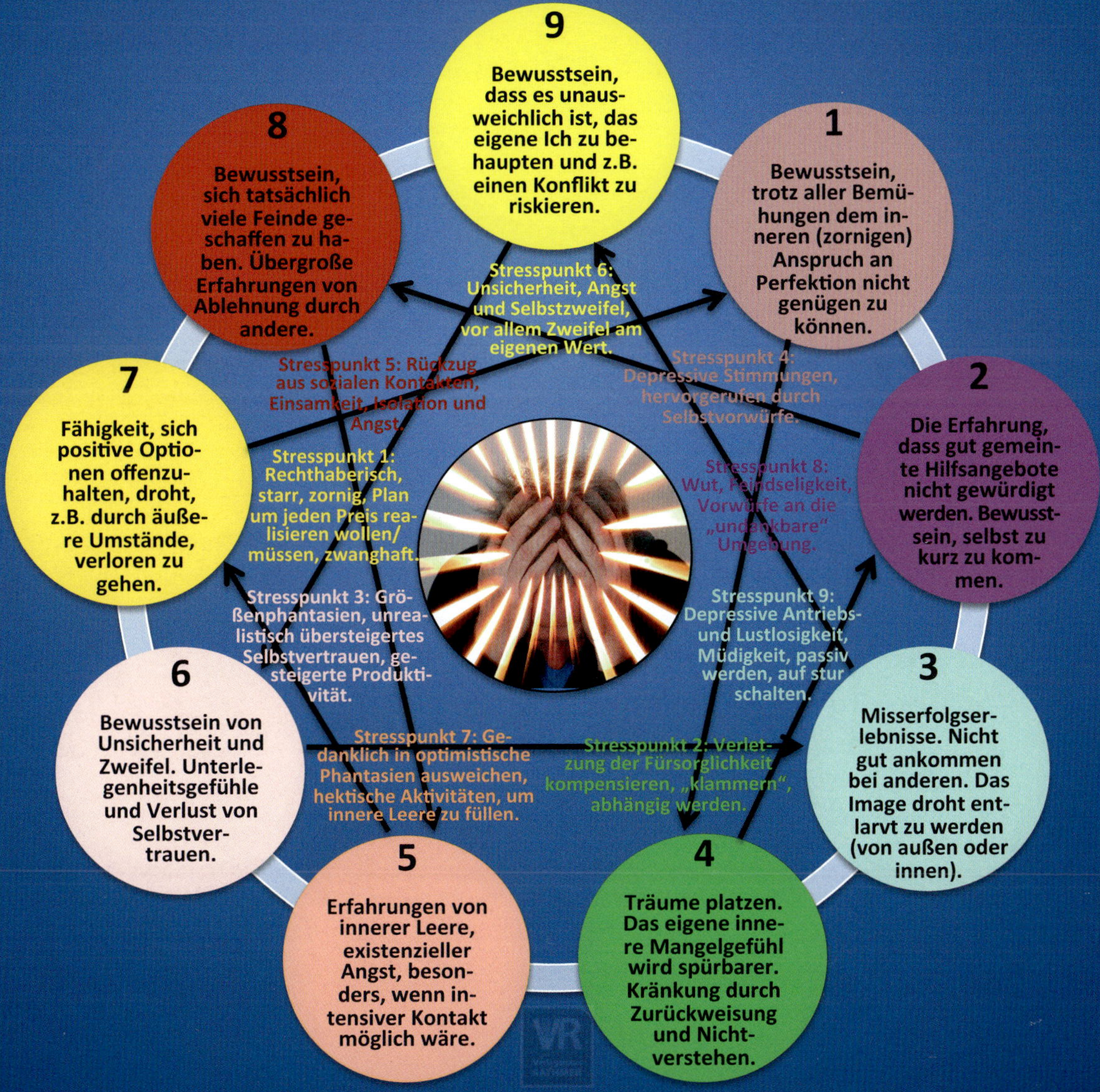

Die Symmetrie des Enneagramms

In gewisser Weise sind sich die symmetrisch gegenüberliegenden Strukturen sehr ähnlich, auf andere Weise sind sie wiederum sehr konträr (exemplarisch):

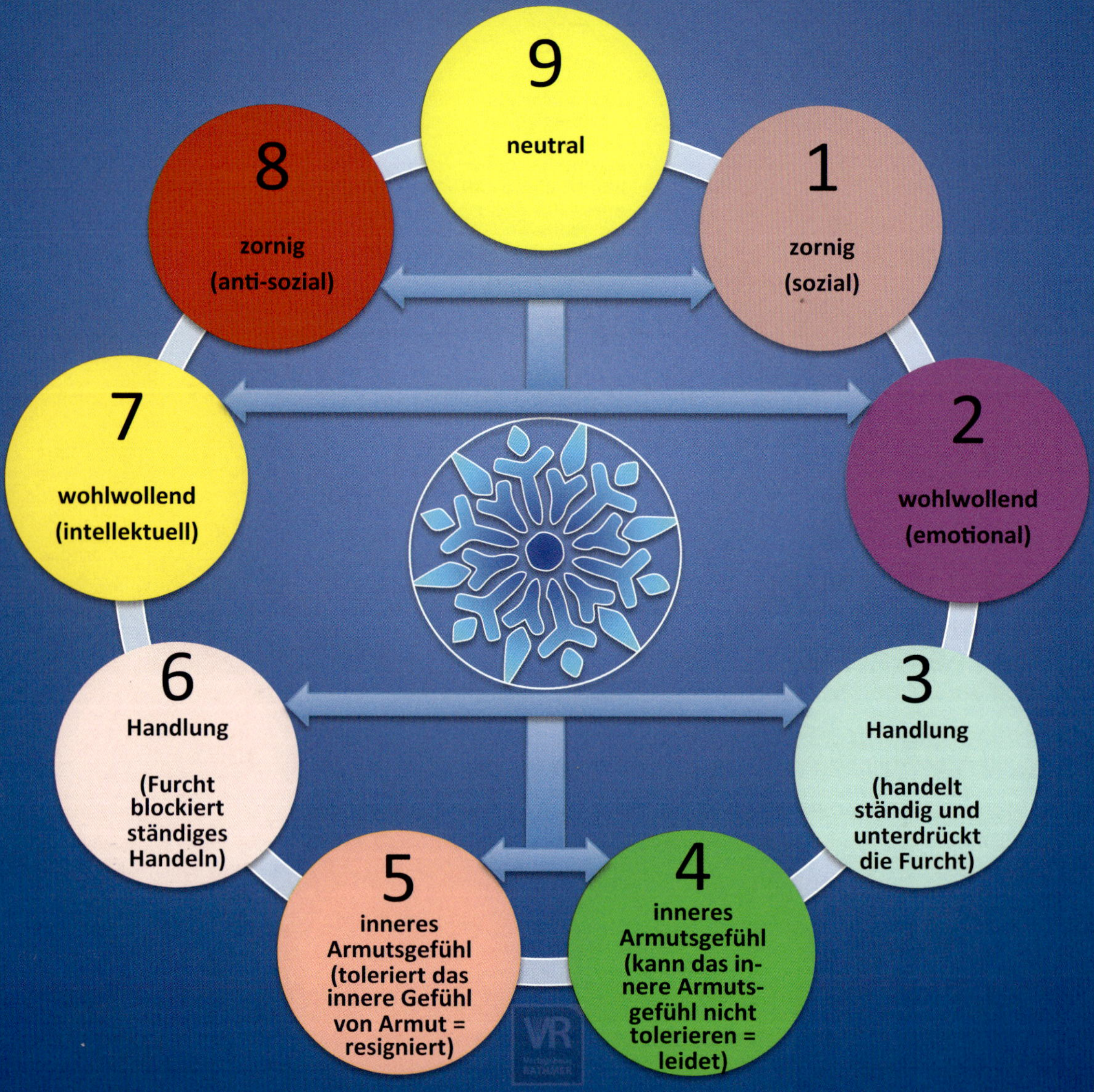

Die weibliche und die männliche Seite des Enneagramms

Die Polaritäten der Enneagramm-Muster

Es bestehen Gegensätzlichkeiten jeweils zweier in Wechselwirkung zueinander stehender Eigenschaften bei jedem Enneatyp:

Die drei Möglichkeiten spontaner Reaktion

Nach Karen Horney, Psychoanalytikerin (1885-1952), gibt es drei Möglichkeiten, spontan auf eine Situation zu reagieren:

A. durch aggressives Tun (= instinktiv, entwickelt eine feindselige Einstellung gegenüber den Menschen)
B. durch gefügige Anpassung (= hingewendet, bewegt sich auf andere Menschen zu) und
C. durch entziehenden Rückzug (= abkehrend, wenden sich von anderen Menschen ab):

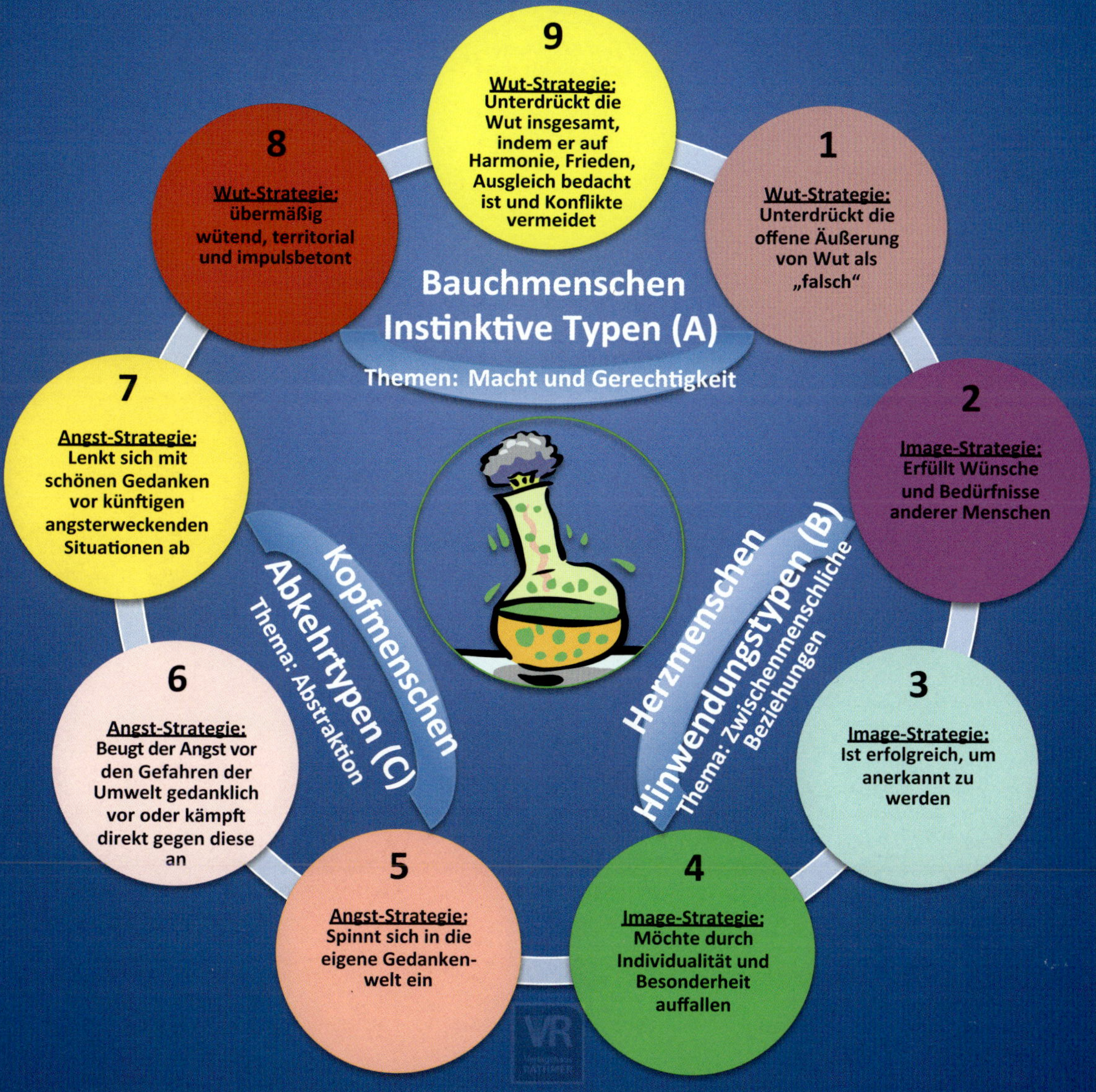

Positive Auswirkungen des linken Flügelverhaltens

Menschen werden i.d.R. von einer der beiden Nachbarfixierungen beeinflusst, ohne Ihre „angestammte“ Fixierung zu verlassen. Diese Beeinflussung nennt man Flügelverhalten (übliche Schreibweise: 7w6; w = wing).

9
Der 8er-Flügel sorgt dafür dass Typ 9 für sich selbst eintritt und weniger abhängig wird.

1
Der 9er-Flügel sorgt dafür, dass Typ 1 auch Nuancen sieht und sich in andere gut einfühlen kann.

2
Der 1er-Flügel sorgt dafür, dass Typ 2 eher entdeckt und tut, was er will, stärker selbstbezogen ist.

3
Der 2er-Flügel sorgt dafür, dass Typ 3 sich weniger auf sich selbst ausrichtet und sich mehr um andere kümmert.

4
Der 3er-Flügel sorgt dafür, dass Typ 4 sich weniger der Gefühlswelt hingibt und mehr in der Außenwelt lebt.

5
Der 4er-Flügel sorgt dafür, dass Typ 5 stärker mit seinen Gefühlen und denen anderer in Kontakt kommt.

6
Der 5er-Flügel sorgt dafür, dass Typ 6 sich stärker auf die eigene Innenwelt und auf handfeste Informationen richtet.

7
Der 6er-Flügel sorgt dafür, dass Typ 7 realistischer wird und auch sieht, was schiefgehen kann.

8
Der 7er-Flügel sorgt dafür, dass Typ 8 stärker mit dem Denken in Kontakt kommt und das Handeln ausgleichen kann.

Linker Flügel = gegen den Uhrzeigersinn

Positive Auswirkungen des rechten Flügelverhaltens

Menschen werden i.d.R. von einer der beiden Nachbarfixierungen beeinflusst, ohne Ihre „angestammte“ Fixierung zu verlassen. Diese Beeinflussung nennt man Flügelverhalten (übliche Schreibweise: 6w7; w = wing).

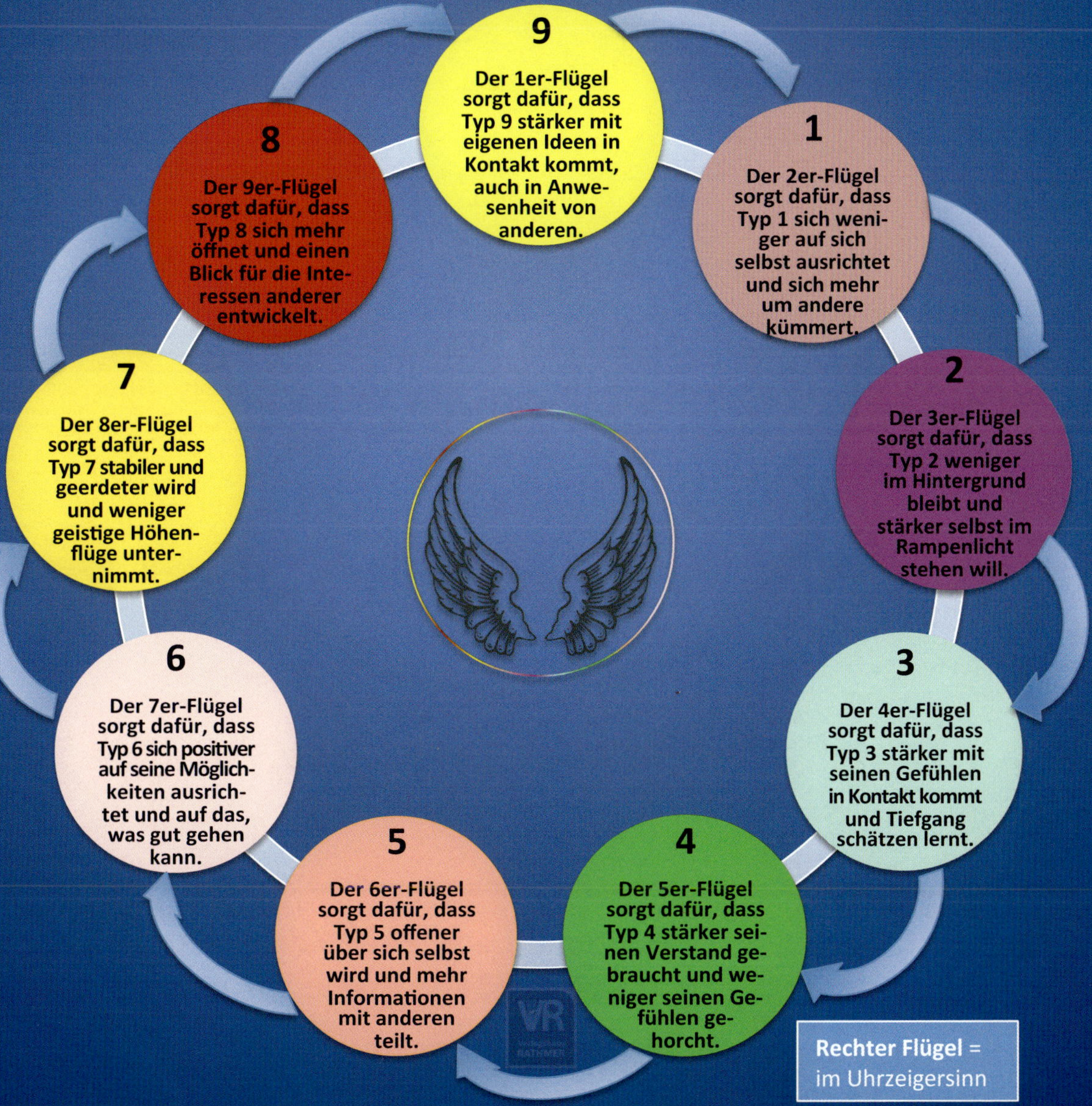

84

Flügelverhalten*: Mit linkem Flügel unerlöst (= sehr unbewusst) sind die Enneatypen ...

* Definition Flügelverhalten: Siehe Übersichten 82-83.

Flügelverhalten*: Mit rechtem Flügel unerlöst (= sehr unbewusst) sind die Enneatypen ...

* Definition Flügelverhalten: Siehe Übersichten 82-83.

Flügelverhalten*: Mit linkem Flügel normal (= relativ unbewusst) sind die Enneatypen ...

Linker Flügel = gegen den Uhrzeigersinn

* Definition Flügelverhalten: Siehe Übersichten 82-83.

Flügelverhalten*: Mit rechtem Flügel normal (= relativ unbewusst) sind die Enneatypen ...

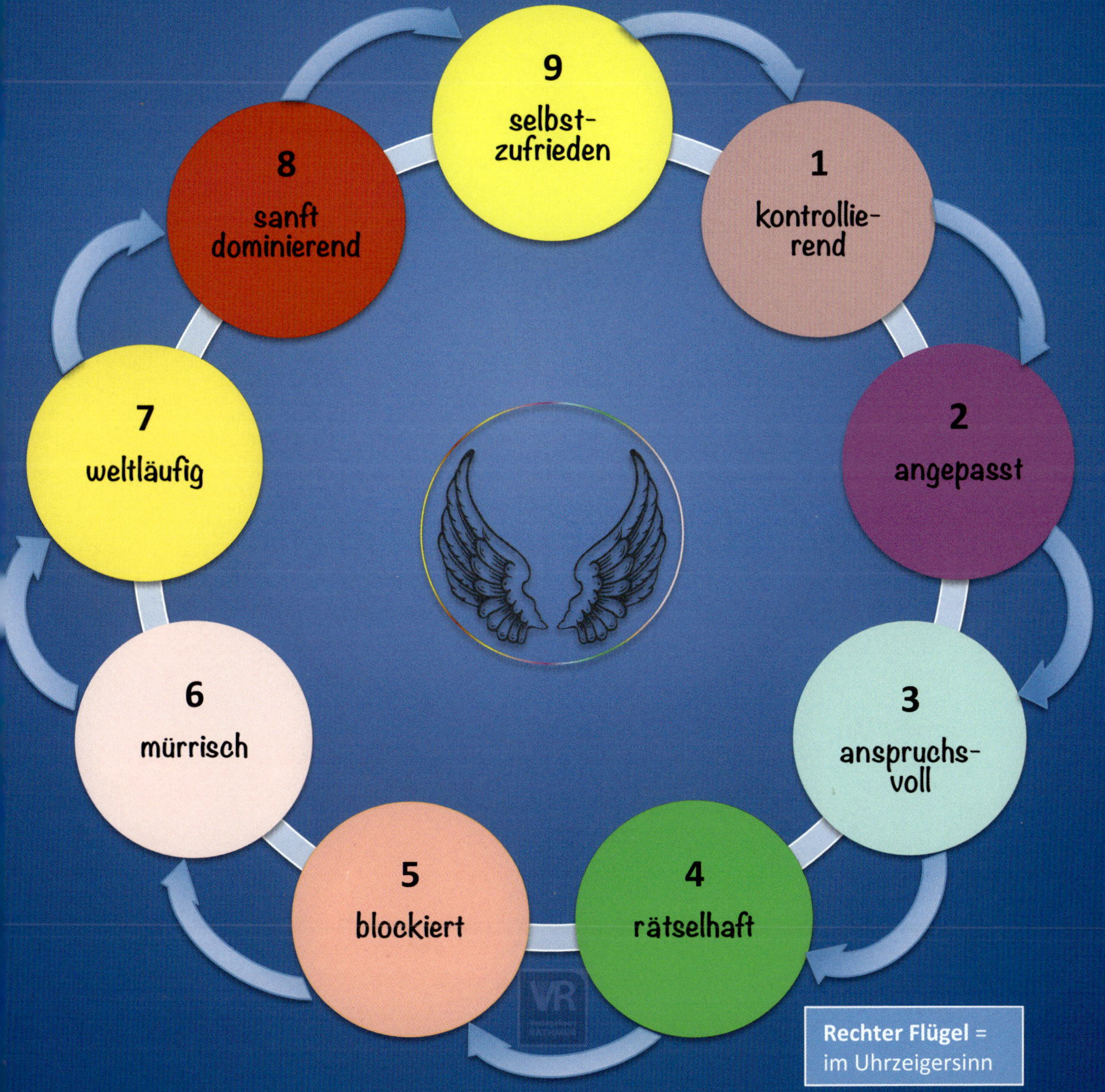

* Definition Flügelverhalten: Siehe Übersichten 82-83.

88

Flügelverhalten*: Mit linkem Flügel erlöst (= sehr bewusst) sind die Enneatypen ...

* Definition Flügelverhalten: Siehe Übersichten 82-83.

89

Flügelverhalten*: Mit rechtem Flügel erlöst (= sehr bewusst) sind die Enneatypen ...

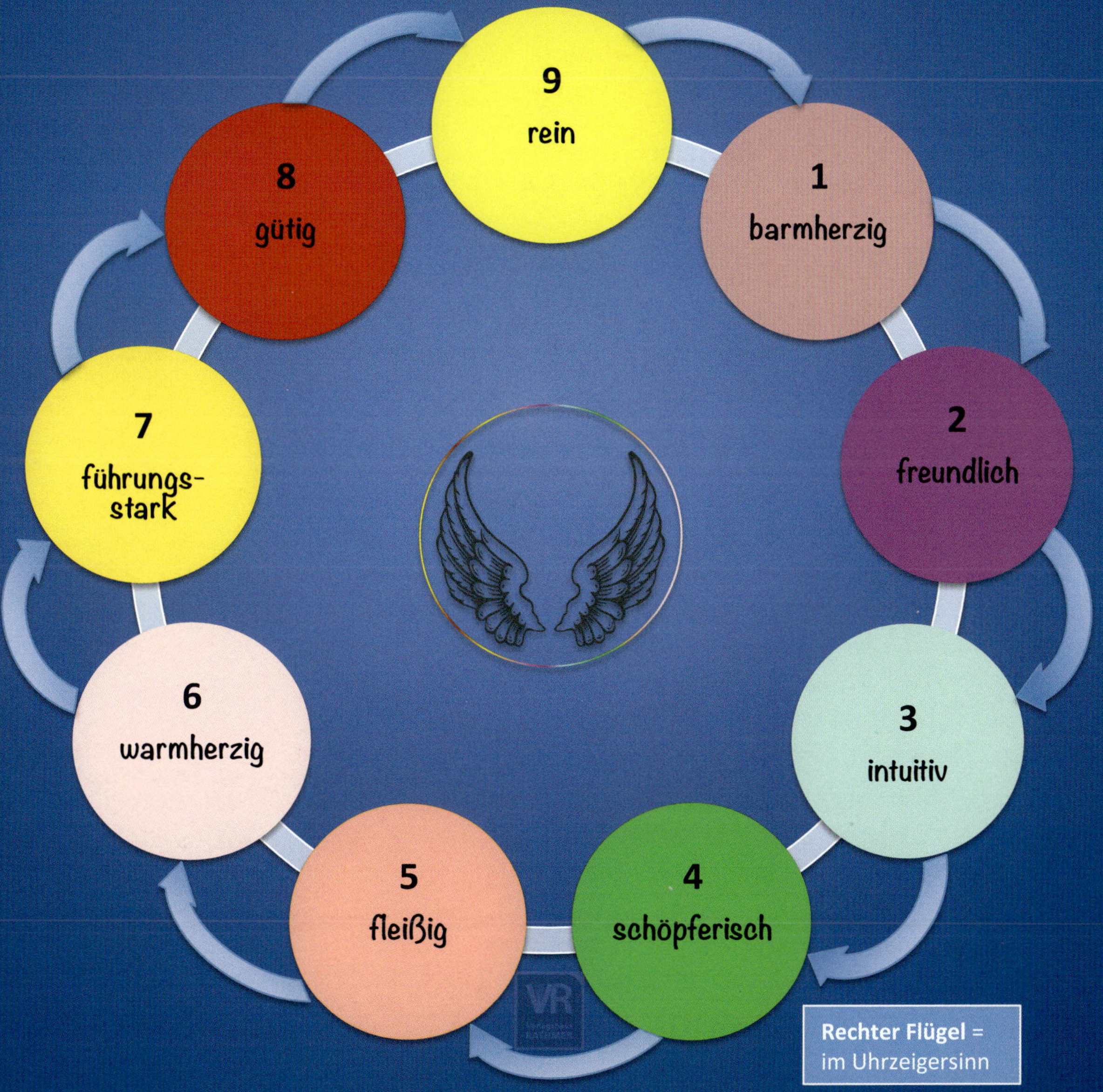

* Definition Flügelverhalten: Siehe Übersichten 82-83.

Die Denkneigungen innerhalb der 3 Triaden

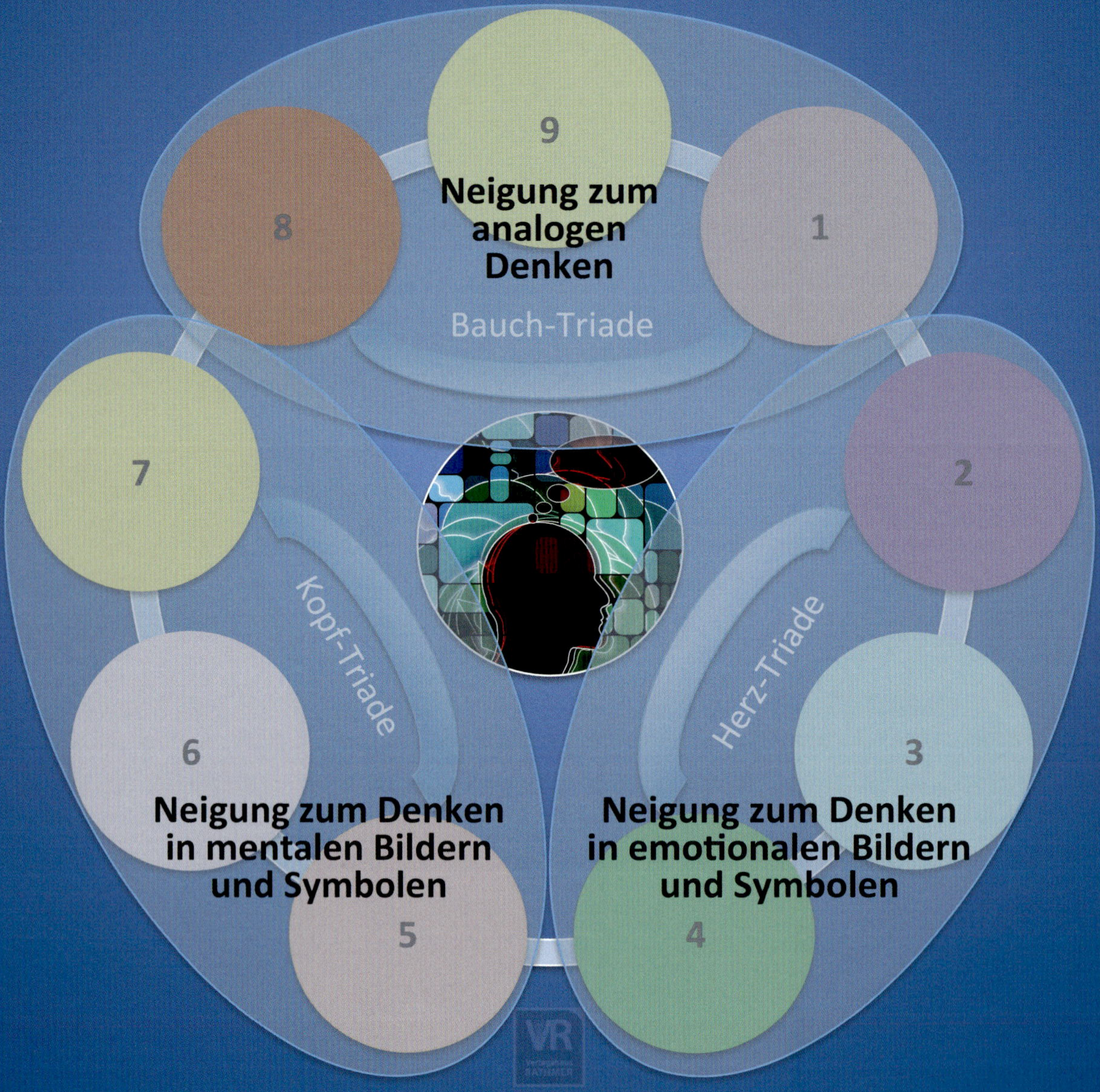

Die zentralen Lebensthemen innerhalb der Triaden

92

Das Verhältnis zur Vergangenheit innerhalb der 3 Triaden

Die Zugänge zum inneren Erleben* innerhalb der 3 Triaden

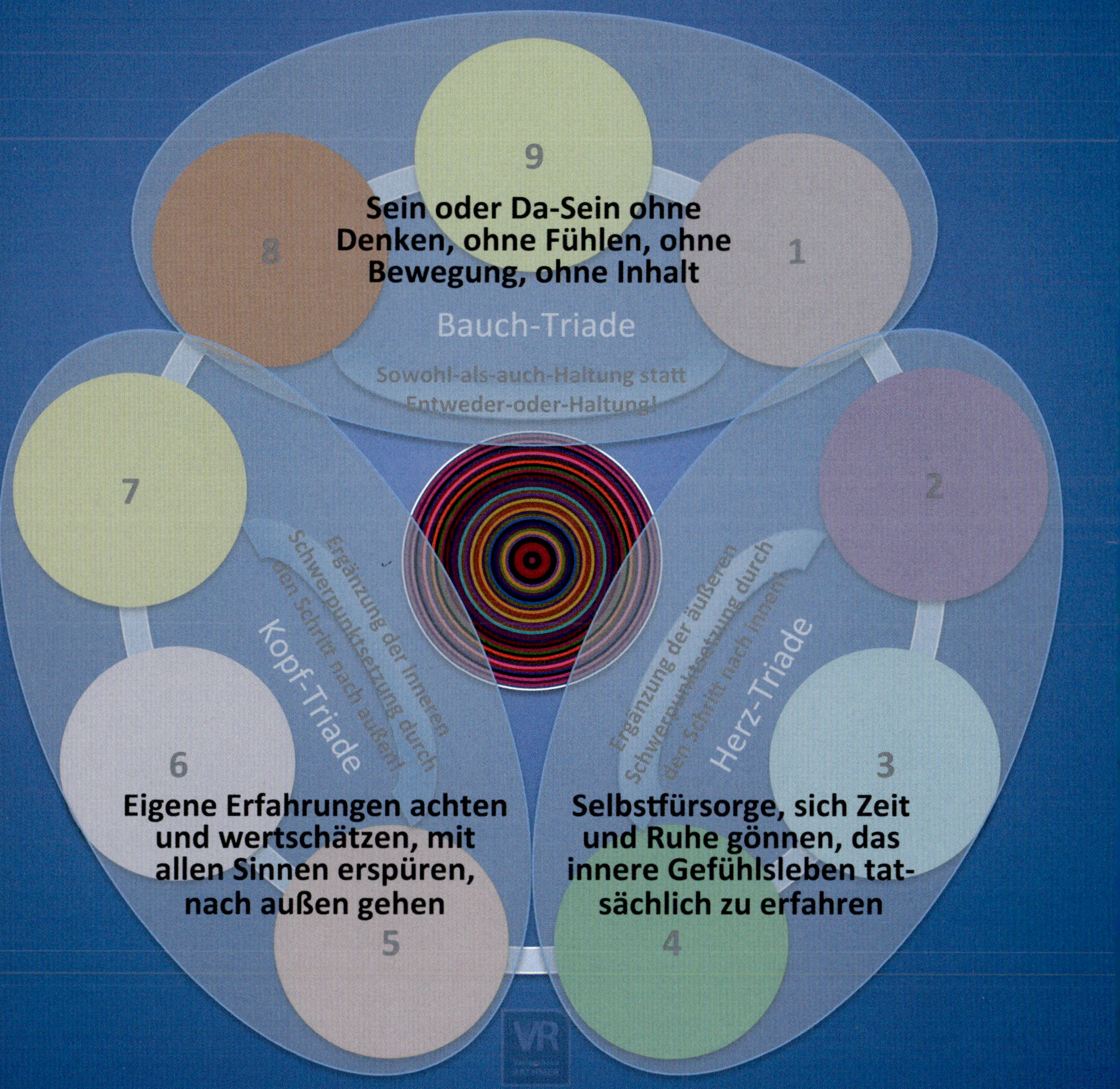

* Das bedeutet meditatives Freisein von der jeweiligen Enneagramm-Fixierung im Zustand der Stille, der Seinsfühlung, der Hingabe an das reine und formlose Sein.

Primäres instinktives* Verhalten gegenüber Gefahren (Überlebensstrategien der Enneatypen)

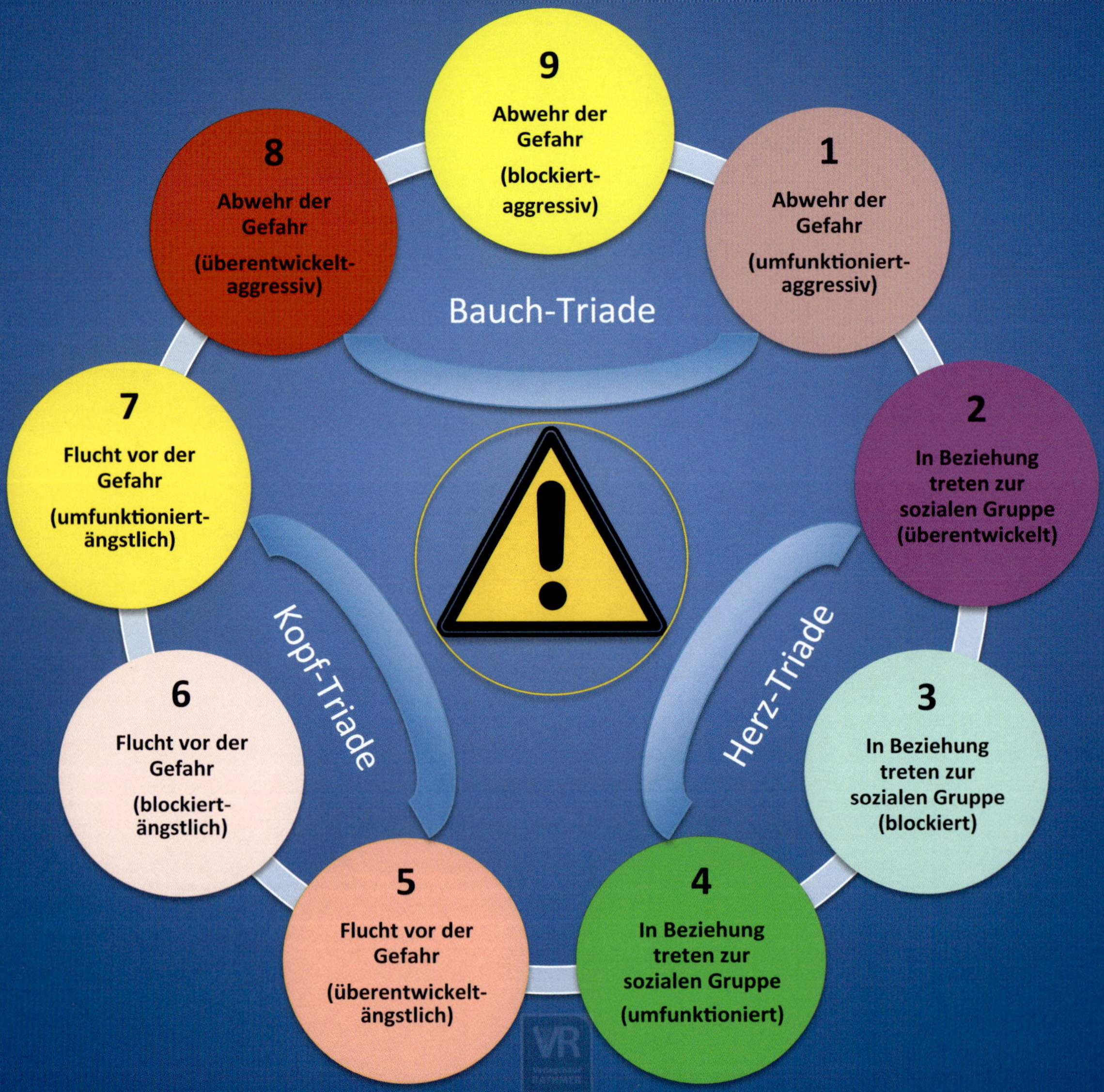

* Anmerkung: 90 Prozent unseres Verhaltens hat seinen Ursprung im subkortikalen Bereich (= unterhalb der Großhirnrinde) und läuft automatisch, instinktbedingt ab.

Die Energie-Ausprägungen in Bezug auf Instinkt, Emotion und Intellekt

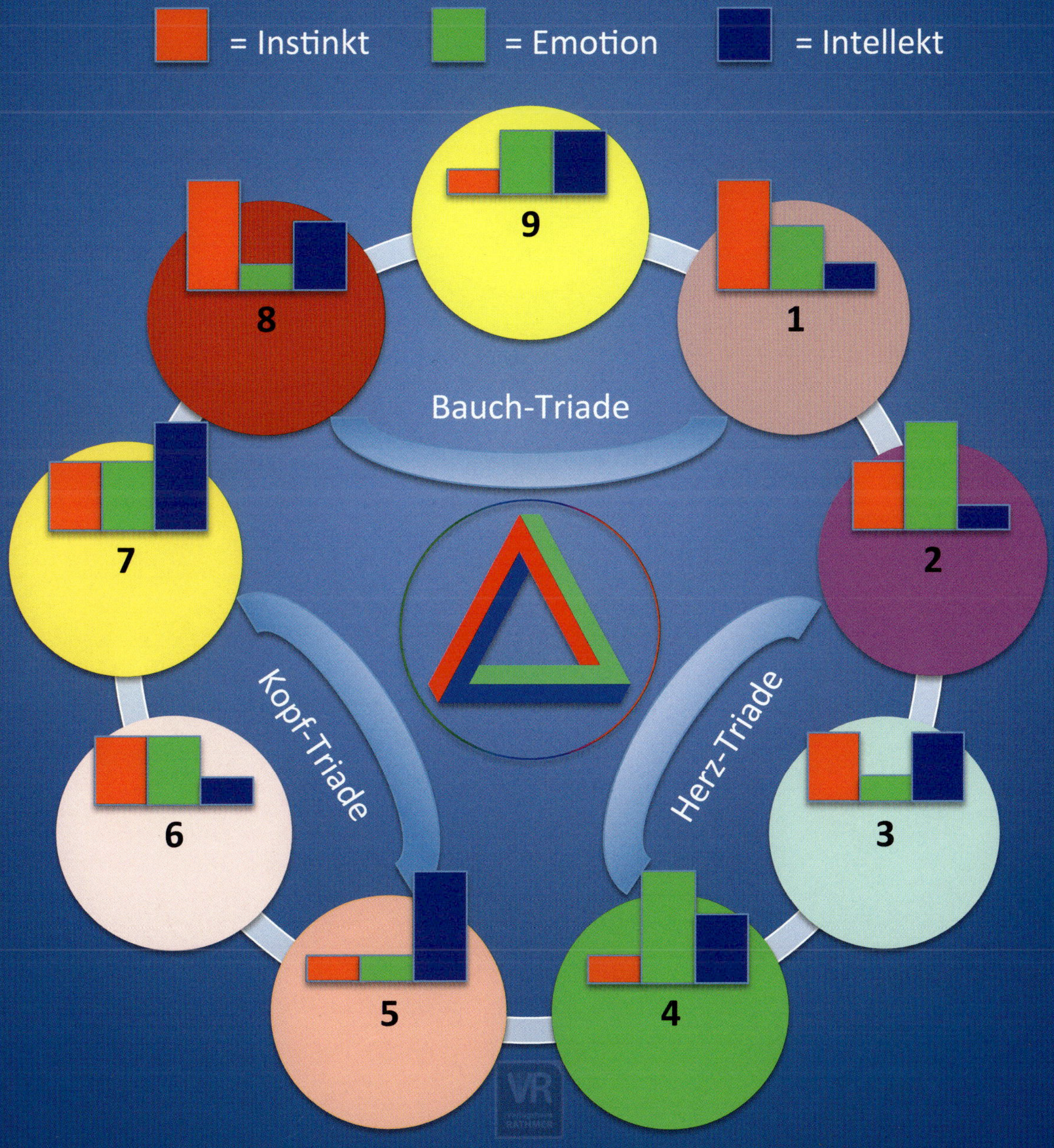

Die unerlöste (= sehr unbewusste, „unreife“) Haltung (= Desintegration)

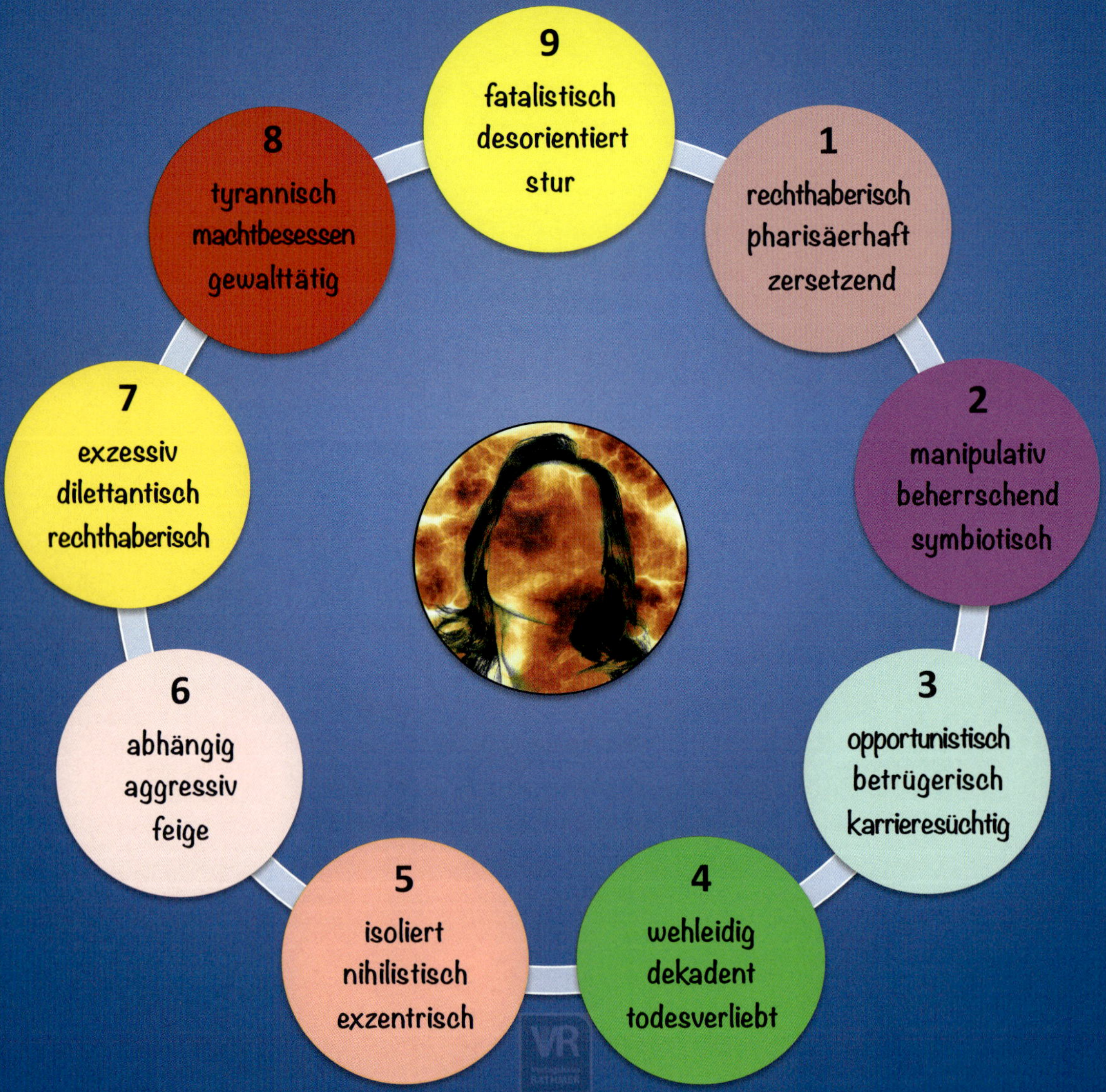

In Anlehnung an „Das Enneagramm“, Rohr/Ebert, S. 254.

Die normale (= relativ unbewusste) Haltung der Enneatypen (= Stagnation)

In Anlehnung an „Das Enneagramm“, Rohr/Ebert, S. 254.

Die erlöste (= sehr bewusste, „gereifte“) Haltung (= Integration)

In Anlehnung an „Das Enneagramm“, Rohr/Ebert, S. 255.

99

Ich-Bewusstsein

Das Ich-Bewusstsein (= „Ich bin jemand“, Seinsgefühl, inneres Gefühl der Identität, der Lebendigkeit) ist verankert im:

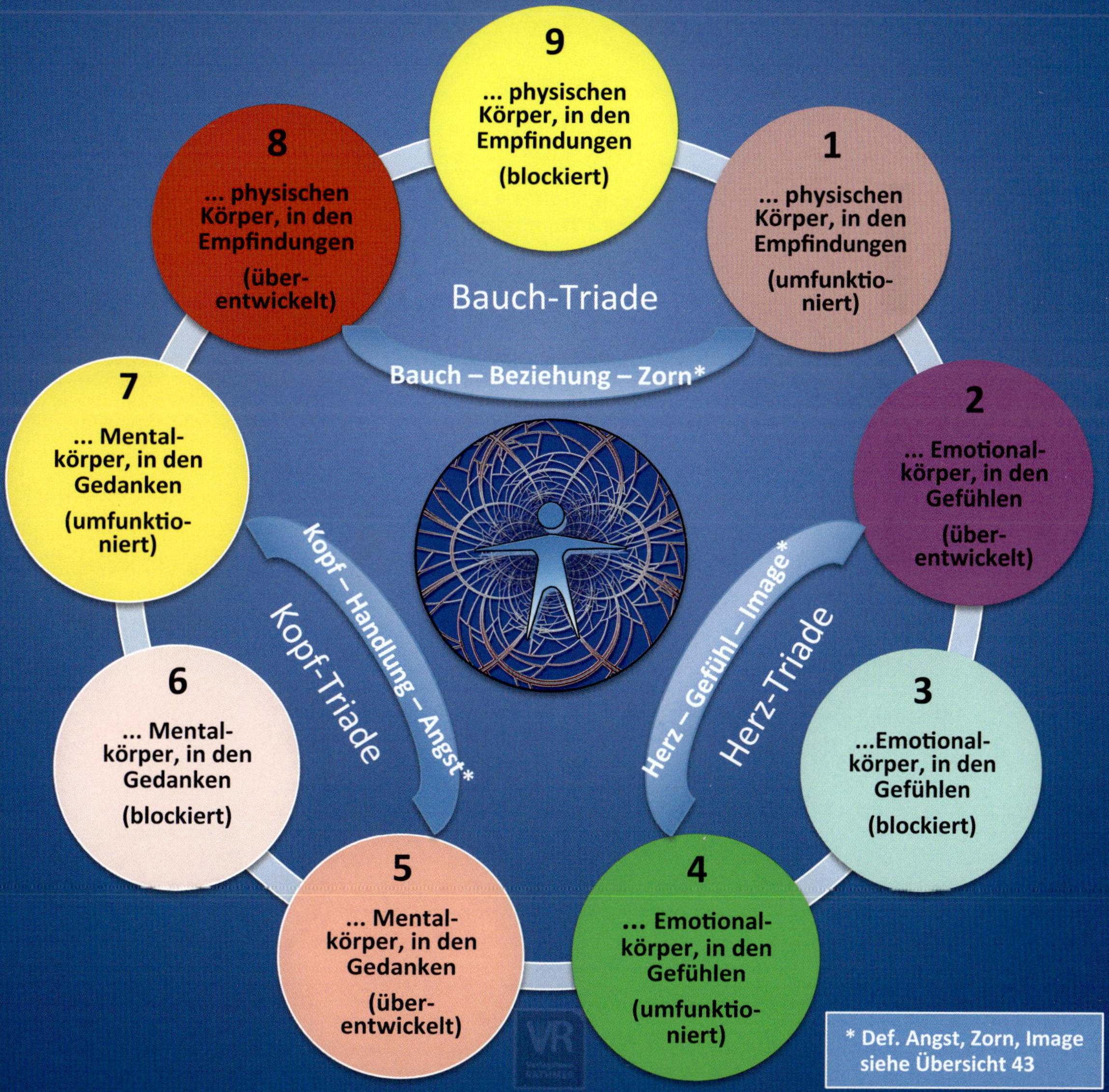

Erklärungen zu den drei Grundenergien siehe Übersicht 45.

100

Die drei Aggregatzustände von Wasser innerhalb der Triaden

Erklärungen zu den drei Grundenergien siehe Übersicht 45.

Raum für Notizen

3. Kapitel

Glück, Liebe, Beziehung, Beruf & Familie (101 – 128)

101

Die Suche nach dem Glück

Es wird mir gut gehen, wenn …

102

Liebesarten

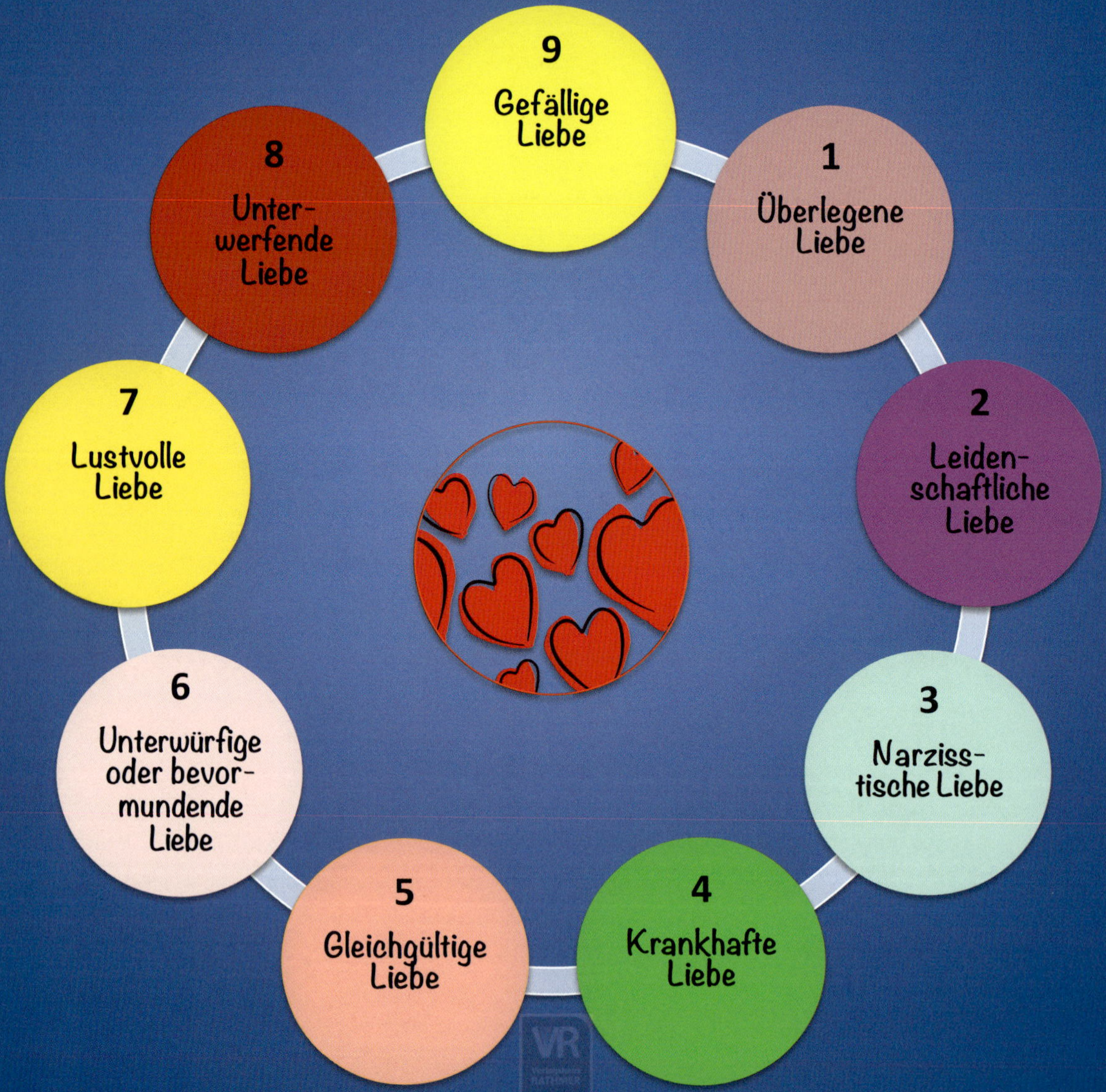

103

Der Umgang mit der Liebe

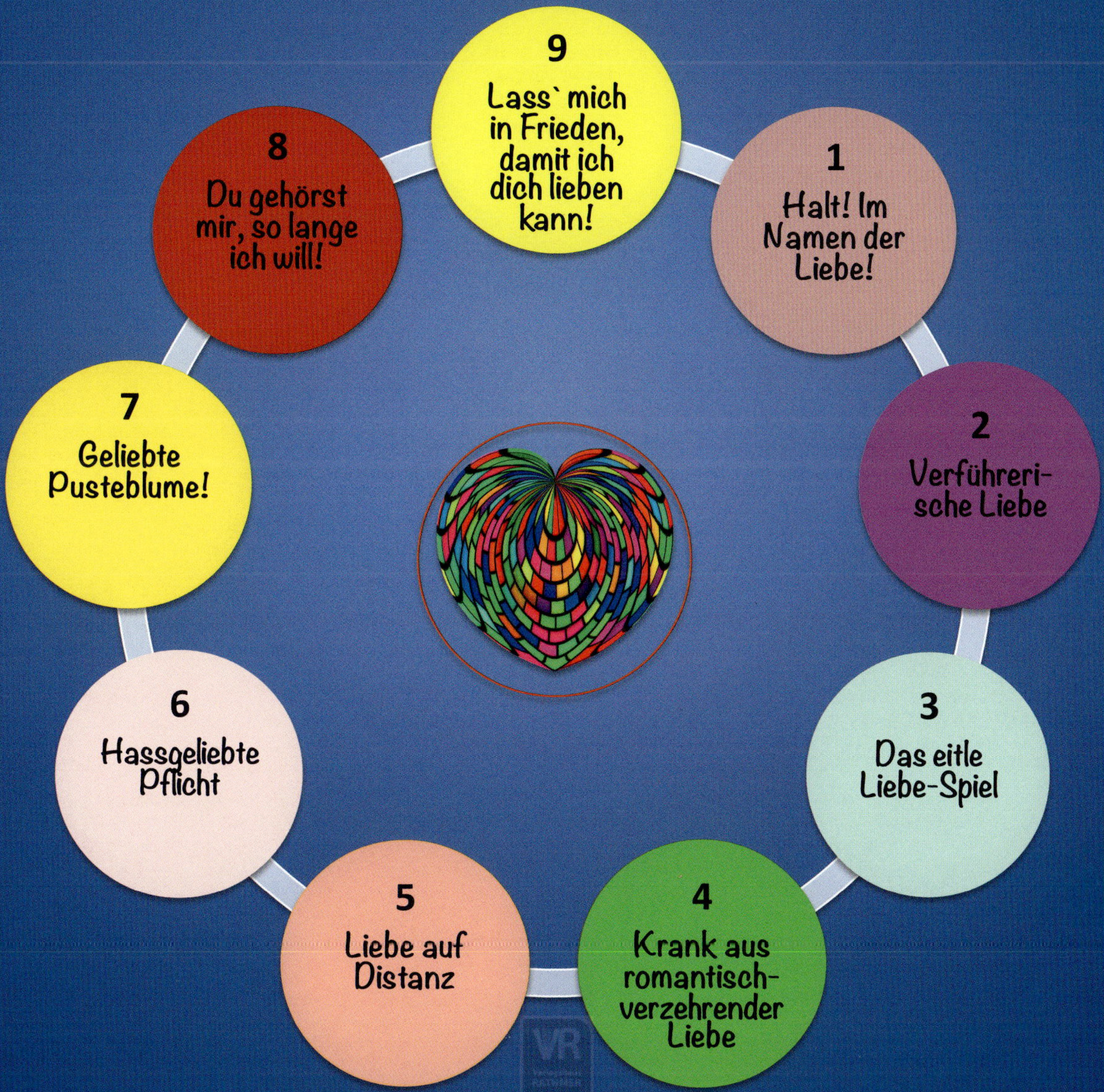

104

Wie definiere ich Liebe?

9 Liebe ist sanft. Liebe versagt niemals. Liebe ist geduldig.

1 Liebe ist, wenn es sich richtig anfühlt. Liebe rechnet Böses nicht zu. Liebe freut sich nicht am Unrecht.

2 Liebe verletzt den anderen nicht. Liebe ist nicht selbstsüchtig und nicht stolz.

3 Liebe ereifert sich nicht, sie prahlt nicht. Liebe kennt keine Eitelkeit.

4 Liebe kennt keinen Neid. Liebe besteht ewig und ist unsterblich.

5 Liebe freut sich an der Wahrheit. Die Hoffnung stirbt zuletzt, die Liebe aber ist stärker.

6 Liebe hofft alles und hält allem Stand. Liebe vertraut, ist nicht zornig und langmütig.

7 Liebe ist freundlich und niemals langweilig. Liebe erfreut sich am anderen.

8 Liebe ist nicht auf sich selbst bedacht. Liebe ist weder reizbar noch nachtragend. Sie beschützt.

105

Das Verhalten in Liebesbeziehungen

Ausdrucksweisen der Liebe

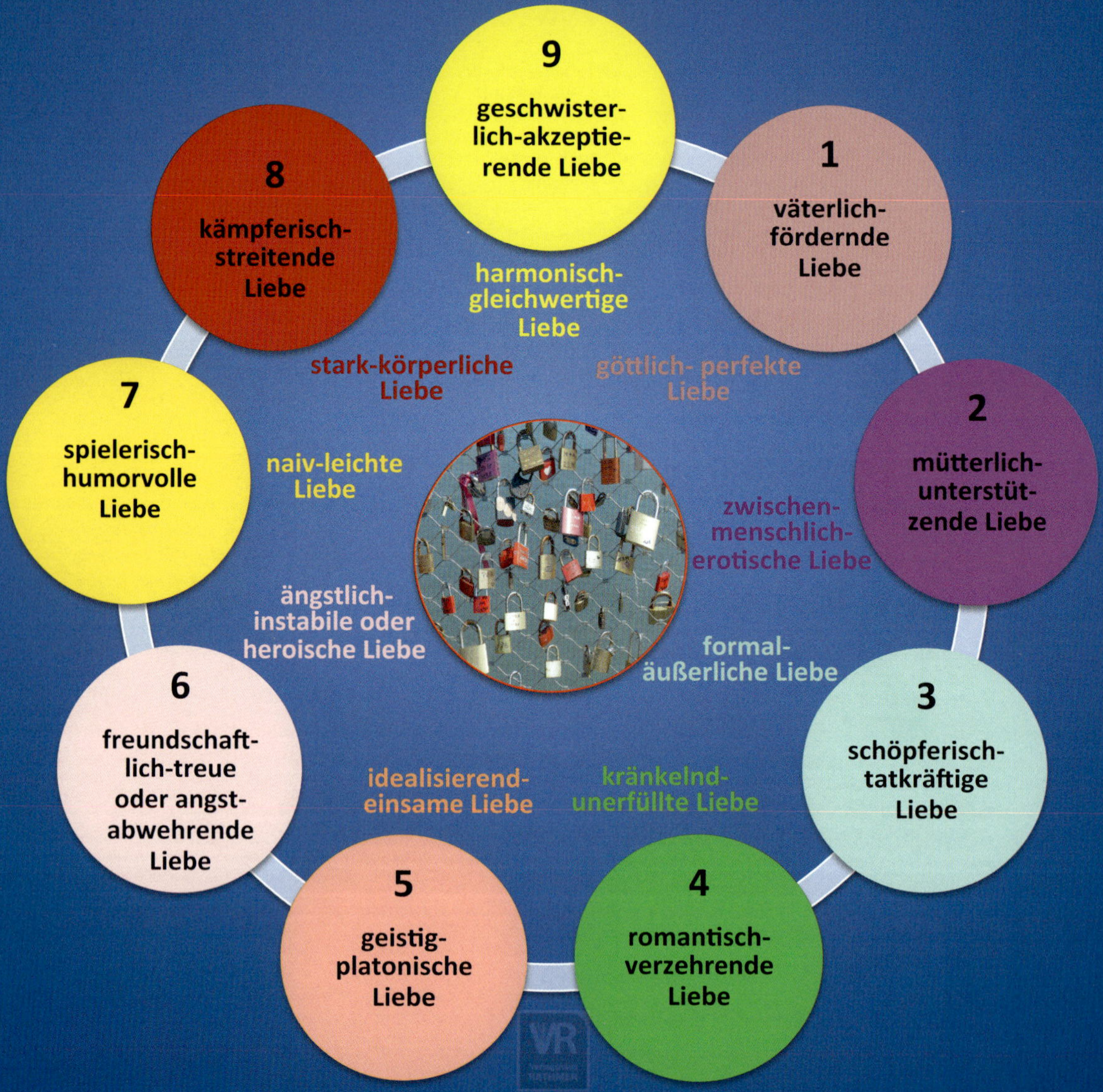

107

Missverständnisse über die Liebe

9. Liebe ist harmonisch und friedvoll, sonst ist es keine wahre Liebe.

1. Das Dunkle und Böse sind kein Teil der Liebe.

2. Die Liebe ist ein Tauschhandel.

3. Geliebt wird nur das Schöne und Erfolgreiche.

4. Die Liebe ist unerreichbar – Erfüllung ist auf Erden nicht zu finden.

5. Ich muss mit meiner Liebe haushalten und mich hüten, weil sie mich verschlingen wird.

6. Zu lieben ist gefährlich. Die Liebe muss beschützt und behütet werden.

7. Liebe ist immer leicht, spielerisch und abwechslungsreich.

8. Mein/e Geliebte/r ist mein Besitz und dazu da, meine Bedürfnisse zu befriedigen.

Was die Liebe die Enneatypen lehren kann

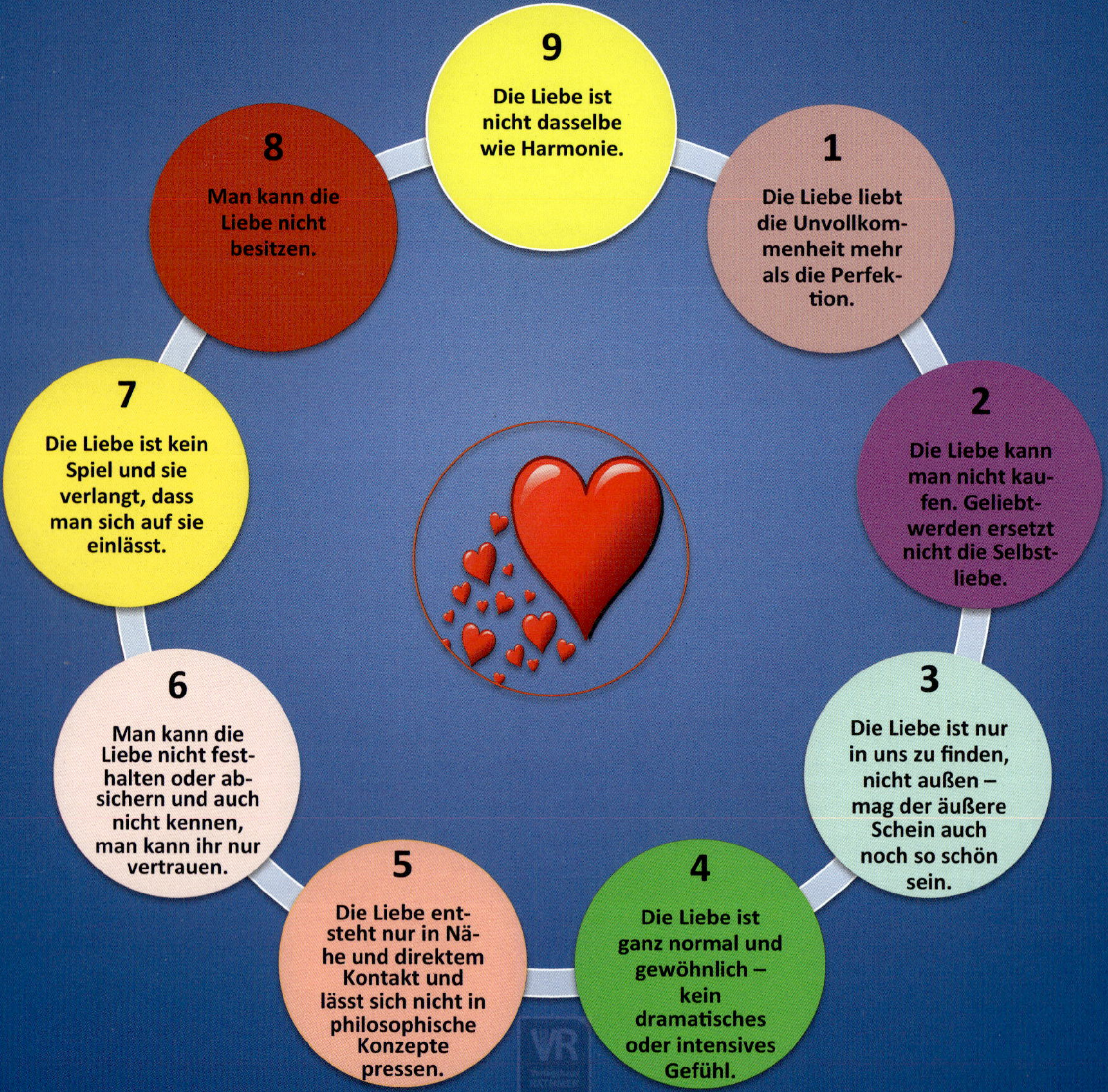

Unbequeme Fragen zur Liebe

1
Bin ich bereit zu lieben, ohne den anderen ändern oder verbessern zu wollen?

2
Bin ich bereit zu lieben, ohne eine Gegenleistung dafür zu bekommen oder zu erwarten?

3
Bin ich bereit, für die Liebe meinen äußeren Erfolg und meinen Status aufzugeben?

4
Bin ich bereit, die Liebe nicht mehr in der Ferne zu suchen, sondern in dem zu erkennen, was jetzt ist?

5
Bin ich bereit, für die Liebe meinen Rückzug aufzugeben und mich der Liebe voll und ganz zu schenken?

6
Bin ich bereit, für die Liebe meine Sicherheit aufzugeben und mich in unbekanntes Terrain zu wagen?

7
Bin ich bereit zu lieben, auch wenn es ernüchternd ist und immer wieder einmal ohne Spaß abläuft?

8
Bin ich bereit zu lieben, ohne einen Besitzanspruch an den anderen zu haben?

9
Bin ich bereit, aus Liebe kompromisslos zu sein und Konflikte in dem Moment anzugehen, wo sie auftauchen?

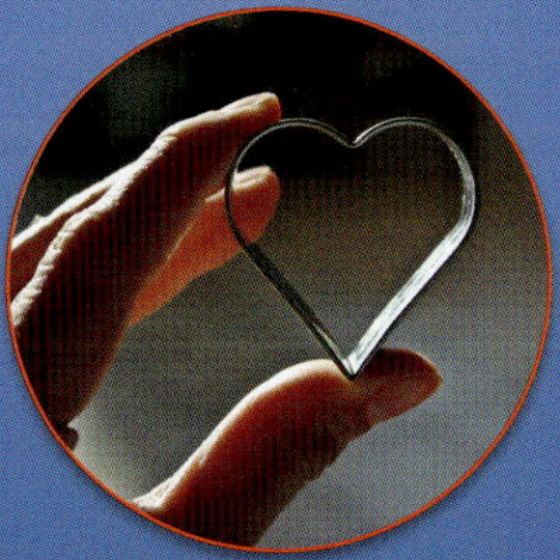

110

Die positiven Eigenschaften in Beziehungen

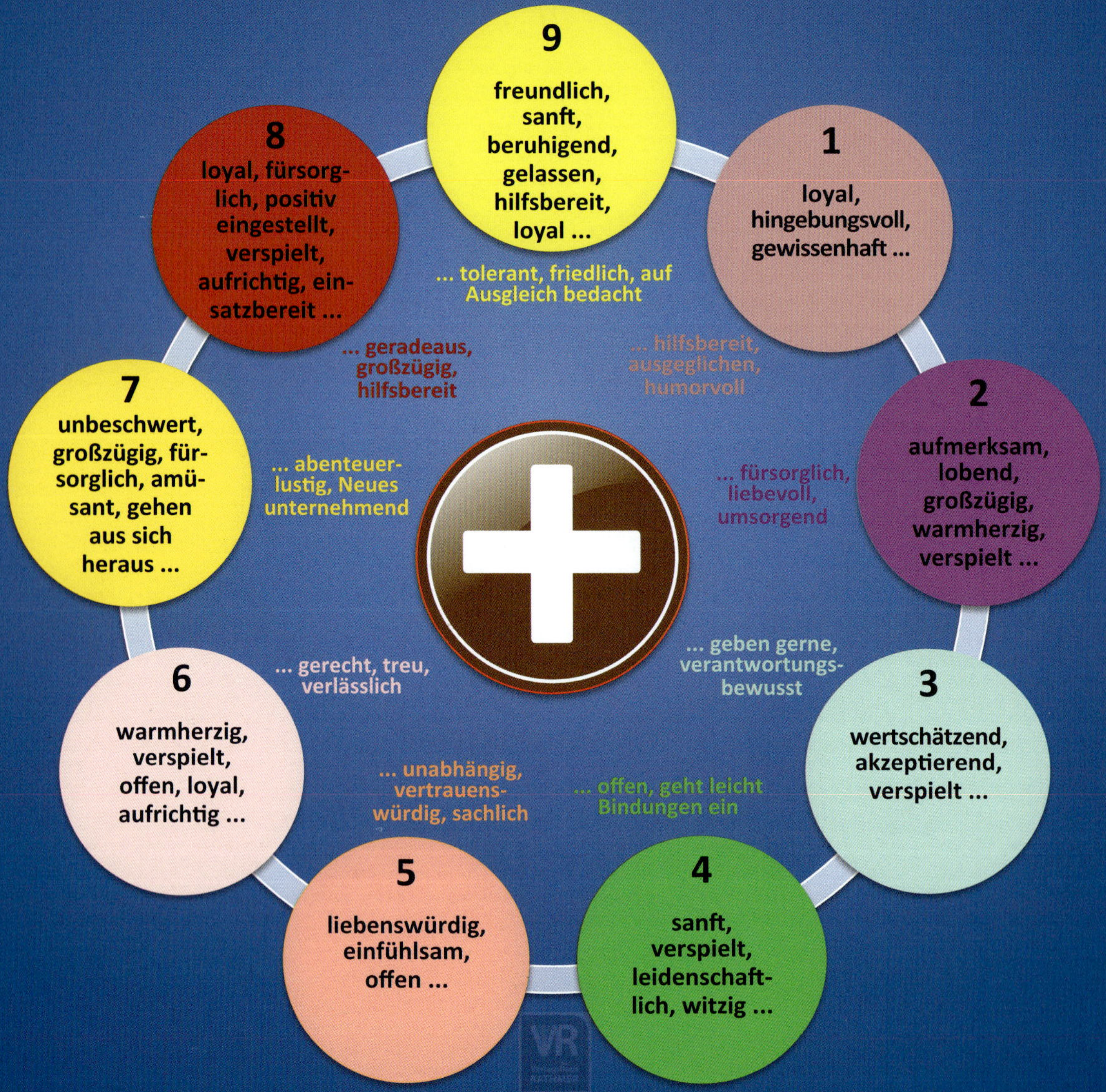

Die negativen Eigenschaften in Beziehungen

Die Eigenwahrnehmungen in Beziehungen

113

Statements des Partners

1

„Du bist humorvoll, ehrlich, treu und anspruchsvoll und oft mit Leib und Seele bei der Sache.“

„Aber du kritisierst mich auch oft. Bitte akzeptiere, dass auch ich nicht perfekt bin!“

2

„Du gibst mir das Gefühl, etwas Besonderes zu sein, bist großzügig und liebevoll.“

„Aber du musst mich nicht dazu bringen, dich zu lieben, zeige mir lieber, was *du* benötigst!“

3

„Du bist verantwortungsvoll, großzügig und ich mag Deine Verspieltheit. Ich bin mir aber nicht sicher, wer du *wirklich* bist!“

„Du spielst mir Immer etwas vor Und deine Arbeit ist stets wichtiger! Zeige mir, was du fühlst!“

4

„Ich mag deinen Sinn für das Schöne, deinen Humor, deine Leidenschaft und Freundlichkeit. Ich habe das Gefühl, dass du mich verstehst, mir zuhörst.“

„Aber wenn wir uns nahe kommen, stößt du mich weg!“

5

„Du bist klug, vertrauenswürdig, freundlich und ich kann gut mit dir über Dinge sprechen, die mir zu schaffen machen.“

„Wenn ich dir aber zu nahe komme, ziehst du dich zurück und ich Verstehe dich dann nicht!“

6

„Du hast immer zu mir gehalten, bist warmherzig, fair und sehr humorvoll.“

„Du kannst aber auch sarkastisch und beherrschend sein, ziehst dich zurück, wenn du dich in Bezug auf mich unsicher fühlst!“

7

„Du bist liebevoll, großzügig und unbeschwert, es macht großen Spaß, mit dir zusammen zu sein!“

„Aber nur solange, Wie du Freude daran hast und dir nicht meine Probleme anhören musst!“

8

„Du bist offen, ehrlich treu, fürsorglich und engagiert. Aber du hast schnell etwas an mir auszusetzen, es fällt dir schwer, dich zu entschuldigen.“

„Deine Wutanfälle sind unerträglich. Sei sanftmütiger, das ist keine Schwäche!“

9

„Du unterstützt mich, bist freundlich, weichherzig und urteilst nicht. Du verstehst meinen Standpunkt.“

„Aber ich wünschte, du würdest manchmal äußern, was *du* willst!“

Was andere lästig finden an den Enneatypen

Zwischenmenschliches Verhalten

Typ 1: Zeigt viel Selbstkritik, redet sich mitunter selbst schlecht; starker innerer Kritiker, überentwickeltes Über-Ich; zwanghafte Neigungen mit Tendenz zum Workaholic (Haushalt, Garten, Freizeitverhalten etc.) und Burnout; persönliche Geschichte oft voller Groll, weil er sich nicht beachtet fühlt; vergleicht sich stark mit anderen; tritt relativ fair, objektiv und ehrlich auf, manchmal zu moralisch, prinzipientreu, pingelig; meidet es, sich seinen Gefühlen zu nähern; neigt dazu, sich zu analysieren, anstatt zu fühlen; Anlage zu (versteckten) Depressionen, zu obsessiven Gedanken, zu aufdringlichen „bösen" Gedanken aufgrund des inneren Richters zwischen richtig und falsch.

Typ 2: Neigt dazu, eine freundliche, empathische Beziehung zum Mitmenschen aufzubauen, kleidet sich attraktiv und hält Blickkontakt; zeigt sich mitunter schmeichelnd, gefällig und verführerisch, auch um abzulenken von Punkten, die Typ 2 im Inneren nicht ansprechen will; erscheint total konzentriert auf Beziehungen, auf andere Menschen; ist sich kaum seiner eigenen Bedürfnisse bewusst, kann unbegrenzt geben; dadurch kann es mitunter zu Panikreaktionen, Wut und eigenen hohen Ansprüchen kommen, weil er sich „benutzt", „missbraucht" und „gefangen" fühlt; kann emotional, stolz, theatralisch und dramatisch auftreten.

Typ 3: Kurzem knappe Sprache, spricht in Schlagworten und Klischees, positiv überzeugend, Verkäufermentalität; öffnet sich nur dann emotional engen Vertrauten, wenn sein Selbstbild angeschlagen ist (z.B. nach einem Misserfolg im Beruf oder in der Beziehung zu anderen Menschen); manchmal in schlechter körperlicher Verfassung, weil ausgebrannt; meidet Introspektion; reagiert aber begeistert auf konstruktive Ratschläge seiner Mitmenschen; oft allerdings schwache oder begrenzte sozial unterstützende Umgebung, auch wenn Typ 3 das Gegenteil behauptet („ich habe eigentlich viele gute Freunde!"), Hauptangst von Typ 3: Wenn er sich mit seinen Gefühlen beschäftigt und nach innen wendet, findet er dort kein Erfolgsbild, wie er es bislang im Außen anstrebte, Angst, dieses äußere Bild dann nicht mehr aufrechterhalten zu können; vermeidet den eigentlich für ihn gesunden Schritt zur Entschleunigung aus Angst vor Energieverlust und Verlust des erfolgreichen Selbstbildes.

Zwischenmenschliches Verhalten

Typ 4: Stellt sich gern als Außenseiter dar; zeigt mitunter ein facettenreiches Spektrum an Stimmungen, von launisch, dramatisch, künstlerisch, expressiv bis wütend, provozierend, aber auch reserviert und introspektiv; neigt zu depressiven Verstimmungen; zeigt im vertraulichen Gespräch entweder das Vorhandensein „alter Wunden", manchmal ein schwaches Selbstbild oder das Gefühl eines inneren Mangels oder das genaue Gegenteil in Form von Überlegenheit durch seine Einzigartigkeit und sein Anderssein; hat möglicherweise Mühe, den Alltag zu strukturieren, sucht und sehnt sich immer nach Tiefgang und Authentizität; meidet das Gewöhnliche und oberflächliche Routine; kann mitunter ein falsches oder verzerrtes Bild vom eigenen Körper haben.

Typ 5: Wirkt eher schüchtern, distanziert, vorsichtig, mäßig und zurückhaltend; reagiert oder antwortet mit intellektueller Weitschweifigkeit; überintellektualisierend zeigt er seine Überlegenheit; Einsamkeit und Isolation sind nicht selten Gründe für ein Hilfegesuch bei Vertrauten oder auch ein Partner, der sich vom Patienten mehr Kontakt und Kommunikation wünscht und weniger Rückzug; Typ 5 möchte über seine vertrauten Mitmenschen erfahren, wie die (eigenen) emotionalen und sozialen Mechanismen funktionieren; hat u.U. Angst davor, sich zu entblößen (körperlich, emotional-menschlich), denn Typ 5 fürchtet einen Einbruch in seine Privatsphäre, sein Inneres, seine Gedankenwelt, daher ist eine starke emotionale Öffnung eher die Ausnahme als die Regel.

Typ 6: Die Spannung des phobischen Typs 6 erkennt man an seiner wachsamen Haltung, dem unruhigen Blick in die Umgebung (Absicherung vor potenziellen Gefahren!), den weit geöffneten Augen, der etwas abgehackten Sprechweise. Der kontraphobische Typ 6 kann sehr direkt, konfrontierend, mitunter aggressiv (wie Typ 8) erscheinen; beide Untertypen der 6 können fragend und testend auftreten (z.B. „Ja–aber–Wendungen"), dem Gegenüber widersprechen, widersprüchliche Aussagen machen, verschleiernd reden, sich misstrauisch gegenüber ihren Mitmenschen oder sonstigen Autoritäten zeigen; Typ 6 spricht viel darüber, was möglicherweise alles schiefgehen kann; erlebt sich selbst oft als weniger stark als andere; fühlt sich tendenziell eher als am Rand stehend, als Außenseiter, als Opfer.

Zwischenmenschliches Verhalten

Typ 7: Zeigt sich neugierig, aufgeschlossen, interessiert, tritt in entspannter, sanfter, bedächtiger und milder Haltung seinen Mitmenschen entgegen, da er zwischenmenschlichen Kontakt eher spielerisch sieht und auch allgemein eigentlich keine Probleme hat, weil es ihm im Grunde doch recht gut geht; sucht interessante Abwechslung im Gespräch; neigt dazu, seine Probleme kleiner darzustellen, als sie wirklich sind; tritt freundlich und charmant auf, ist äußerst selbstbezogen und hüllt tendenziell alles in einen optimistischen Glanz; in einer schwierigen Situation ist nur er wichtig, die anderen bleiben dann außen vor; verwendet mitunter stark übertreibende Worte, kann aber auch kritisch und konfrontierend werden, wenn er sich in die Enge getrieben fühlt; neigt dazu, Probleme mental zu verarbeiten, danach werden diese ins Unterbewusste verdrängt und damit ist das Problem gelöst und die Welt ist wieder in Ordnung; manchmal auf freundliche Art korrumpierbar.

Typ 8: Nimmt viel Raum ein, große körperliche Präsenz; wirkt eher autoritär im Reden und Handeln; viel Energie und Intensität; meist geradeaus und direkt; kann konfrontierend und fordernd sein; lautes Verhalten, möchte gesehen und gehört werden; gerät relativ leicht aus der Fassung und wird schnell wütend; stark selbstbezogen und auf seine Wahrheiten und Interessen fokussiert/fixiert; tendenziell wenig empathische Qualitäten, nur die eigene Wahrheit zählt; tritt in Beziehung zu anderen Menschen kontrollierend, dominant auf und lässt wenig Raum für andere; leugnet in Konflikten den eigenen Verhaltensanteil.

Typ 9: Wirkt unproblematisch, angenehm, leicht passiv, träge und vage; braucht um sich emotional und auch mental zu öffnen relativ viel Zeit, um bei seinen wahren Gefühlen und Gedanken anzukommen, nur dann kommen die tieferen Probleme zum Vorschein, ansonsten nur eher Oberflächlichkeiten und Vagheiten; kommt oft auf der Suche nach der wahren Antwort auf unwichtige Seitenstränge und nebensächliche Einzelheiten, erzählt dann lang und wenig inhaltsreich (Romanstil); gibt sich oft distanziert und erinnert insofern an Typ 5; Aufmerksamkeit und Energie bleiben häufig diffus und zerstreut; reagiert und antwortet leicht verzögert; identifiziert sich gern mit anderen, weil es ihm Mühe bereitet, die eigenen Bedürfnisse, Wünsche und Gefühle zu erkennen; gibt die Verantwortung gern in die Hände anderer Menschen („Ich weiß nicht, was ich will oder wie ich es ausdrücken soll, sage du mir, was ich tun oder sagen soll!").

Die energetische (zwischenmenschliche) Ausstrahlung

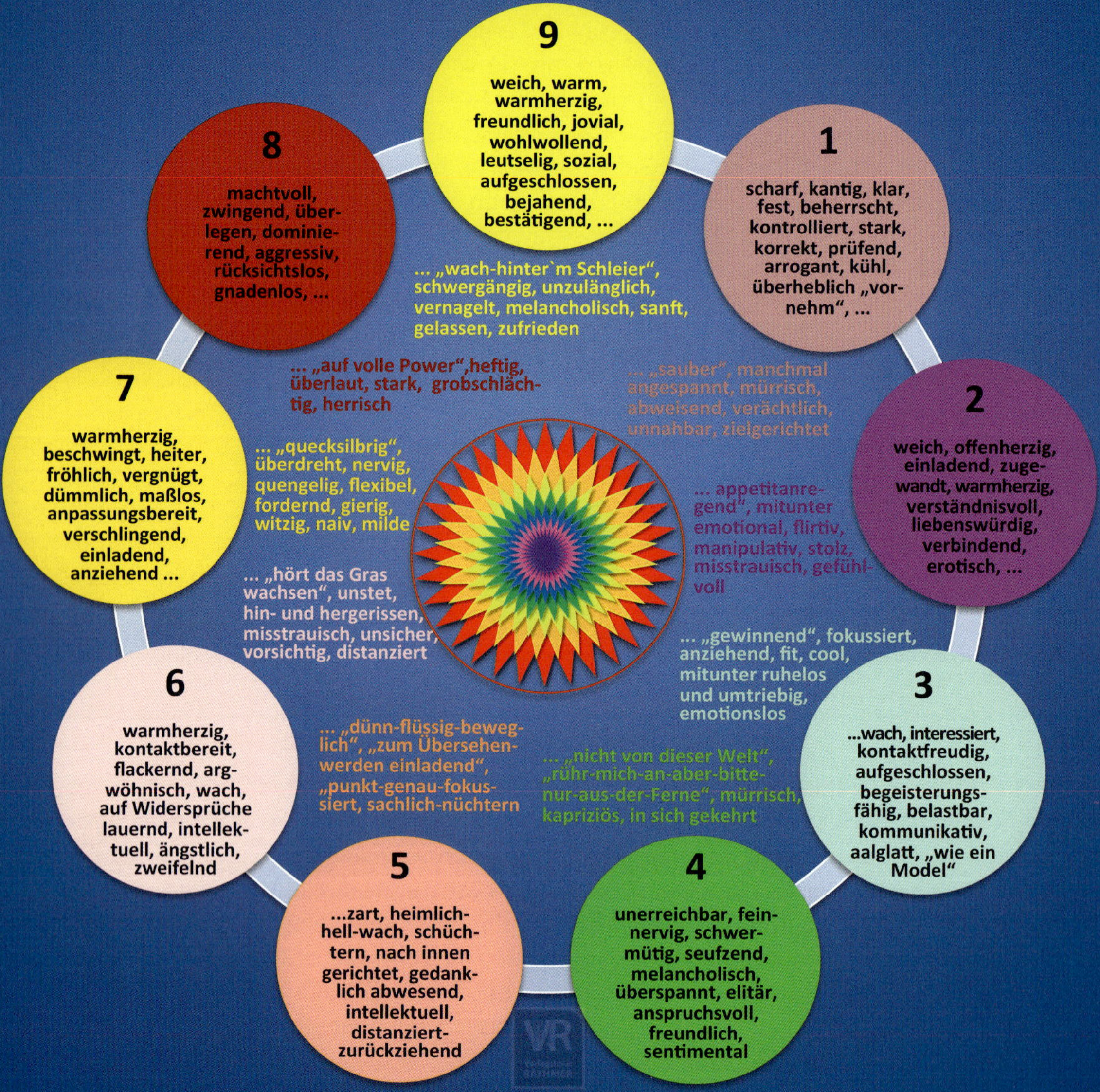

119

Beziehungsenergien

überentwickelt =
überschießende Reaktion

verdrängt =
blockierte Reaktion

umgewandelt =
veränderte Reaktion

Erklärungen zu den drei Grundenergien siehe Übersicht 45.

Die Aufmerksamkeit in Beziehungen

In zwischenmenschlichen Beziehungen ist die Aufmerksamkeit fokussiert auf ...

1. ... die Frage: „Was ist an oder in der Situation richtig oder falsch?“
2. ... die Anerkennung für die eigene Person
3. ... die Anerkennung in Bezug auf Aufgaben und Leistungen
4. ... das Beste im Abwesenden, das Schlechteste im Vorhandenen
5. ... die Frage: „Was will der andere von mir? Privatsphäre?“
6. ... verborgene Absichten der anderen
7. ... erfreuliche Alternativen
8. ... die Kontrolle der Beziehungspartner
9. ... die Einstellung der anderen

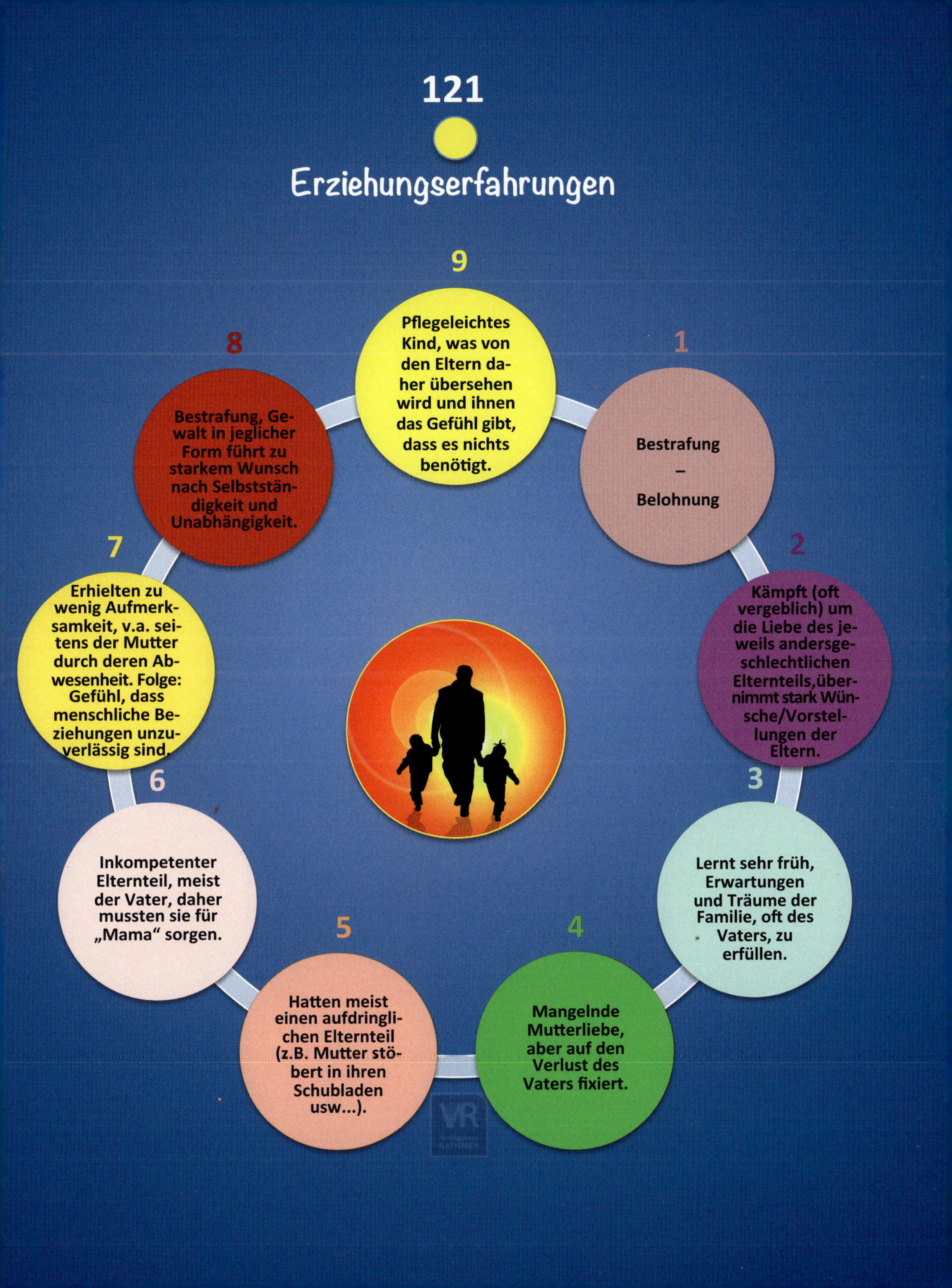
121
Erziehungserfahrungen
9
Pflegeleichtes Kind, was von den Eltern daher übersehen wird und ihnen das Gefühl gibt, dass es nichts benötigt.
1
Bestrafung – Belohnung
2
Kämpft (oft vergeblich) um die Liebe des jeweils andersgeschlechtlichen Elternteils, übernimmt stark Wünsche/Vorstellungen der Eltern.
3
Lernt sehr früh, Erwartungen und Träume der Familie, oft des Vaters, zu erfüllen.
4
Mangelnde Mutterliebe, aber auf den Verlust des Vaters fixiert.
5
Hatten meist einen aufdringlichen Elternteil (z.B. Mutter stöbert in ihren Schubladen usw...).
6
Inkompetenter Elternteil, meist der Vater, daher mussten sie für „Mama“ sorgen.
7
Erhielten zu wenig Aufmerksamkeit, v.a. seitens der Mutter durch deren Abwesenheit. Folge: Gefühl, dass menschliche Beziehungen unzuverlässig sind.
8
Bestrafung, Gewalt in jeglicher Form führt zu starkem Wunsch nach Selbstständigkeit und Unabhängigkeit.

122

Die tendenzielle Einstellung zu den Eltern

Verhalten der Enneatypen zu ihren Kindern

1
bringen Kindern viel Verantwortung und strenge moralische Werte bei, sind beständig und gerecht, üben strenge Disziplin

2
gute Zuhörer, warmherzig, ermutigend, spielerisch, selbstkritisch in Bezug auf „richtige Erziehung“, aufopfernd

3
beständig, loyal, verlässlich, hin-und-hergerissen zwischen Arbeit und Kindern, erwarten Ordnung und Verantwortung

4
erkennen das Potential der Kinder, unterstützen ihr kreatives Potenzial und ihre Gefühle, entweder überkritisch oder zu „lasch“

5
liebenswürdig, einfühlsam, tun alles für ihre Kinder, manchmal autoritär, fordernd, erwarten hohe intellektuelle Leistungen, sind intolerant gegenüber starken Gefühlen der Kinder

6
oft liebevoll, fürsorglich, ausgeprägtes Pflichtgefühl, lassen den Kindern nur widerstrebend ihre Unabhängigkeit

7
großzügig, begeisterungsfähig, möchten Kindern Spannendes bieten, beachten ihre Kinder nicht genug wegen eigener Aktivitäten

8
loyal, fürsorglich, hingebungsvoll, setzen sich ein, manchmal überfürsorglich, fordernd, stur, ständiges Überwachen der Kinder

9
hilfsbereit, gütig, warmherzig, lassen zuviel durchgehen, geben keine Anweisungen, antiautoritär

Gefühle in der Kindheit

1
„Als Kind wurde ich kritisiert und bestraft, also versuchte ich so gut wie möglich zu werden."

2
„Als Kind hatte ich das Gefühl, dass ich (nur) geliebt wurde, wenn ich anderen half."

3
„Ich hatte das Gefühl, immer besonders gelobt zu werden für meine Leistungen."

4
„Als Kind fühlte ich mich verlassen. Meine Mutter erwartete emotionale Unterstützung von mir, statt sie mir zu geben."

5
„Als Kind fühlte ich mich bedrängt, die Eltern wollten in meinen privaten Bereich eindringen, aber ich wollte das nicht zulassen."

6
„Ich hatte Angst vor Menschen, die Macht über mich hatten und das Gefühl, nie eigene Entscheidungen treffen zu dürfen."

7
„Als Kind hatte ich viele Ängste, also flüchtete ich in eine Traum- und Phantasiewelt."

8
„Wenn ich weinte, weil ich mir wehgetan hatte, wurde ich verspottet. Ich musste für mich selbst eintreten, durfte keine Schwäche zeigen."

9
„Als Kind fühlte ich mich nicht beachtet, meine Meinungen und Gefühle waren nicht wichtig."

125

Kindheitsdefizite

Defizite in der Herkunftsfamilie

Phasen der Schwangerschaft im Enneagramm*

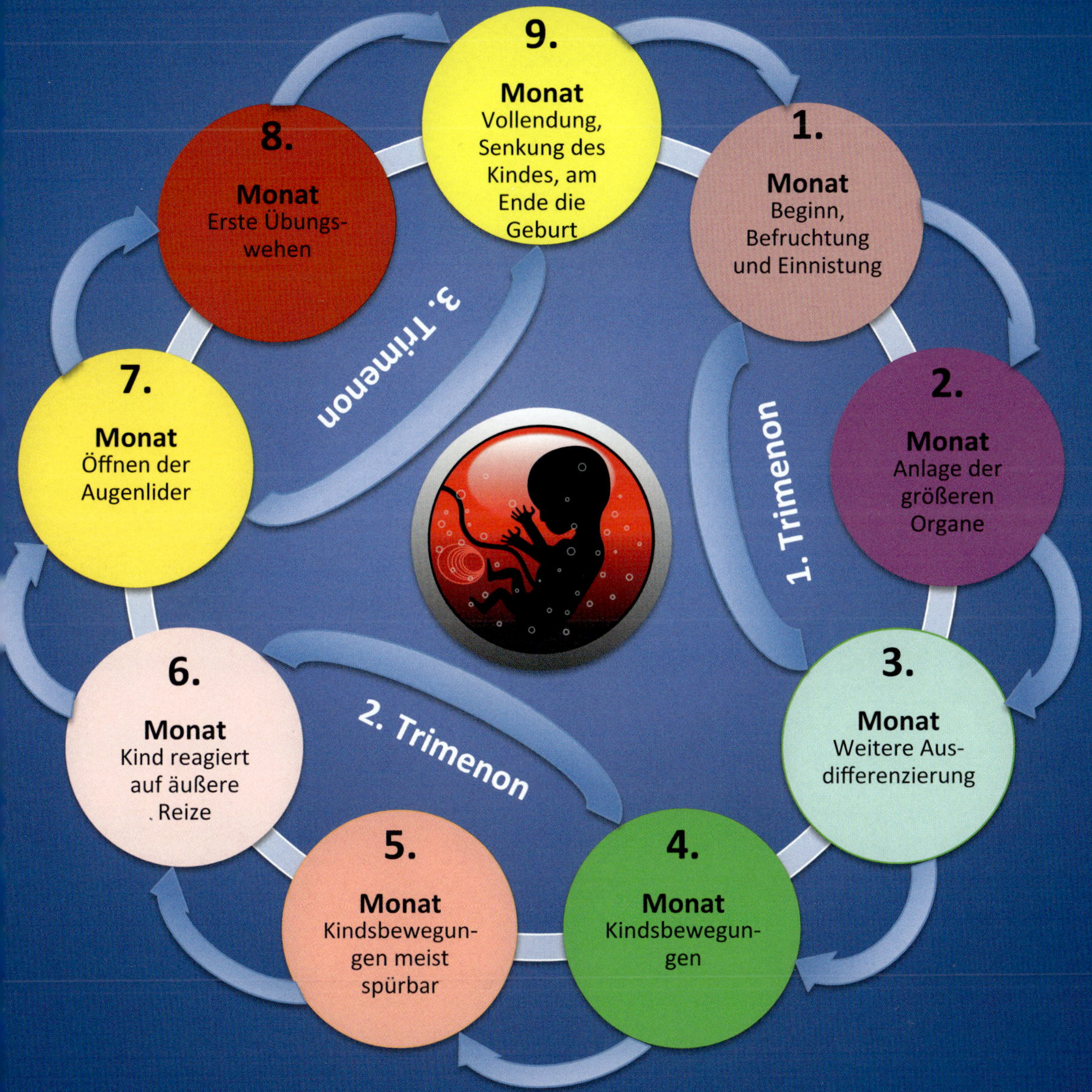

* auch Gestation oder Gravidität genannt, der Zeitraum, in der eine befruchtete Eizelle zu einem Kind heranreift, umfasst naturgemäß ca. 270 Tage (= 9 Monate oder 9 x 30 Tage; Trimenon = 3 Monate)

Die drei Stadien des Lebens und das Enneagramm

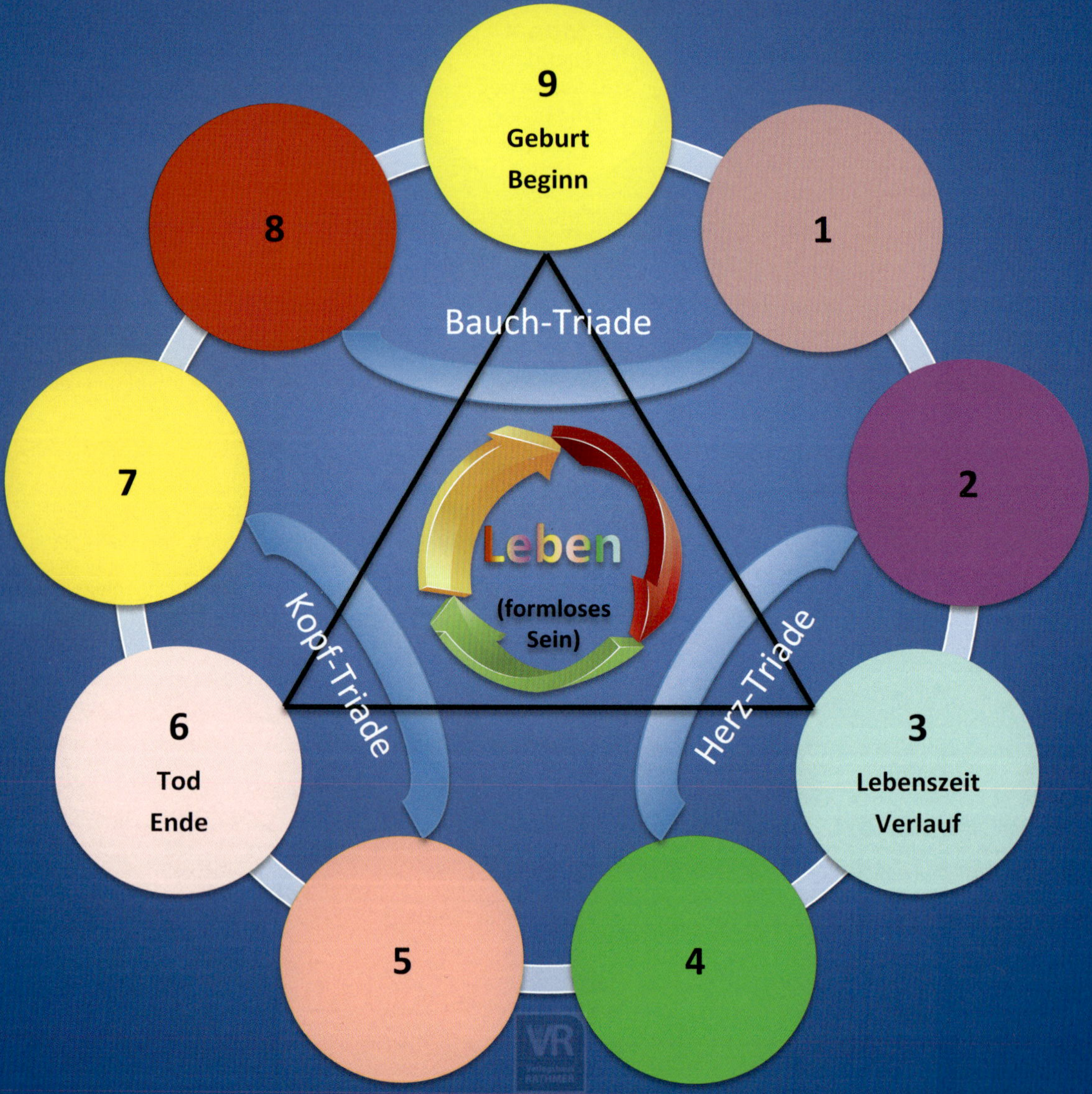

Raum für Notizen

4. Kapitel

Enneatypen in Aktion
(129 – 160)

Freizeitverhalten

9
Sind sehr flexibel in ihren Freizeitbeschäftigungen, vom einfachen Entspannen bis großer Unternehmungslust, ...

... sucht häufig nach anderen Freizeitpartnern, kann sehr gut faulenzen, liebt Musik.

1
Helfen häufig Familie und Freunden mit Rat, organisieren sich für gute Zwecke, achten sehr auf gesunde Ernährung und trainieren nach Plan, ...

... dabei häufig trotzdem schlechtes Gewissen, lernen für gewöhnlich viel und sind gute Schüler.

2
Familiäre Orientierung, kümmern sich, richten sich gemütlich ein, pflegen den Garten, arbeiten für Wohltätigkeitsvereine, ...

... verwenden viel Sorgfalt auf ihr Äußeres, treffen sich gern mit anderen.

3
Treiben gerne Sport, halten sich fit, mögen Gesellschaft und Politik, widmen sich ihren Hobbys und Projekten, ...

... pflegen ihr sportliches Image und ihr Äußeres, arbeiten gern freiwillig in ihrer Freizeit.

4
Sind gern mit Partnern und Kindern zusammen, pflegen enge Freundschaften, lieben die Natur, geistige und spirituelle Interessen, ...

... musikalisch, künstlerisch, kreativ, Buchhandlungen, Boutiquen, stilvolle Kleidung.

5
Lesen gerne, informieren sich über Fachthemen, Gespräche mit Freunden, Museen, fachsimpeln, Vorträge, ...

... spielen intellektuell-anspruchsvolle Spiele, studieren ferne Länder, fremde Kulturen und Sitten.

6
Besitzen viel Energie, oft viel zu tun, treiben häufig Sport, alternativ Streifzüge durch die Natur, auch Stubenhocker, ...

... manchmal in Gruppen anzutreffen, kontraphobische Sechsen haben gern gefährliche Hobbys.

7
Reisen gerne, lieben den Kitzel von Gefahren, mögen anregende witzige Gespräche, lernen gern Neues, vergnügen sich gern, ...

... spielen viel, treiben Sport, Konzert, Komödien, Theater, Oper, vielfältige Hobbys, ständig unterwegs.

8
Mögen intellektuelle und/oder körperliche Herausforderungen, setzen sich gern für Sachen ein, energiegeladen, ...

... fühlen sich im Freien wohl, möchten sich auspowern und messen sich gern mit anderen.

Besondere Vorlieben

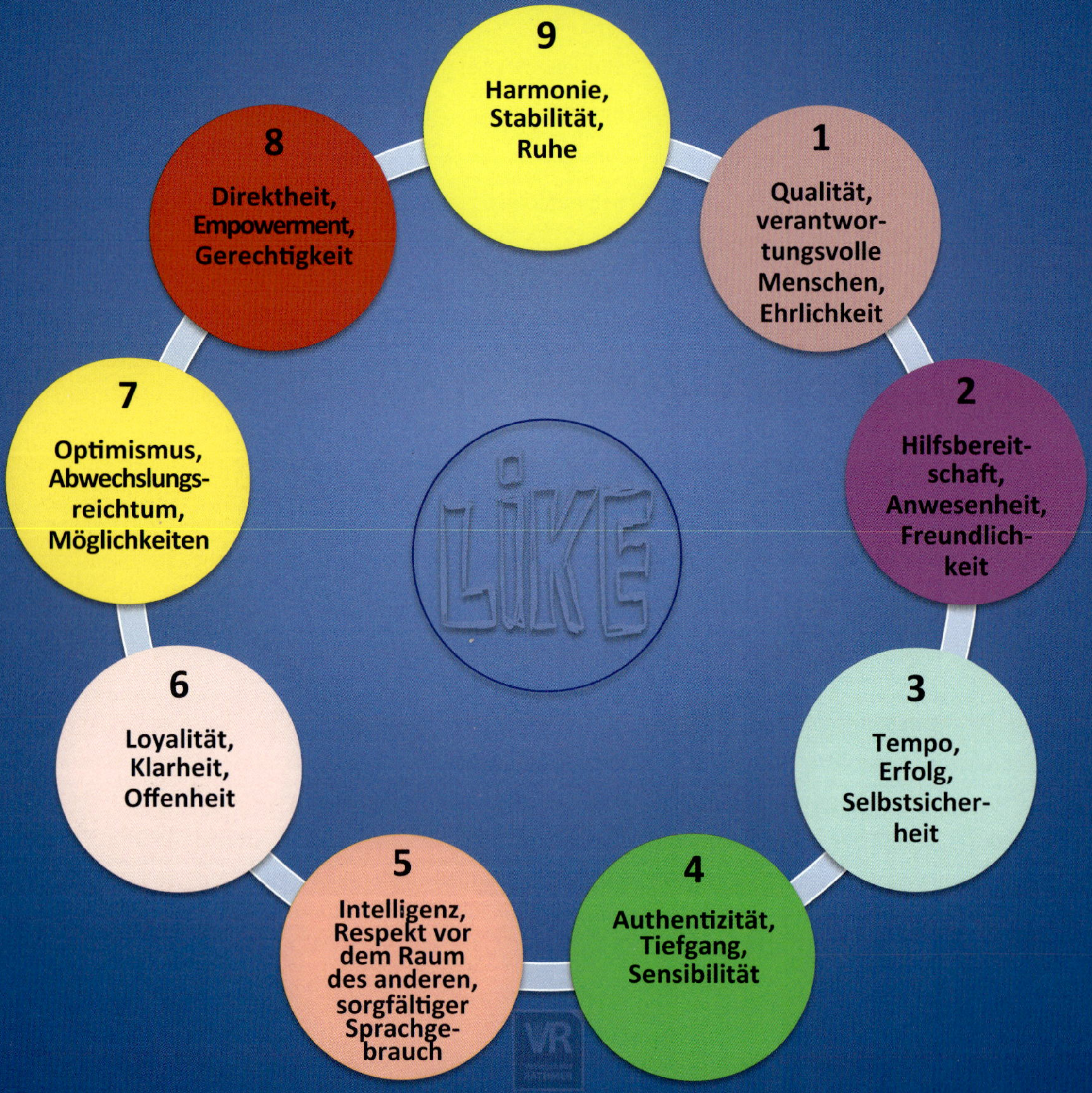

Besondere Abneigungen

132

Die Lust auf Wirklichkeit

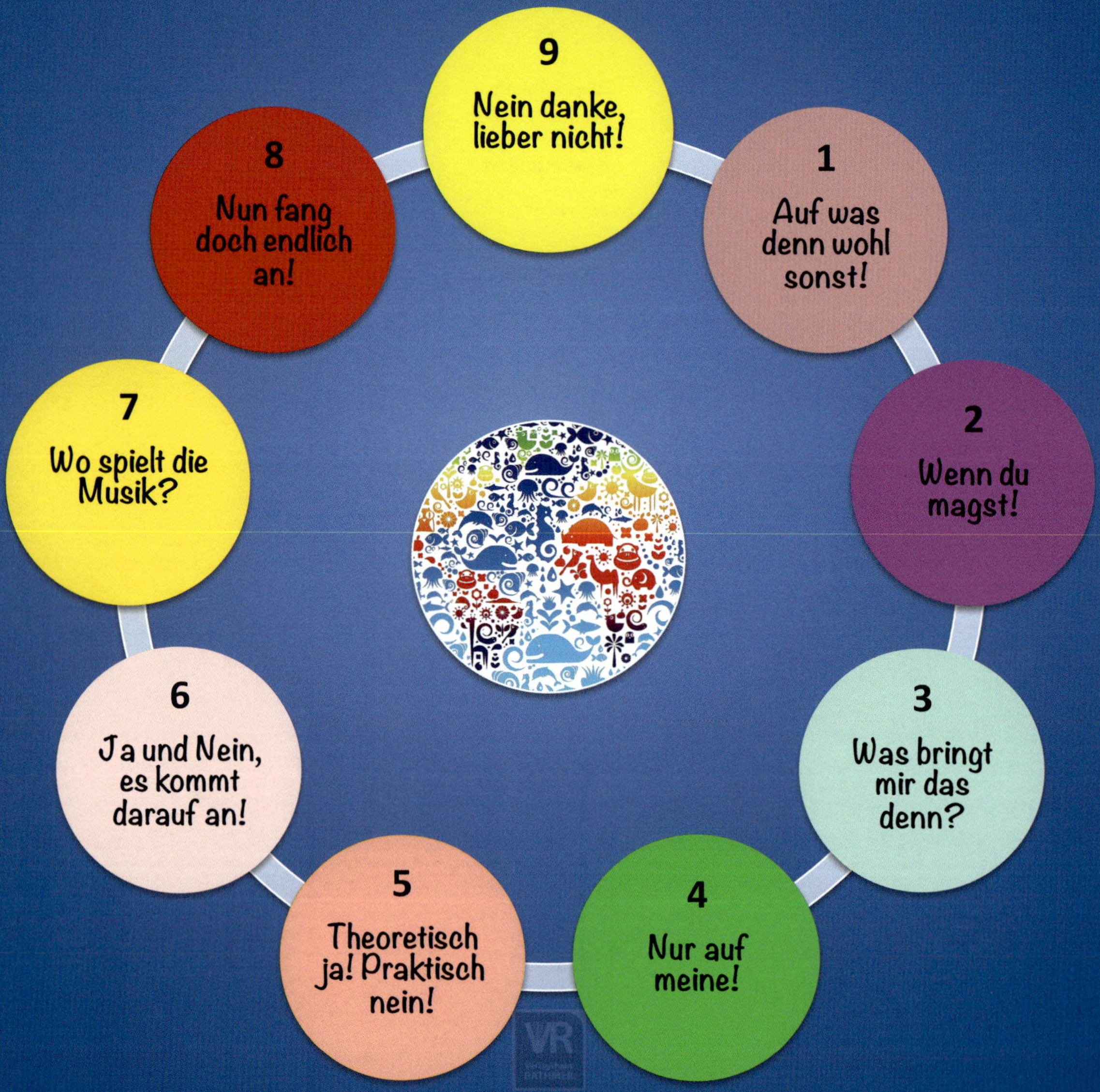

Der Umgang mit Humor

9
Warum lachst du nicht?

1
Was gibt`s denn da zu lachen?

2
Bin ich nicht liebenswert witzig?

3
Wie könnte ich dich nur zum Lachen bringen?

4
Warum lachen die anderen eigentlich und ich nicht?

5
Hast du meinen Witz verstanden?

6
Darf gelacht werden? Wehe, du lachst nicht mit!

7
Über diesen Witz muss doch wohl jeder lachen, oder?

8
Das war dann der Witz, du kannst jetzt lachen!

134

Besondere Essensvorlieben

Die tendenziellen Schlafpositionen

Rückenlage entspricht Angriffshaltung
Bauchlage entspricht Erstarrungshaltung
Seitenlage entspricht Fluchthaltung

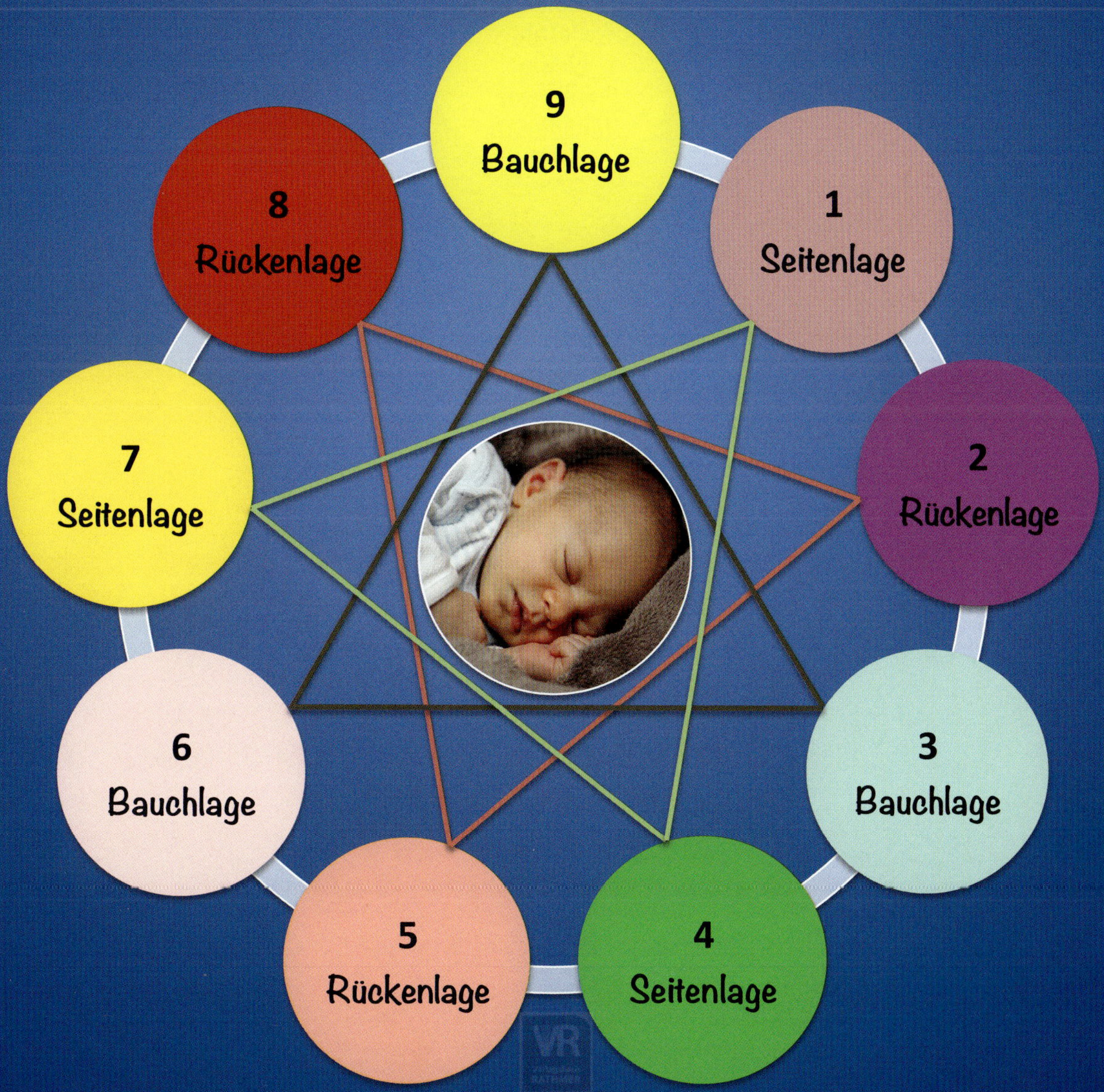

136

Tierentsprechungen

9
Faultier
Elefant
Delfin
Alligator
Schildkröte
Wal

1
Terrier
Ameise
Biene
Gans

2
Esel
Katze
Hundebaby
Pandabär

3
Chamäleon
Pfau
Pudel
(=Hunderasse)
Adler
Tarantel

4
Basset Hound
(=Hunderasse)
Mops
Taube
Auster
schwarzes Pferd

5
Hamster
Maulwurf
Fuchs
Eule

6
Hase, Reh
Schnecke
Maus/Ratte
Schäferhund
Wolf

7
Affe
Schmetterling
Meerschweinchen
Otter
Giraffe
Zebra

8
Stier
Nashorn
Klapper-
schlange
Bulldogge
Löwe/Tiger

137

Tierentsprechungen in Bildern

BLUMEN

9
Gänseblümchen
1
Gardenie
2
Narzisse
3
Rose
4
Orchidee
5
Veilchen
6
Tulpe
7
Strelitzie
8
Mohnblume

Bachblüten*

Jedem Enneatypen kann auch eine spezifische Bachblüte zugeordnet werden:

1
Vervain
(Eisenkraut)
Bachblüte Nr. 31

„Welt-Verbesserer“

2
Chicory
(Wegwarte)
Bachblüte Nr. 8

Besitz-übergreifende „Übermutter“

3
Oak
(Eiche)
Bachblüte Nr. 22

leistungs-orientiert, unermüdlich, „hyperaktiv“

4
Willow
(Weide)
Bachblüte Nr. 38

Verbitterung

5
Water Violet
(Wasserfeder)
Bachblüte Nr. 34

Reserviertheit, Distanziertheit

6
Rock Water
(Fells-Quell-wasser)
Bachblüte Nr. 27

Zu hart zu sich selbst

7
Heather
(Heidekraut)
Bachblüte Nr. 14

Ich-Bezogenheit, Gesehen werden

8
Vine
(Weinrebe)
Bachblüte Nr. 32

„Anführer“, große Willenskraft

9
Wild Rose
(Heckenrose)
Bachblüte Nr. 37

Resignation ohne Antrieb

* Die **Bach-Blütentherapie** ist ein in den 1930er Jahren von dem britischen Arzt und Homöopathen **Edward Bach** (1886-1936) begründetes und nach ihm benanntes alternativmedizinisches Heilverfahren zur Behebung seelischer Ungleichgewichte als Grundlage jeglicher Krankheit.

Farbzuordnungen

Diese Zuordnungen entsprechen den Grundthemen* der einzelnen Enneatypen und entstammen dem RGB-Farbraum, der Farbwahrnehmungen durch das additive Mischen dreier Grundfarben (Rot, Grün und Blau) nachbildet. Der erste Wert gibt danach den **Rot-Anteil**, der zweite Wert den **Grün-Anteil** und der dritte Wert den **Blau-Anteil** einer Farbe wieder (Werte in Klammern):

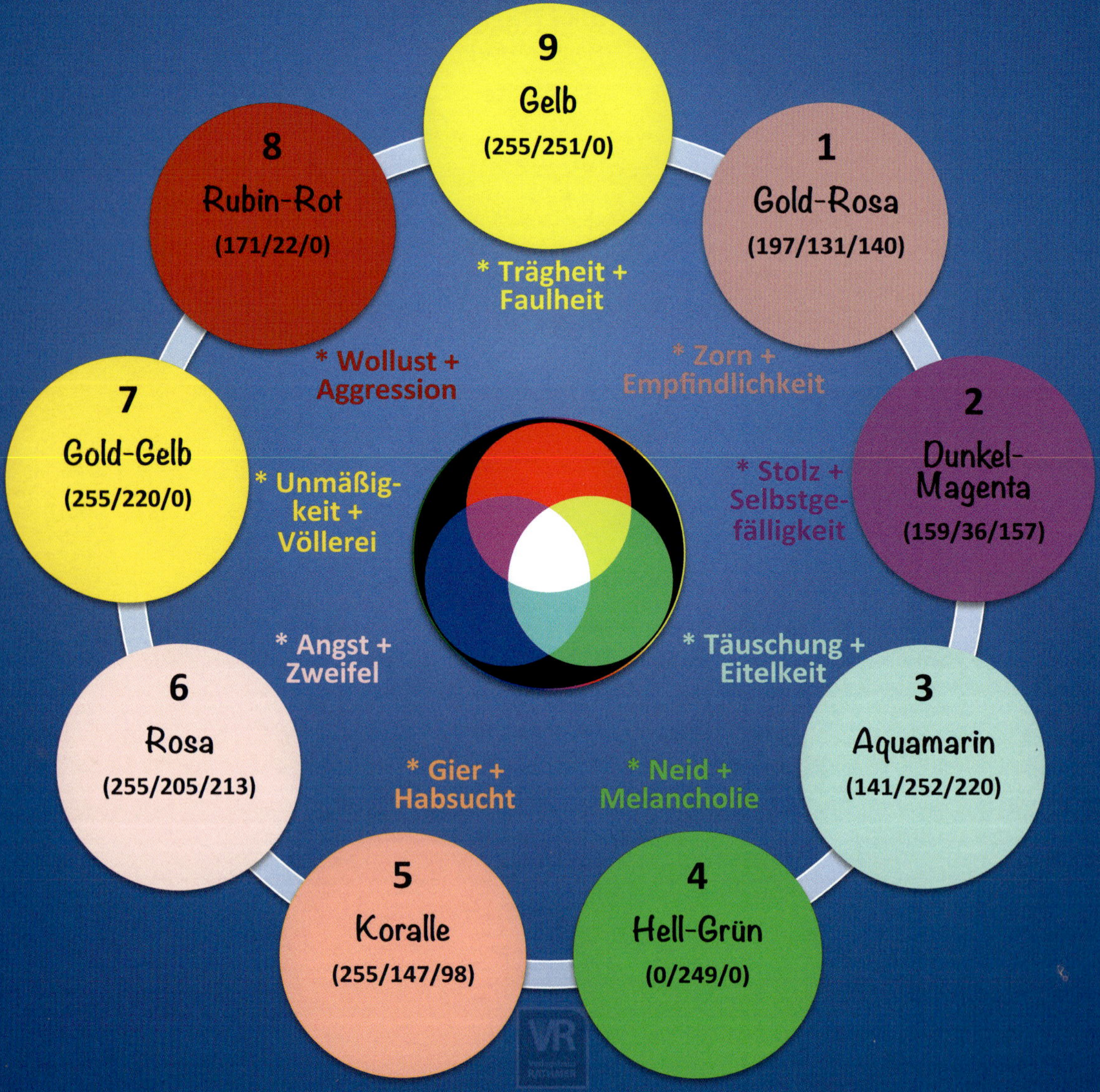

Lieblingsfarben

Bei diesen Farbzuordnungen (RGB-Farbraum) geht es eher um die bevorzugte Farbe (Lieblingsfarbe) der einzelnen Enneatypen; sie entspricht auch den Wunschvorstellungen*. Der erste Wert gibt danach den **Rot-Anteil**, der zweite Wert den **Grün-Anteil** und der dritte Wert den **Blau-Anteil** einer Farbe wieder (Werte in Klammern):

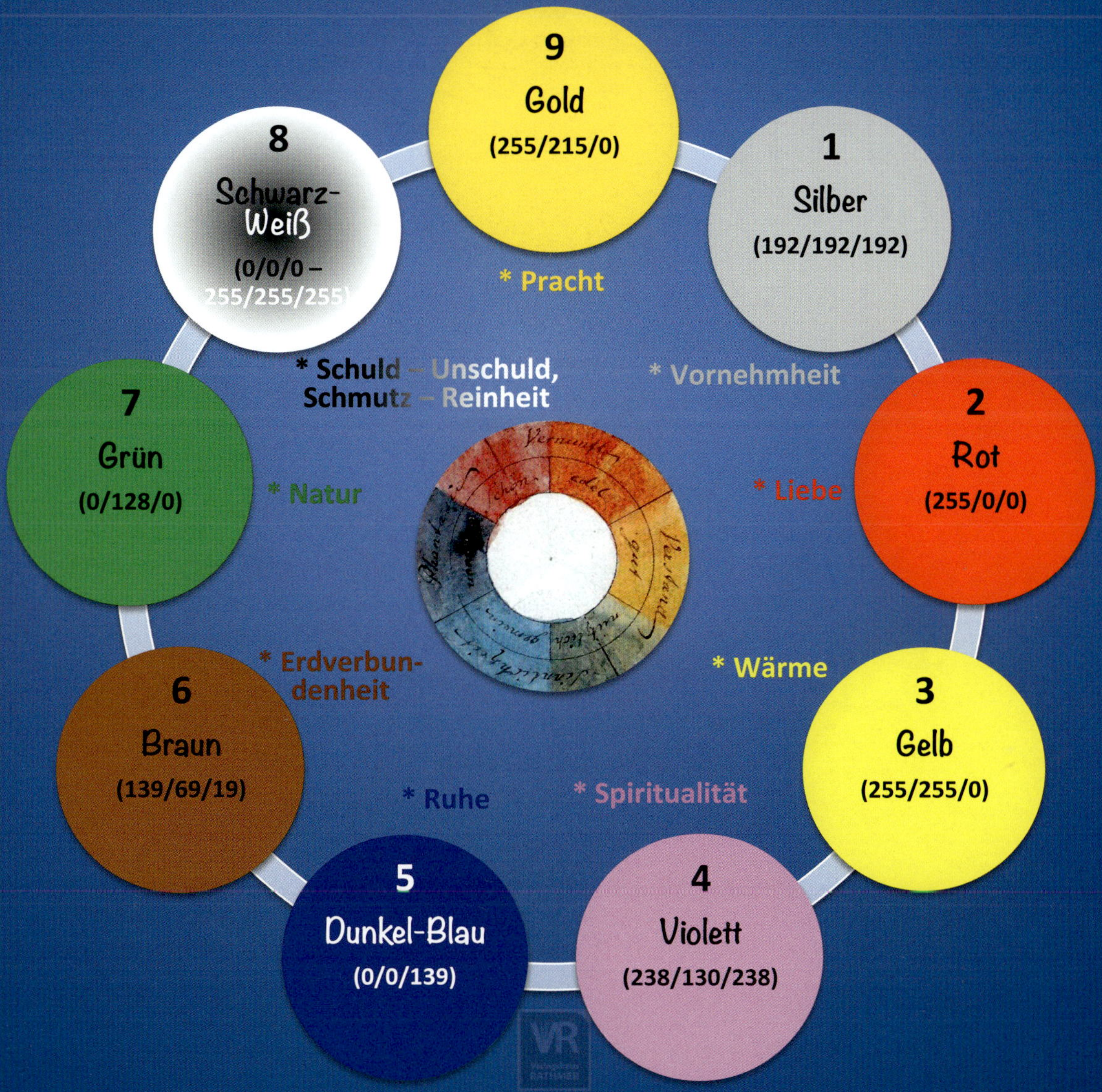

142

Autotypen

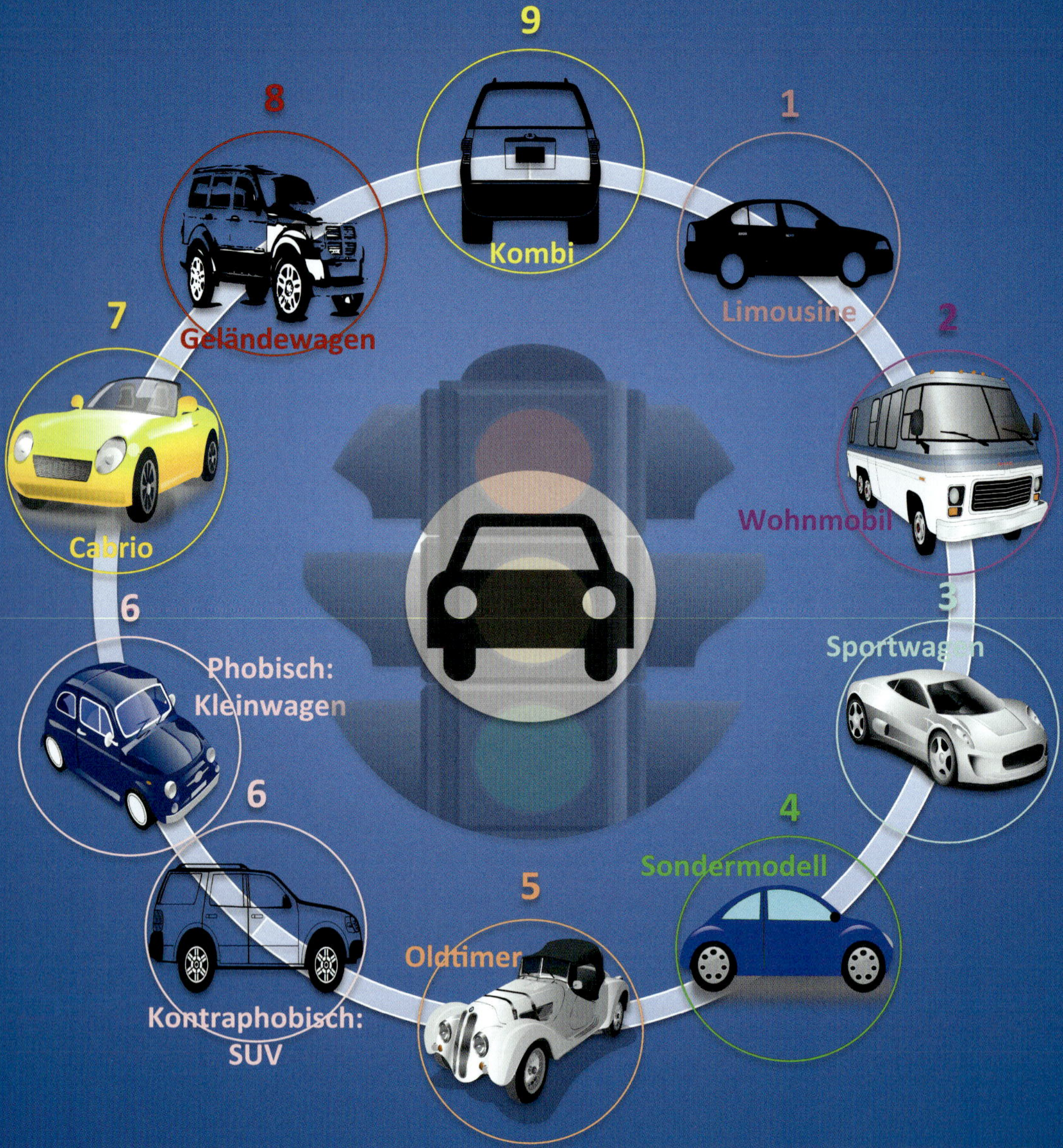

143

Fahrstile

Reaktionen auf einen Unfall

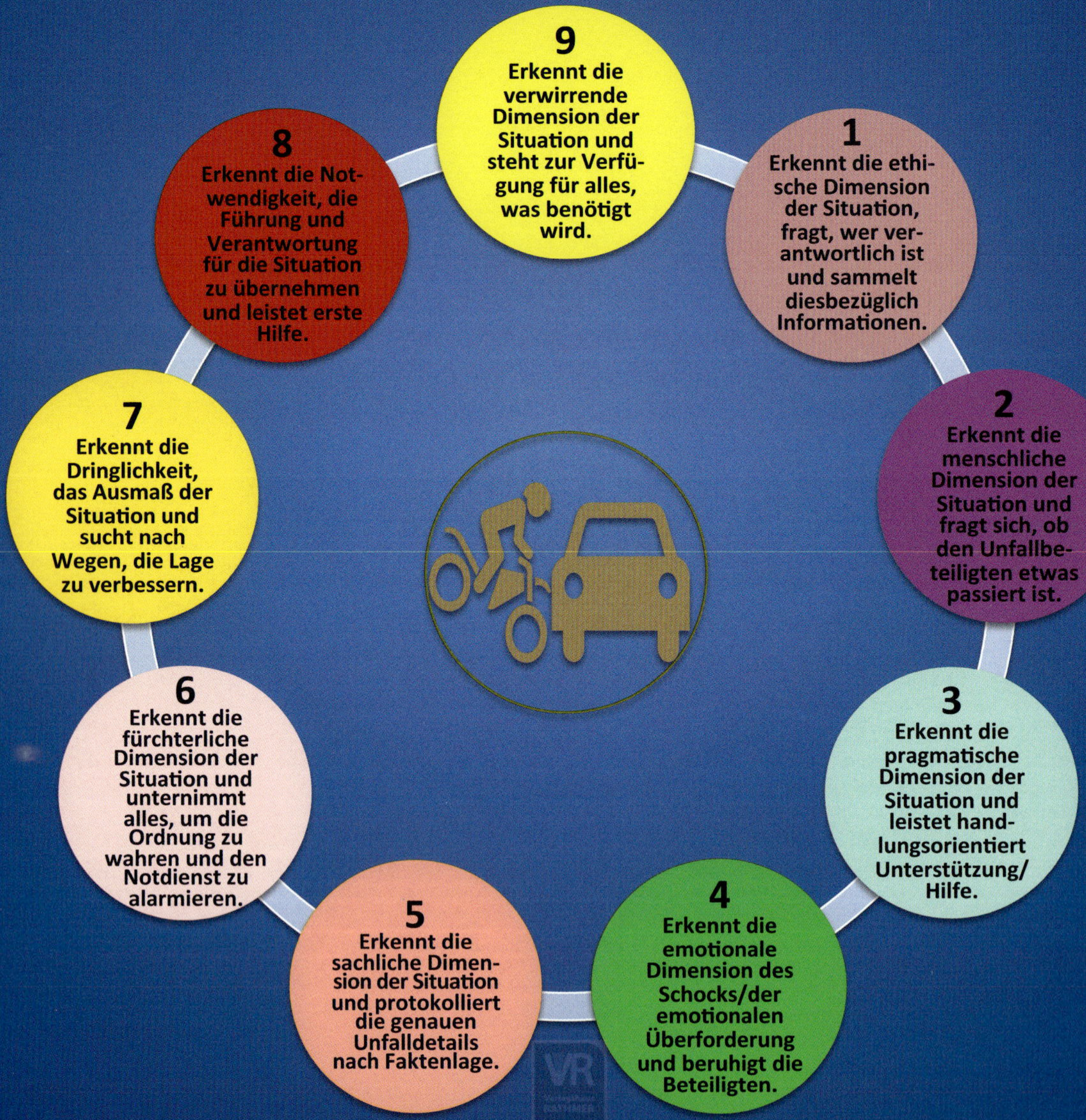

145

Die gemeinsame Bergtour im Rahmen des Enneagramms (prozessorientiert*)

* Zum Prozessmodell allgemein siehe Übersicht 72.

146

Comic- und Fernsehfiguren

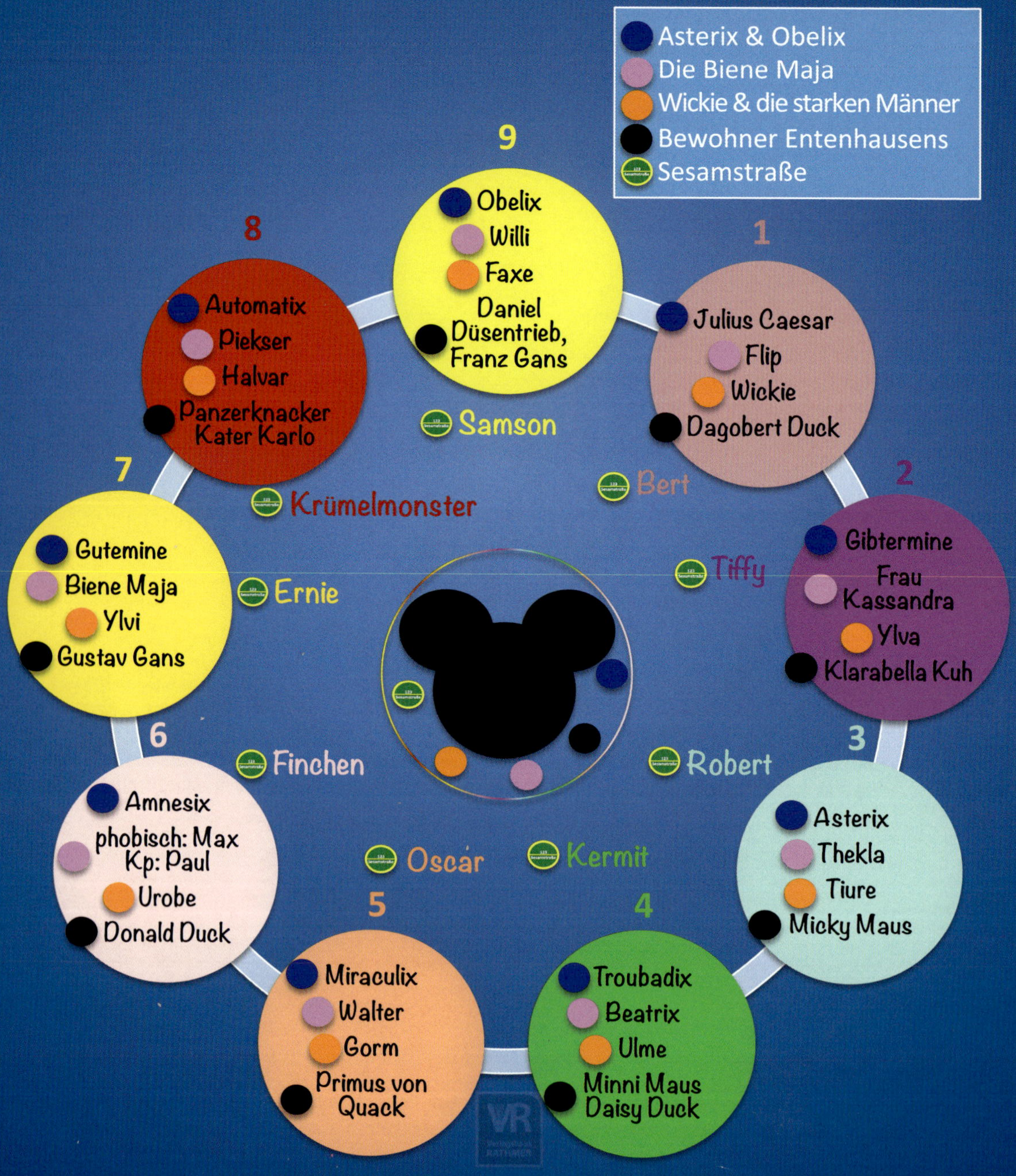

Grimm`s Märchen und Enneagramm-Strukturen

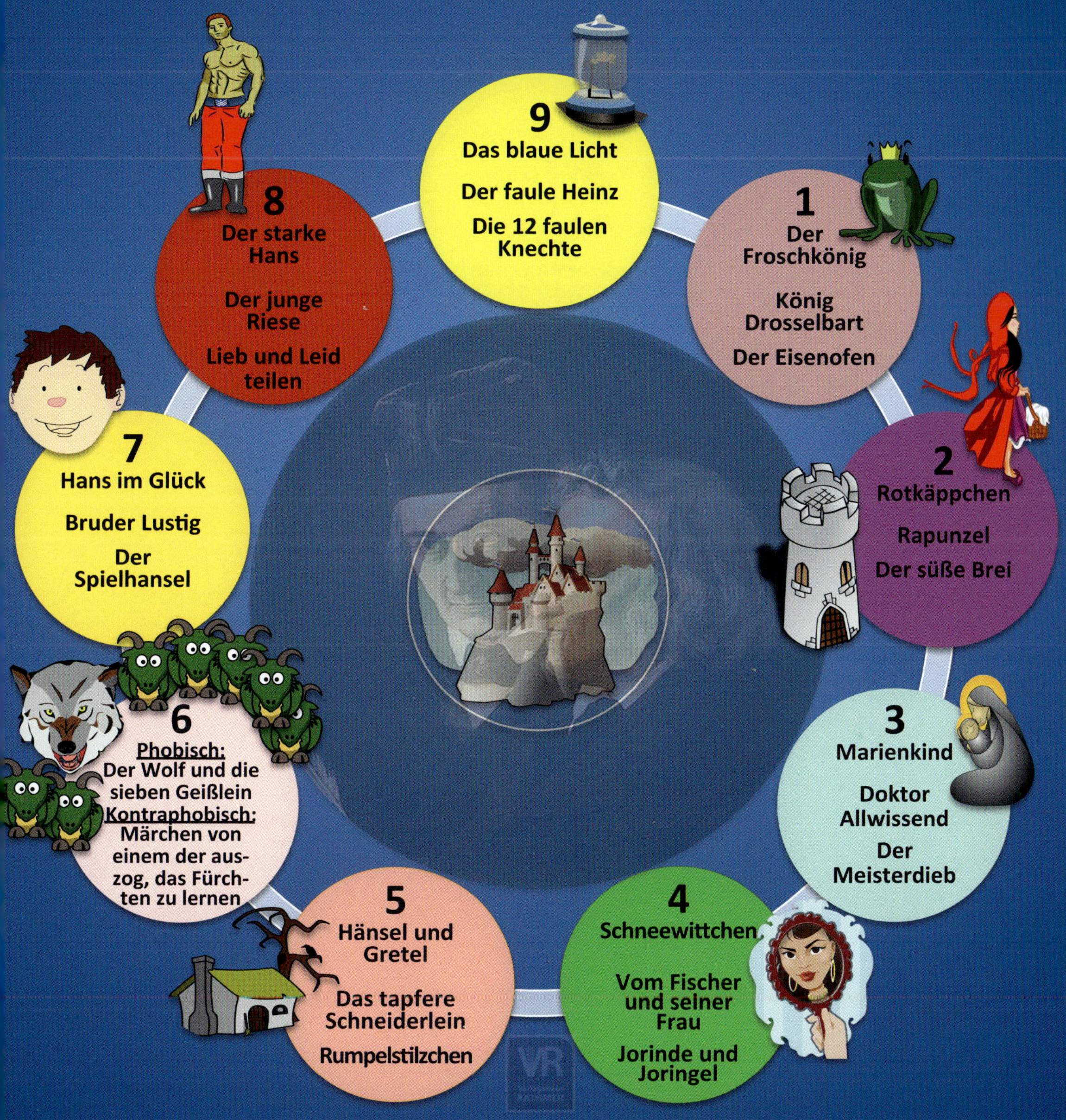

Gedanken vor einer Party

1. „Hoffentlich bringe ich den richtigen Wein mit!“
2. „Hoffentlich mögen mich alle auf der Party!“
3. „Heute Abend will ich die richtigen Leute zusammenbringen!“
4. „Ich bin überhaupt nicht in Stimmung für eine Party!“
5. „Ich möchte lieber zu Hause bleiben, auf dem Sofa sitzen und mein Buch lesen!“
6. „Ich darf nicht vergessen, die Katze zu füttern und abzuschließen!“
7. „Falls keine Stimmung aufkommt, habe ich noch andere Eisen im Feuer!“
8. Wenn Weib, Wein und Gesang nicht stimmen, bin ich weg!“
9. „Wäre schön, wenn ich heute Abend jemand Netten kennenlernen würde!“

Gedanken auf einer Party

1 „Das Essen ist nicht ausgewogen genug!“

2 „Ich helfe gern noch in der Küche mit beim Anrichten des Büffets!“

3 „Nur schnell essen, dann bin ich weg! Ich bin total überlastet!“

4 „Das Buffet ist doch recht gewöhnlich, was soll man da nur essen? “

5 „Irgendwie komme ich intellektuell heute nicht richtig ins Gespräch!“

6 „Habe ich gerade zuviel geredet, warum hat sie diese Bemerkung gemacht?“

7 „Doch ein wenig langweilig hier, mal schauen, ob ich nicht auf eine andere Party gehe.“

8 „Dieser Vollidiot soll sich nicht ins Hemd machen, nur weil ich ihm einmal die Meinung gesagt habe!“

9 „Ich fühle mich allen so nahe, alle sind nett und freundlich zu mir!“

150

Gedanken nach einer Party

9
„Ich denke, alle fanden meine Geschichten wirklich toll und behalten mich in guter Erinnerung."

1
„Hoffentlich habe ich niemanden mit meinen Bemerkungen beleidigt."

2
„Ich habe mich total verausgabt, aber bin froh, dass sich alle gut verstanden haben."

3
„Ich habe beim Essen sehr gute Kontakte knüpfen können."

4
„Es waren doch größtenteils ziemlich banale Gespräche."

5
„Zum Glück bin ich früh gegangen und konnte noch in meinem Buch schmökern."

6
„Es ist herrlich, wieder sicher zu Hause angekommen zu sein."

7
„Ich hatte riesigen Spaß auf der 3. Party, aber noch ist die Nacht jung."

8
„Ich musste wieder einigen unmissverständlich deutlich machen, wer der Chef ist."

151

Redestile (Sprachstile)

Jeder Mensch besitzt einen bevorzugten Rede- oder Sprachstil:

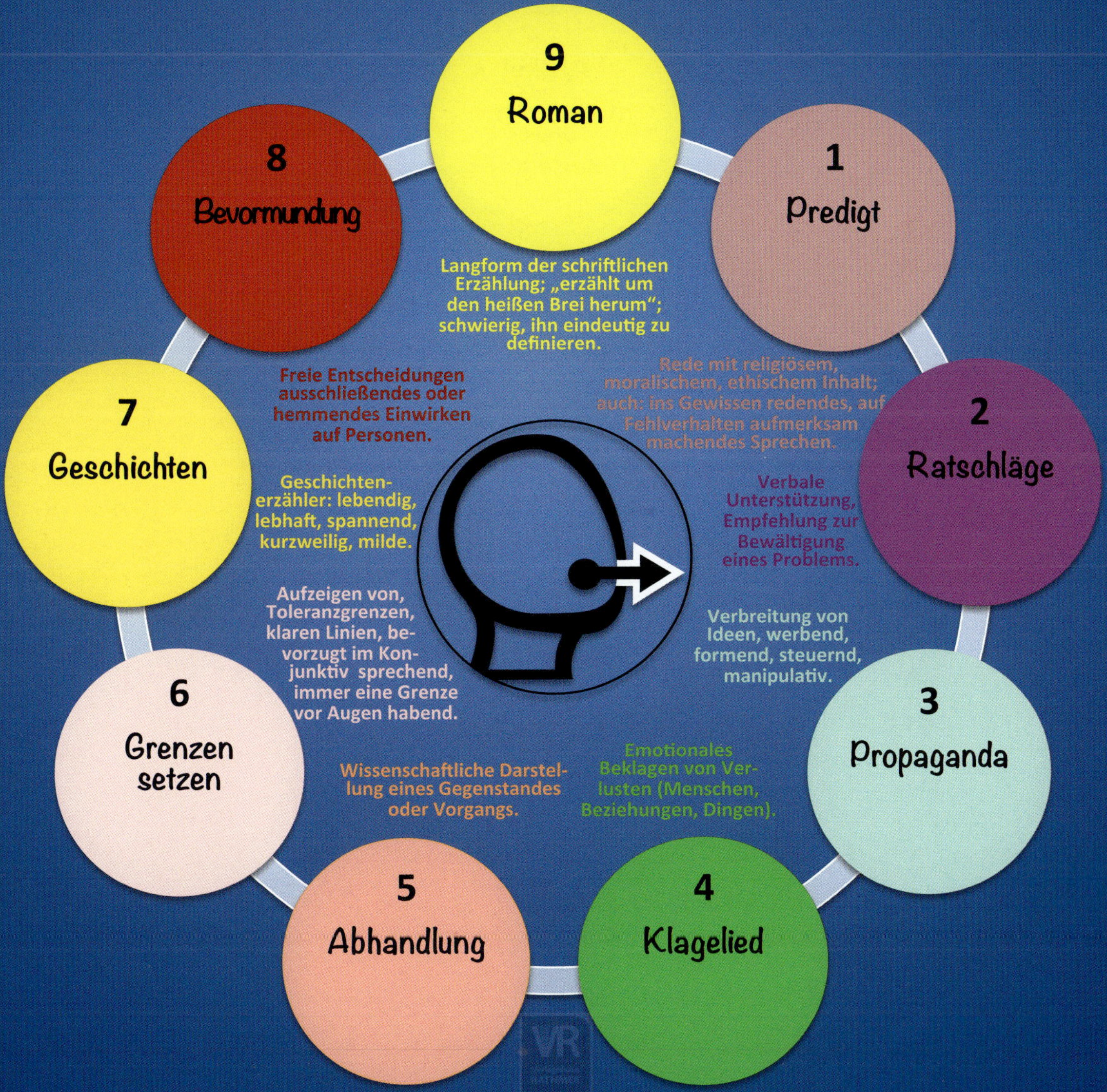

Die 9 Wortarten der deutschen Sprache*

* Neben diesen 9 Wortarten gibt es noch als 10. Wortart die Interjektion (Ausrufewort, z.B. Ah! Oh! Pfui! uuups! Kreisch! Huch! Hey! etc.), welche aber keine eigenständige lexikalische (= zum engeren Wortschatz gehörige) Bedeutung besitzt wie die neun oben aufgeführten Wortarten.

153

Assertivität

„Assertivität" bedeutet die Fähigkeit, sich (in Beziehungen, Gesprächen etc.) vor allem verbal durchzusetzen und dabei den anderen zu respektieren (= die Führung zu übernehmen, Initiative und Dominanz zu zeigen). „**Dominant-assertiv**" bedeutet, sich „über" den anderen zu stellen, „**subassertiv**" bedeutet, sich „unter" den anderen zu stellen, „**gegeneinander**" bedeutet, eine Gegenposition einzunehmen und „**gemeinsam**" bedeutet, sich mit dem anderen zu verbinden.

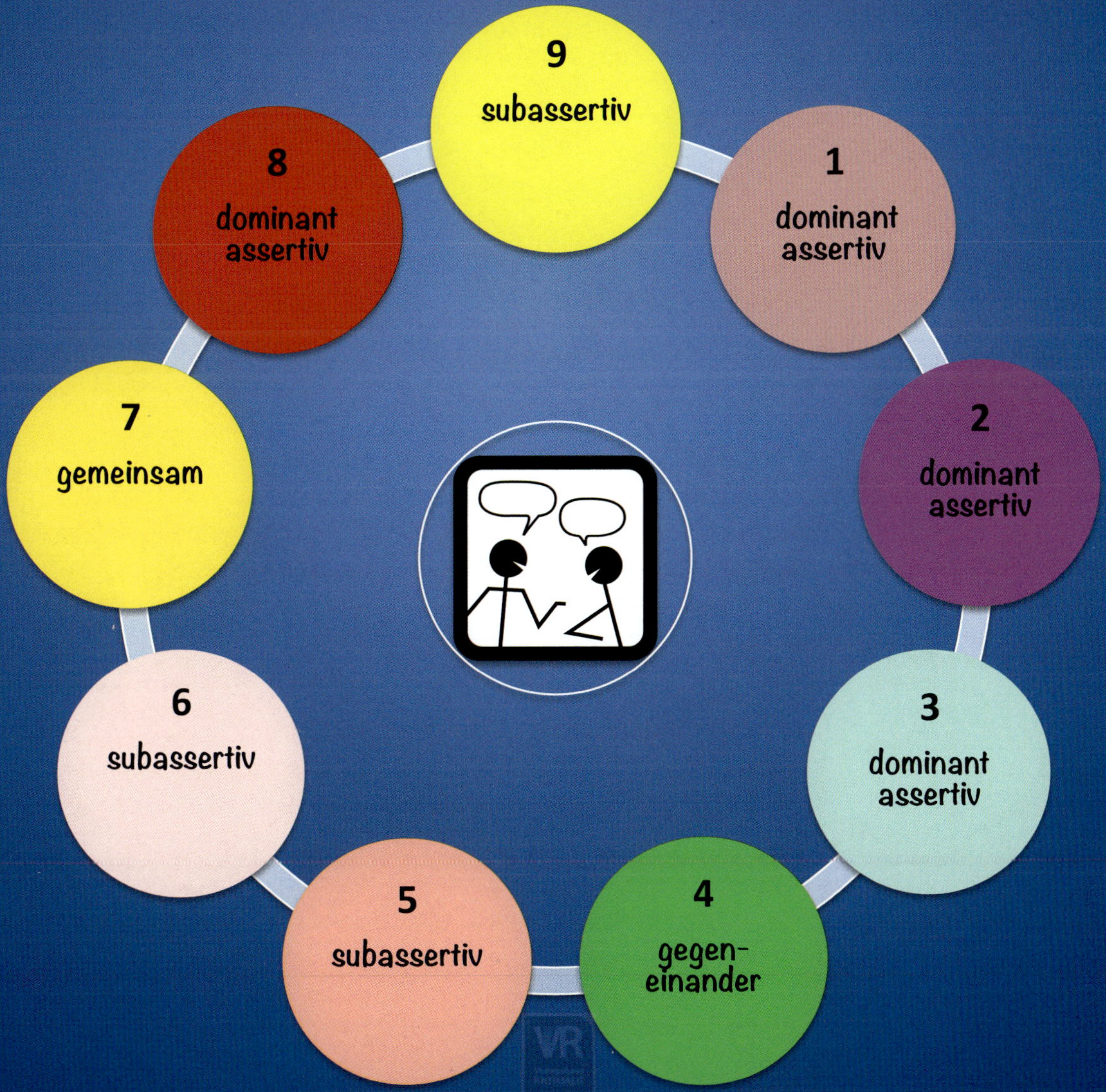

Das Zahlensystem der natürlichen ganzen einstelligen europäischen Zahlen*

* Dieses System besteht aus den Zahlen 1 – 9; jede der Zahlen hat für sich genommen eine bestimmte Zahlenbedeutung:

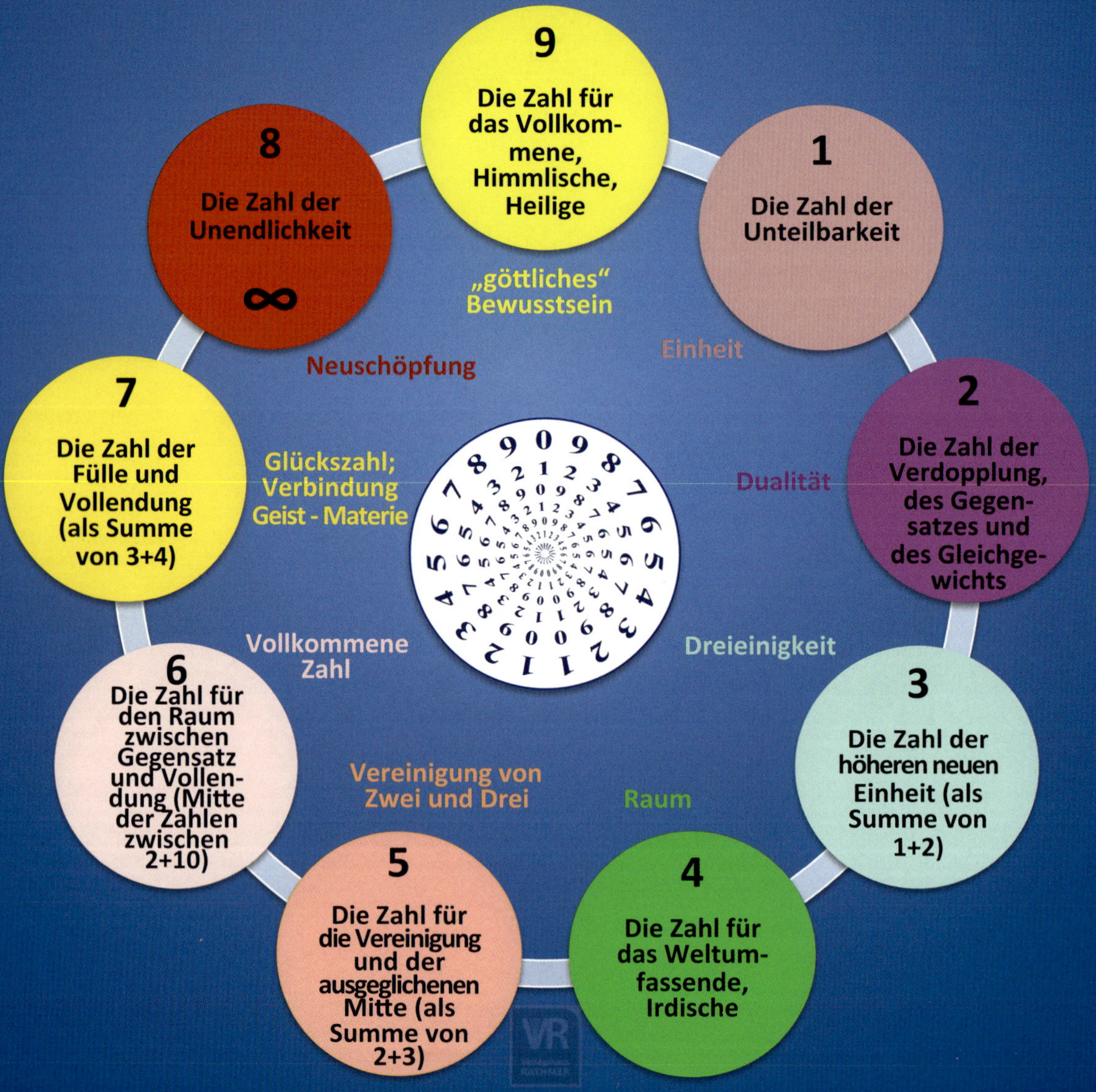

Die Bedeutung der Zahlen in der Numerologie

Die Numerologie (Zahlensymbolik, Zahlenmystik) ist die Zuweisung von Bedeutungen zu einzelnen Zahlen, wobei die Zahlen eine sinnbildliche Funktion erhalten, die über ihre mathematische Bedeutung hinausgeht (* = chinesische Numerologie):

* Langlebigkeit
9
Die Akzeptanz
menschlich, natürlich, selbstlos ...
... undurchschaubar, kreativ, verbindlich

* Einsamkeit
1
Das Selbstbewusstsein
unabhängig, zielorientiert, dominant, egoistisch, überheblich, analytisch ...
... führend, initiativ, wegweisend, perfekt, individuell, aggressiv

* Vertrauen
2
Die Kraft der Gefühle
partnerschaftlich, anpassungsfähig, rücksichtsvoll, einfühlsam, sensibel ...
... kooperativ, empfangend, ausbalanciert, vermittelnd, aufopfernd

* Lebendigkeit
3
Die innere Ausgeglichenheit
kreativ, gesellig, vielseitig, beliebt, ausdrucksstark ...
... lebensfroh, kommunikativ, Interaktiv, sozial, wortgewandt

* Struktur (Geburt + Tod)
4
Die Individualität
ordnungsliebend, stetig wachsend, neutral, zuverlässig ...
... hilfsbereit, großzügig, geht an ihre/seine Grenzen

* Fünf Elemente (Leere, Nichts)
5
Die Struktur
weltfremd, distanziert, analytisch, wissensdurstig ...
... strukturiert, konstruktiv, sparsam, mental ruhig

* Bewegung
6
Die Veränderung
Verantwortungsbewusst, Idealist, schützend, sozial ...
... ausgeglichen, mitfühlend, sympathisch

* Leichtgläubigkeit
7
Die Vielfalt
abenteuerlich, visionär, verständnisvoll, wissbegierig, bewusst ...
... fleißig, ausgeglichen, friedliebend, mental unruhig

* Reichtum + Macht
8
Das Mitgefühl
pragmatisch, gerecht, statusorientiert ...
... suchend, materialistisch, sich ausdehnend, raumfordernd

156

Die optimalen Berufe

9
Jobs, die vor allem möglichst wenig Stress, genügend Freiräume, Harmonie und eine gewisse Unabhängigkeit gewährleisten.

z.B. Schriftsteller, Künstler, Produkttester, Einzelhandel, Autoverkäufer, Lehrer, Professor, Lieferfahrer, Tierarzt, Tiertrainer, Musiklehrer (Neuner lieben Musik sehr!), Elektroverkäufer, Routinetätigkeiten, Meditationslehrer

1
Jobs mit vielen genauen Regeln, Aufstiegsmöglichkeiten, hierarchischen Strukturen, beständigen Arbeitskollegen/Mitarbeitern.

z.B. Büroangestellter, Manager, Buchhalter, Banker, Wirtschaftsprüfer, Makler, Rechtsanwalt, Techniker, Staatsanwalt, Stadtplaner, Computerprogrammierer, Lehrer (obere Jahrgänge)

2
Jobs innerhalb gemeinnütziger Organisationen, oder gemeinsam mit Ehrenamtlichen sind vorteilhaft.

z.B. Lehrer (untere Jahrgänge), Modedesigner, Einzelhandel, Verkäufer, Kellner, Barkeeper, Grafikdesigner, Feuerwehrmann, Köchin, Rettungssanitäter, Gastronom, Hochzeitsplaner, zu Hause bleibender Elternteil, Krankenschwester

3
Jobs, in denen man sich als Bester fühlt, im Rampenlicht steht, sich verbessern kann, mit Aufstiegschancen, Ansehen, hohem Einkommen.

z.B. Schauspieler, Showmaster, Darsteller, Händler, Verkäufer, Politiker, Rechtsanwalt, Lebensberater, Geschäftsmann, leitender Angestellter, Privatier, Zahnarzt, PR-Manager, Redakteur, Pressesprecher, Animateur, Modebranche, Sportler

4
Jobs aller Art, die gewährleisten, dass ein gewisser Selbstausdruck und ein gewisses Maß an Kreativität möglich sind.

z.B. Psychotherapeut, Heilpraktiker, Masseur, Tanzlehrer, Yogalehrer, Künstler, Schriftsteller, Eheberater, Musiker, Lebensberater, Web/-Grafikdesigner, Missionar

5
Jobs im Bereich der Wissenschaft und der Technologie, in denen man unabhängig, tiefgreifend und kopfbetont arbeiten kann.

z.B. Physiker, medizinische Forschung, Chemiker, Lehrer, Spiele- oder Softwareentwickler, Architekt, Professor, Techniker, Arzt, Forscher, Internetentwickler/-designer/-Administrator, Elektroingenieur

6
Jobs allerlei Art, die schwerpunktmäßig mit dem Thema Sicherheit, Problembewusstsein und dem Hinterfragen von Umständen zu tun haben.

z.B. Anwaltsgehilfe, Notar, Grundschullehrer, Erzieher, Sekretär, Banker, Technischer Kundendienst, Statistiker, Versicherungsagent, Polizist, Kontrolleur, Finanzbeamter, Nachtwächter, Finanz- und Kreditberater, Sicherheitsdienst, Bodyguard

7
Jobs, die Abwechslung und Freiheit bieten, die Spaß machen, körperliche Bewegung garantieren und nicht allzu viele Verpflichtungen beinhalten.

z.B. Musiker, Künstler, Kleinladenbesitzer, Tänzer, DJ, Fotograf, Profispieler, Tierarzt, Nachtclubbesitzer, Kreuzfahrt-Animateur, Restaurantkritiker, Pilot, Flugbegleiter, Kapitän, Reisebegleiter, Comedian, Postbote, Gärtner, Reiseschriftsteller, Koch, Bäcker

8
Jobs, die Autonomie und Erfolg gewährleisten, Durchsetzungskraft erfordern, in denen man eigenständig Entscheidungen treffen kann.

z.B. Präsident, Chef, Boss, Vorstandsmitglied (CEO), Politiker, Finanzberater, Geschäftsführer, Fleischermeister, Kriegsberichterstatter, Boxer, Türsteher, Restaurantbesitzer, Sozialarbeiter in sozialen Brennpunkten, Verkaufsleiter, Karriereberater

157

Zuordnungen der Strategiebeschreibungen von Walt Disney (= Typ 9) zu den Enneagramm-Mustern (+ Stressrichtungen*)

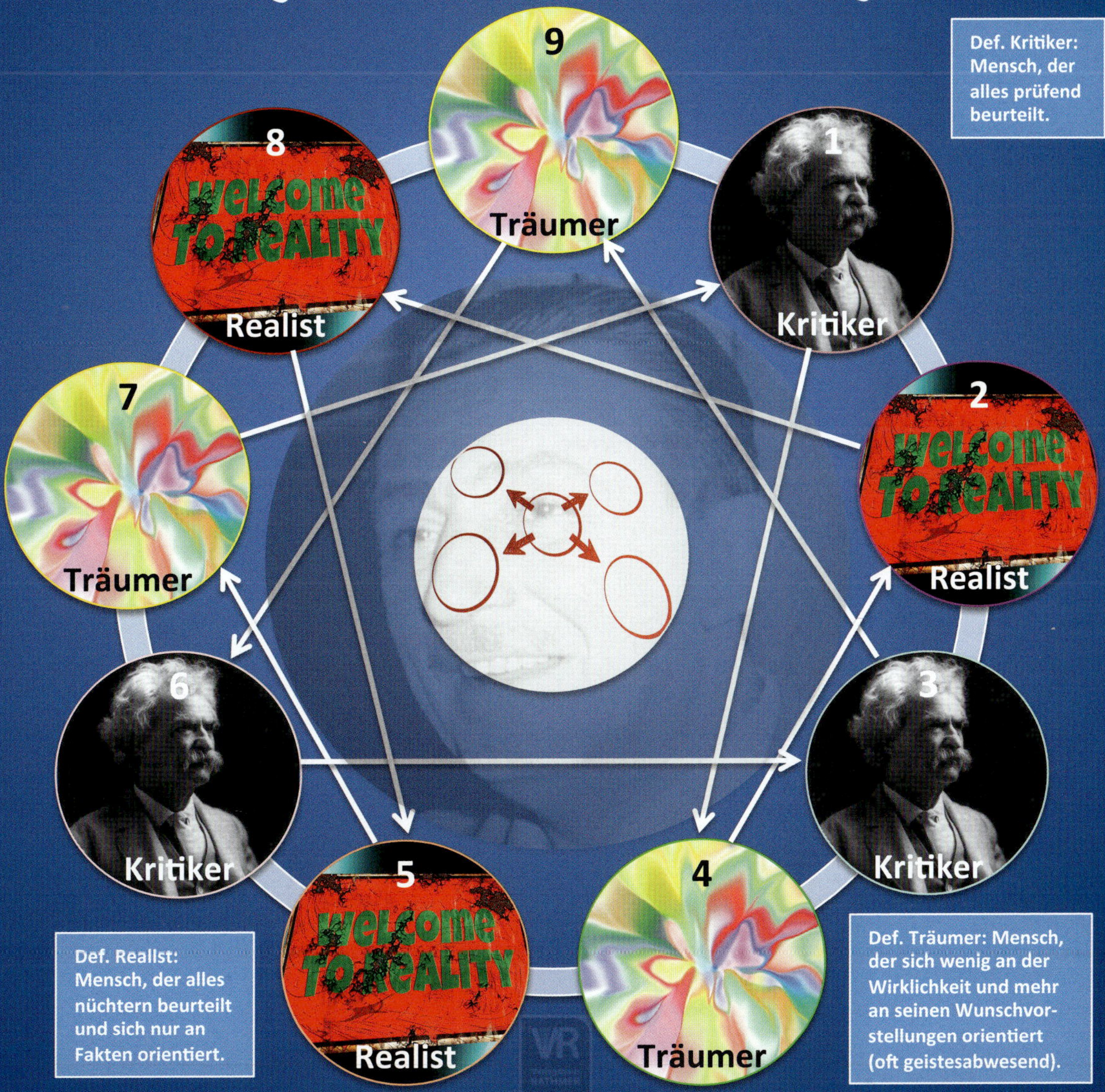

Def. Kritiker: Mensch, der alles prüfend beurteilt.

Def. Reallst: Mensch, der alles nüchtern beurteilt und sich nur an Fakten orientiert.

Def. Träumer: Mensch, der sich wenig an der Wirklichkeit und mehr an seinen Wunschvorstellungen orientiert (oft geistesabwesend).

* Stressrichtung bedeutet Devolution = negative Entwicklung in Richtung des sog. Stresspunktes (siehe auch Übersichten 75 und 171).

Länderzuordnungen*

* Den einzelnen Enneagramm-Punkten werden bestimmte Länder zugeordnet. In allen Ländern sind potenziell alle Enneagrammtypen vertreten, allerdings gibt es in einigen Nationen dieser Erde bestimmte Grundstimmungen, die einer entsprechenden Enneagramm-Fixierung zugeordnet werden können.

Die Zuordnung der 9 Planeten (bzw. Trabanten) des Sonnensystems

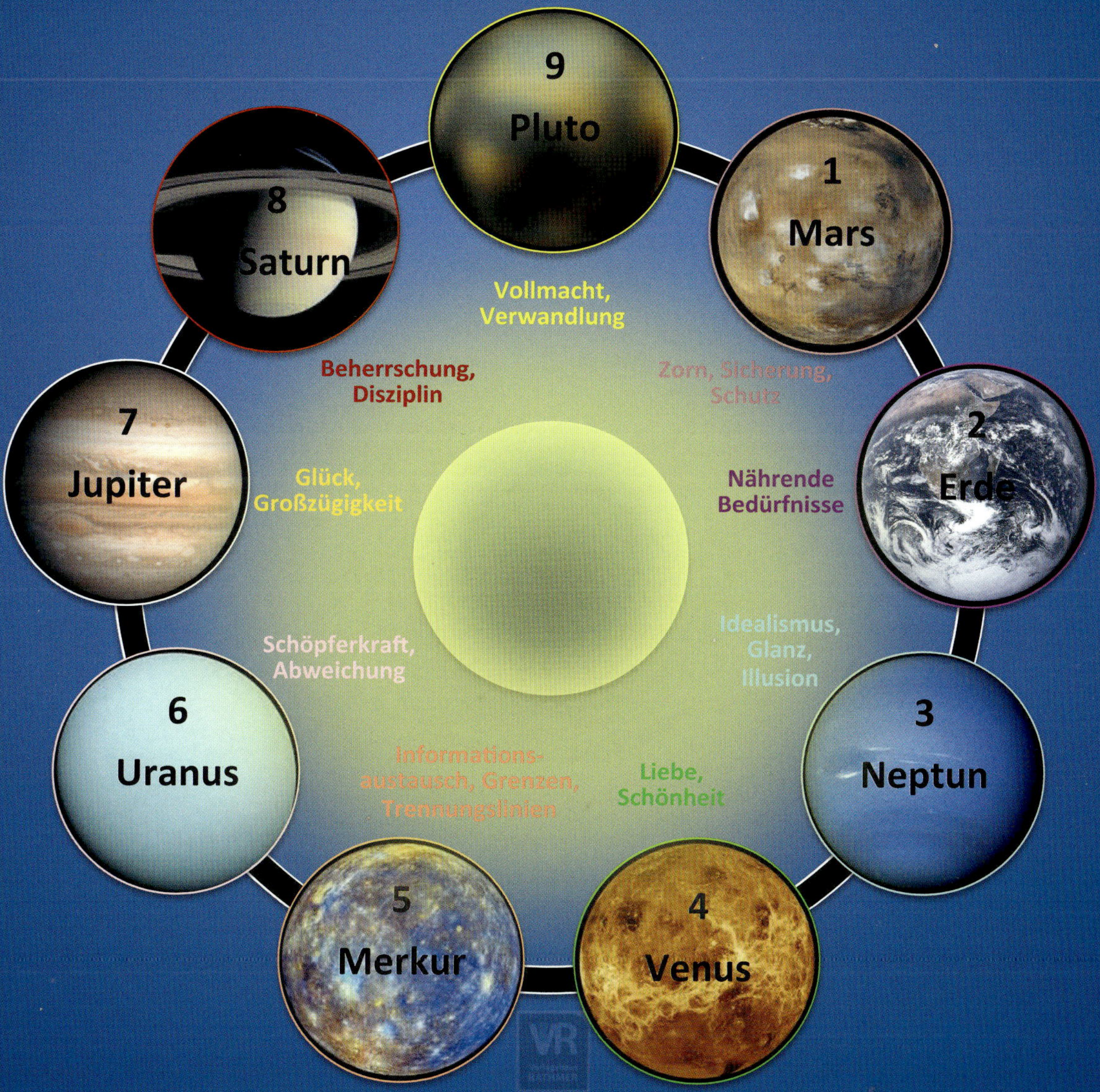

Die 9 Neun-Jahres-Zyklen* des menschlichen Lebens

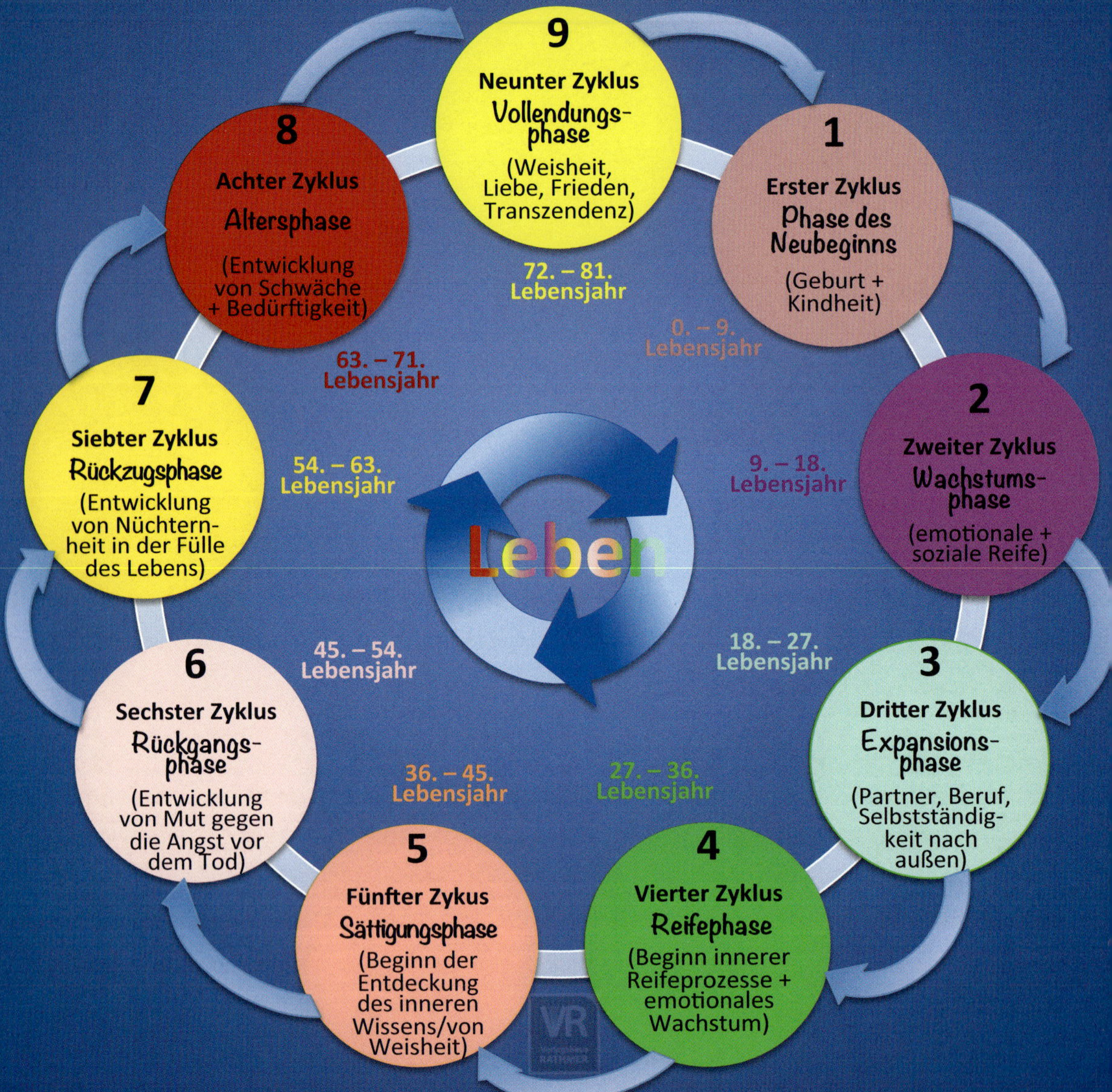

* Ein Zyklus ist ein Lebensabschnitt mit einem Anfangs- und einem Endpunkt. Ein menschliches Leben lässt sich in 9 Zyklen à 9 Jahre einteilen, in denen das Leben jeweils die unterschiedlichsten Herausforderungen an den Menschen stellt und bestimmte Entwicklungsphasen bereithält.

Raum für Notizen

5. Kapitel

Gestik, Mimik, Körper & Krankheit
(161 – 172)

Gestik & Mimik*

9
Wenige Gesten, bewegungsarme Haltung

* Ausdruckslose, selbstvergessende Mimik

1
Pädagogischer Zeigefinger (= erhobener Zeigefinger), hochmütig („von oben herab“)

* Stirnrunzeln mit Zornesfalte (vertikale Falte zwischen den Augen)

2
Verbindende Gesten (nimmt häufig unbewusst mit den Händen Kontakt zum Gegenüber auf)

* Mütterlich-besorgte Mimik

3
Schnelle, zackige, fahrige Gesten

* Kühl-unnahbare Mimik (Model-Gesicht), „Strahleaugen“

4
Extravagante Gesten, elegante Handbewegungen, ausladende Handgesten

* Gefühlsintensive Mimik, „tiefer“ Blick

5
Häufig starke Kopfbewegungen (z.B. zustimmendes Nicken), ansonsten gestenarm

* Intellektuelle Mimik mit Denkerfalten (horizontal verlaufende Falten auf der Stirn)

6
Zurückhaltend, vorsichtig, abwartend, erstarrte Körperhaltung

* ängstlich, unsicher, zweifelnd, skeptisch, kp: hervorstechende Augen

7
Langsame, bedächtige Gesten, flüchtige Bewegungen der Arme

* Offen + optimistisch, freundlich-lustig, milde

8
Faustbildung, körperlich präsente und energetisch überschießende Gestik

* Kontrollierend-machtvoll, stark

Die primäre Blickqualität*

* Wird auch primärer Blick genannt und ist die Beschreibung der spezifischen Blickenergie, die der jeweilige Enneatyp primär und auch überwiegend dominant zeigt in gewöhnlichen Alltagssituationen ohne viel Stress. Er entspricht in der Regel dem ersten Eindruck den man hat, wenn man ihm (unvermittelt) in die Augen schaut.

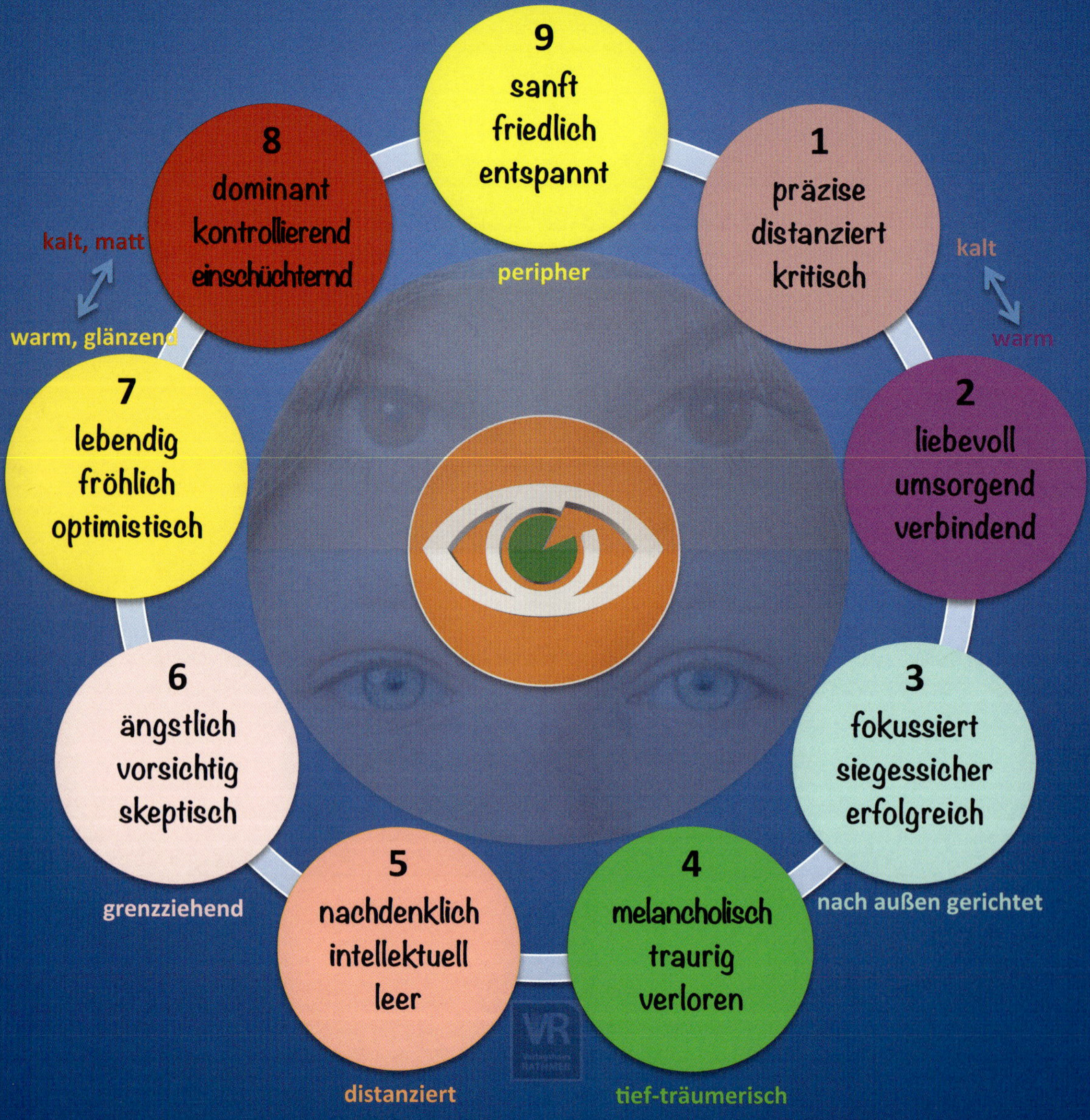

163

Weitere typische Blickqualitäten

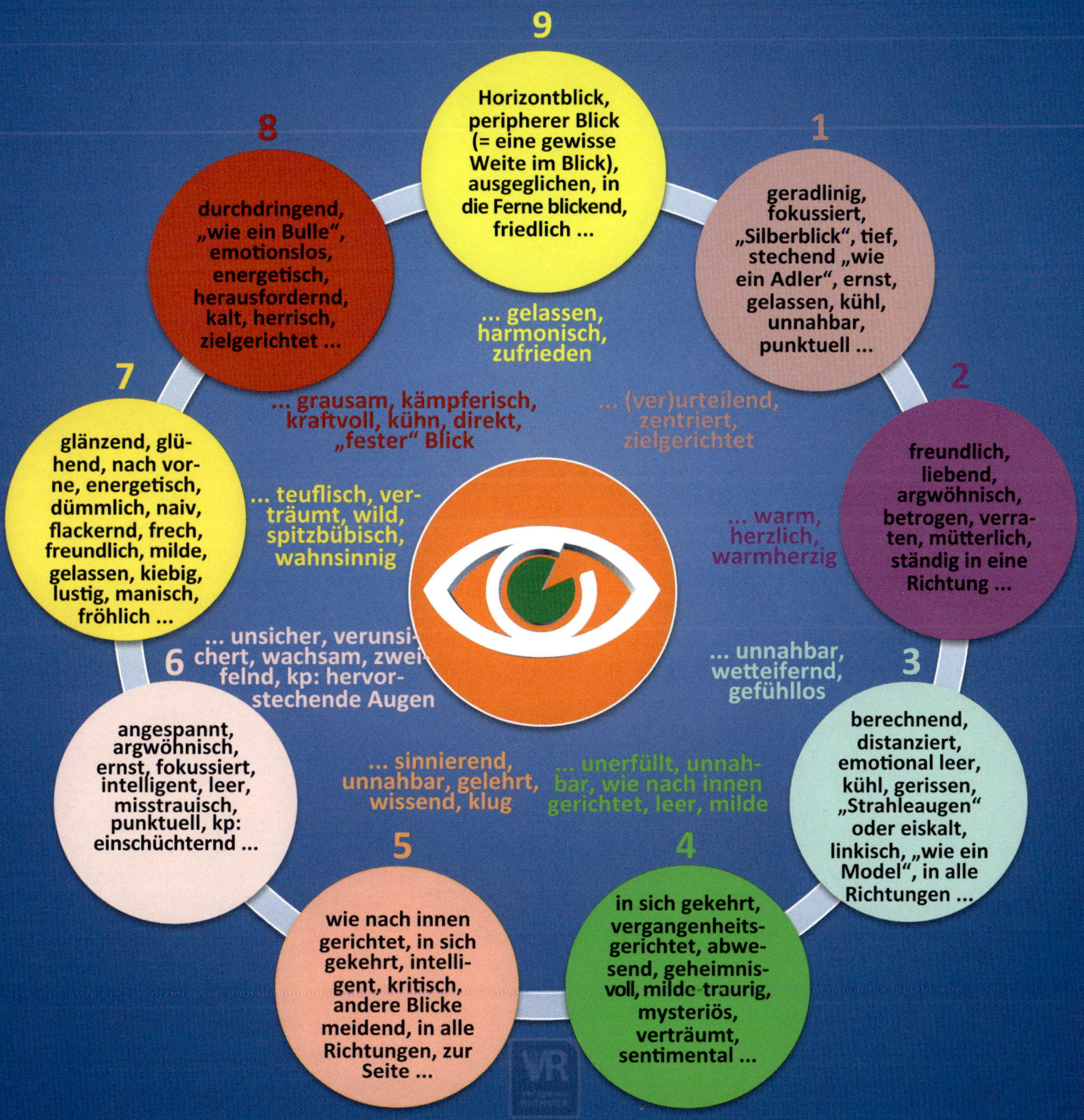

Die primäre Blickqualität* anhand eines Foto-Beispieles (berühmte Frauen)

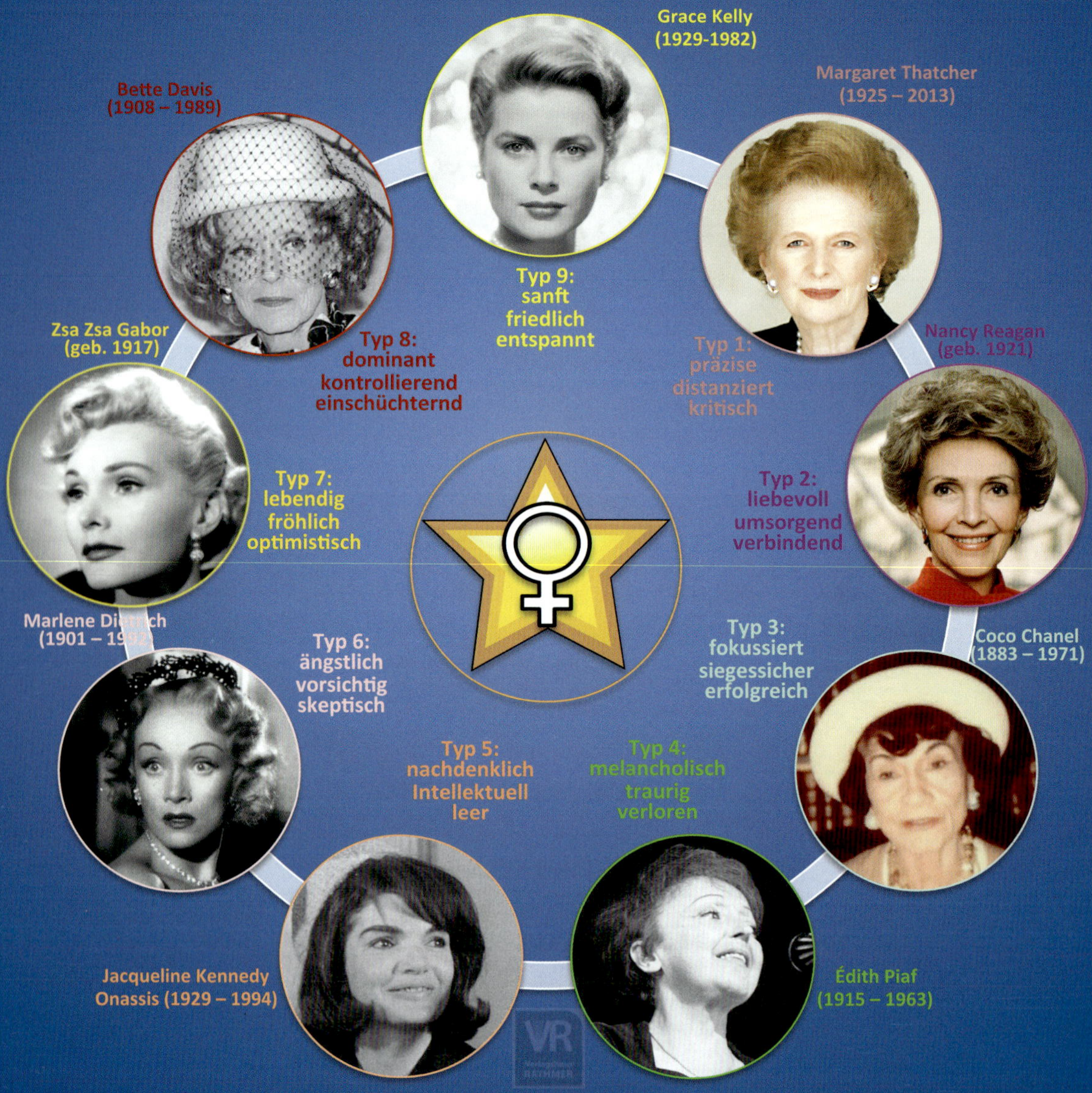

* Definition siehe Übersicht 162.

Zahlreiche weitere Beispiele zur Blickqualität siehe auch Übersichten 229 – 232 und 234 – 242.

165

Die primäre Blickqualität* anhand eines Foto-Beispieles (berühmte Männer)

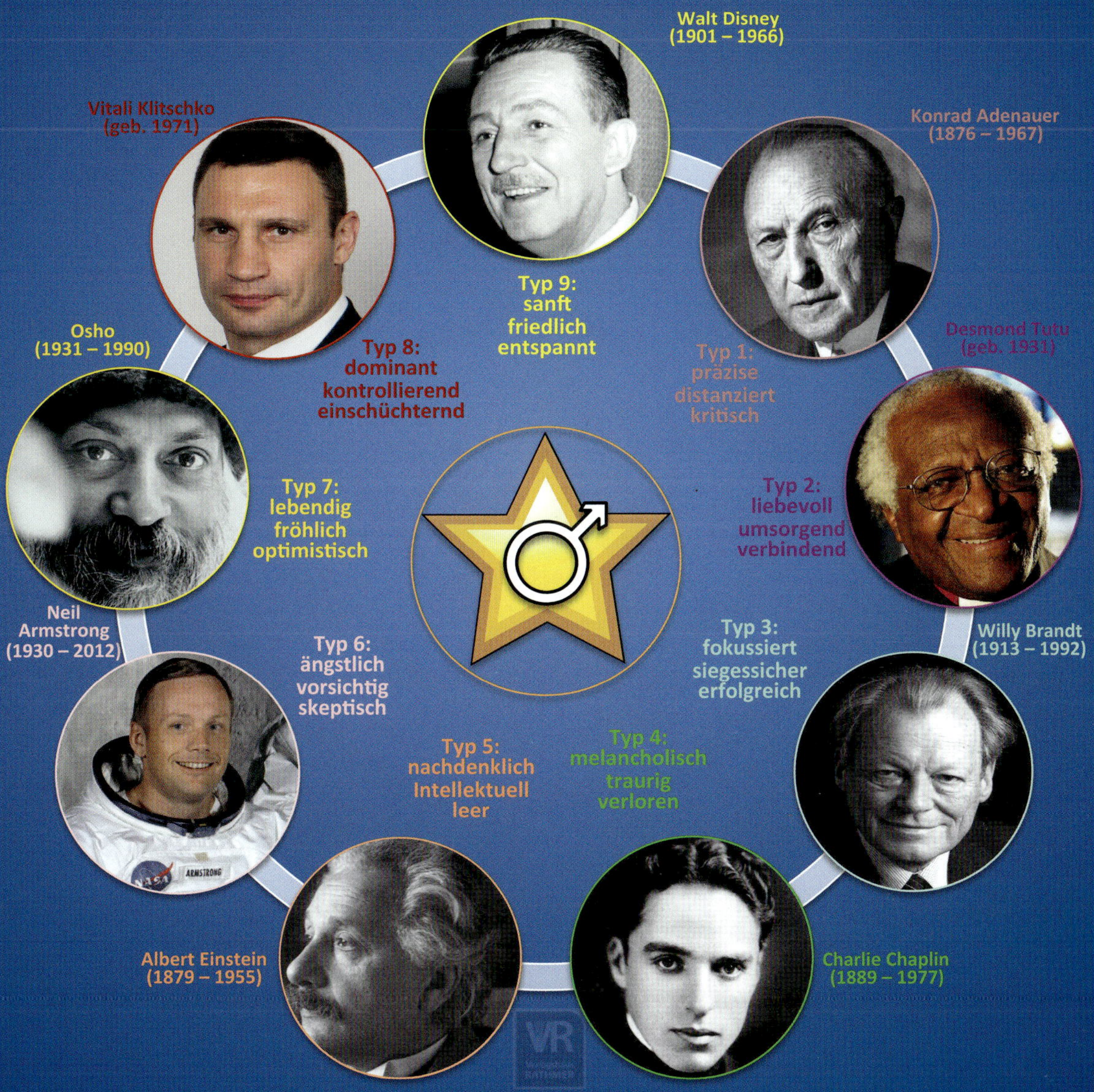

* Definition siehe Übersicht 162.

Zahlreiche weitere Beispiele zur Blickqualität siehe auch Übersichten 229 – 232 und 234 – 242.

Die sekundäre Blickqualität* mit ausgeprägtem linken Flügel

* Mit **sekundärer Blickqualität** ist gemeint, dass der jeweilige Enneatyp in gewissen angespannten oder leichten Stress-Situationen energetisch die Energie seines bevorzugten Flügels einnimmt bzw. aufsetzt, was man dann (mit geübtem Auge) an seiner Blickenergie erkennen kann.

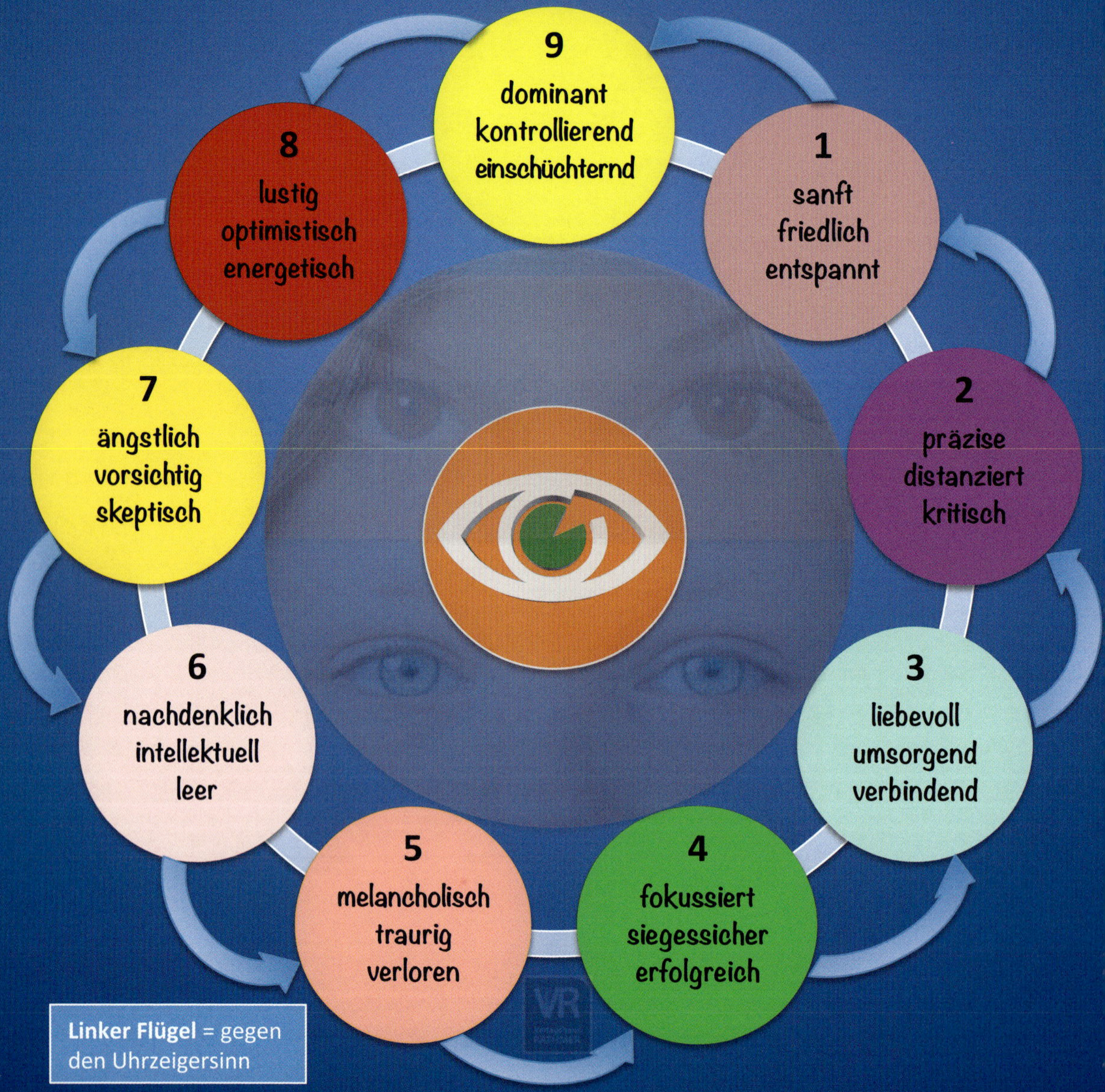

Die sekundäre Blickqualität* mit ausgeprägtem rechten Flügel

* Mit **sekundärer Blickqualität** ist gemeint, dass der jeweilige Enneatyp in gewissen angespannten oder leichten Stress-Situationen energetisch die Energie seines bevorzugten Flügels einnimmt bzw. aufsetzt, was man dann (mit geübtem Auge) an seiner Blickenergie erkennen kann.

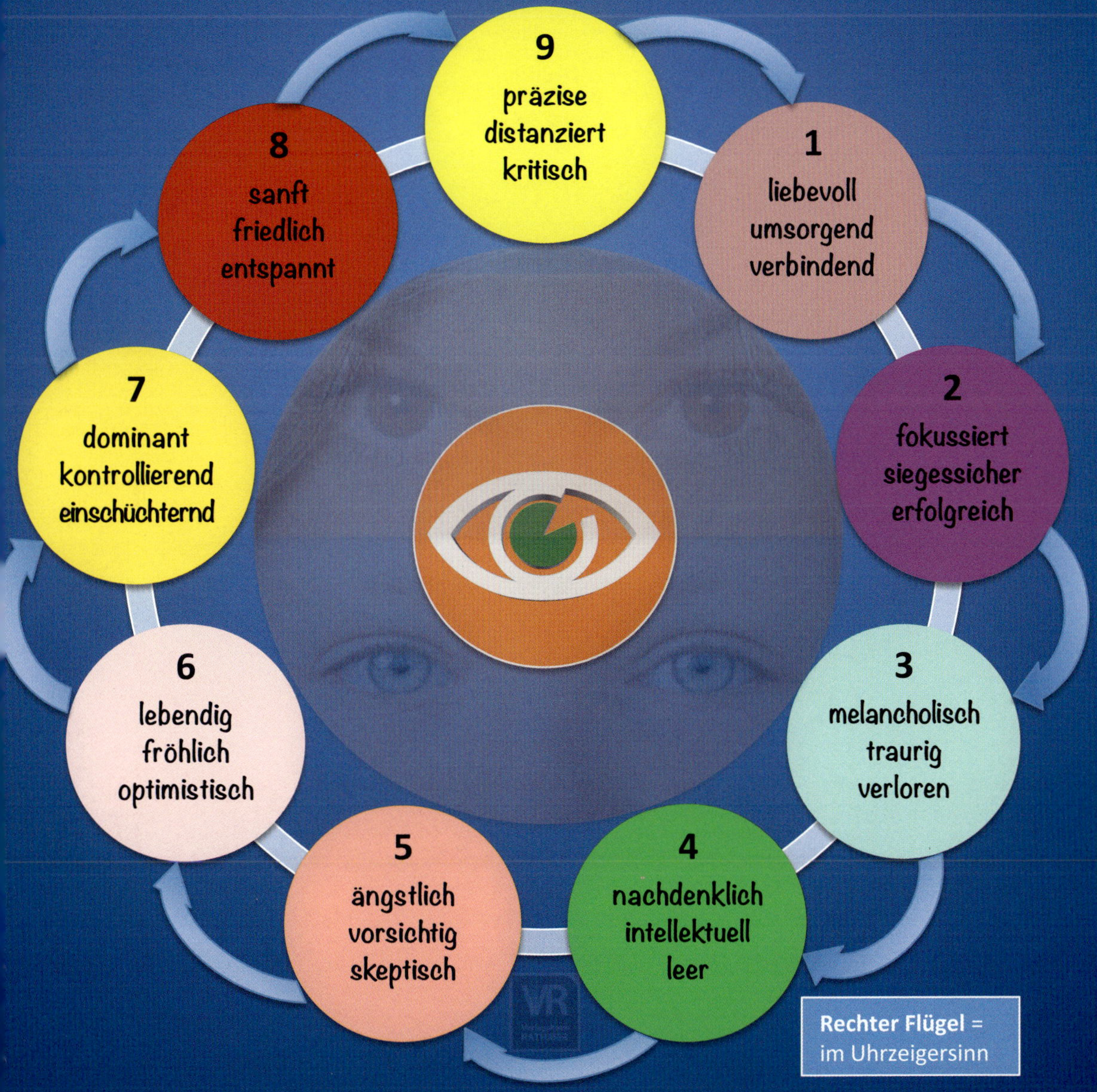

Der mögliche Gesichtsausdruck

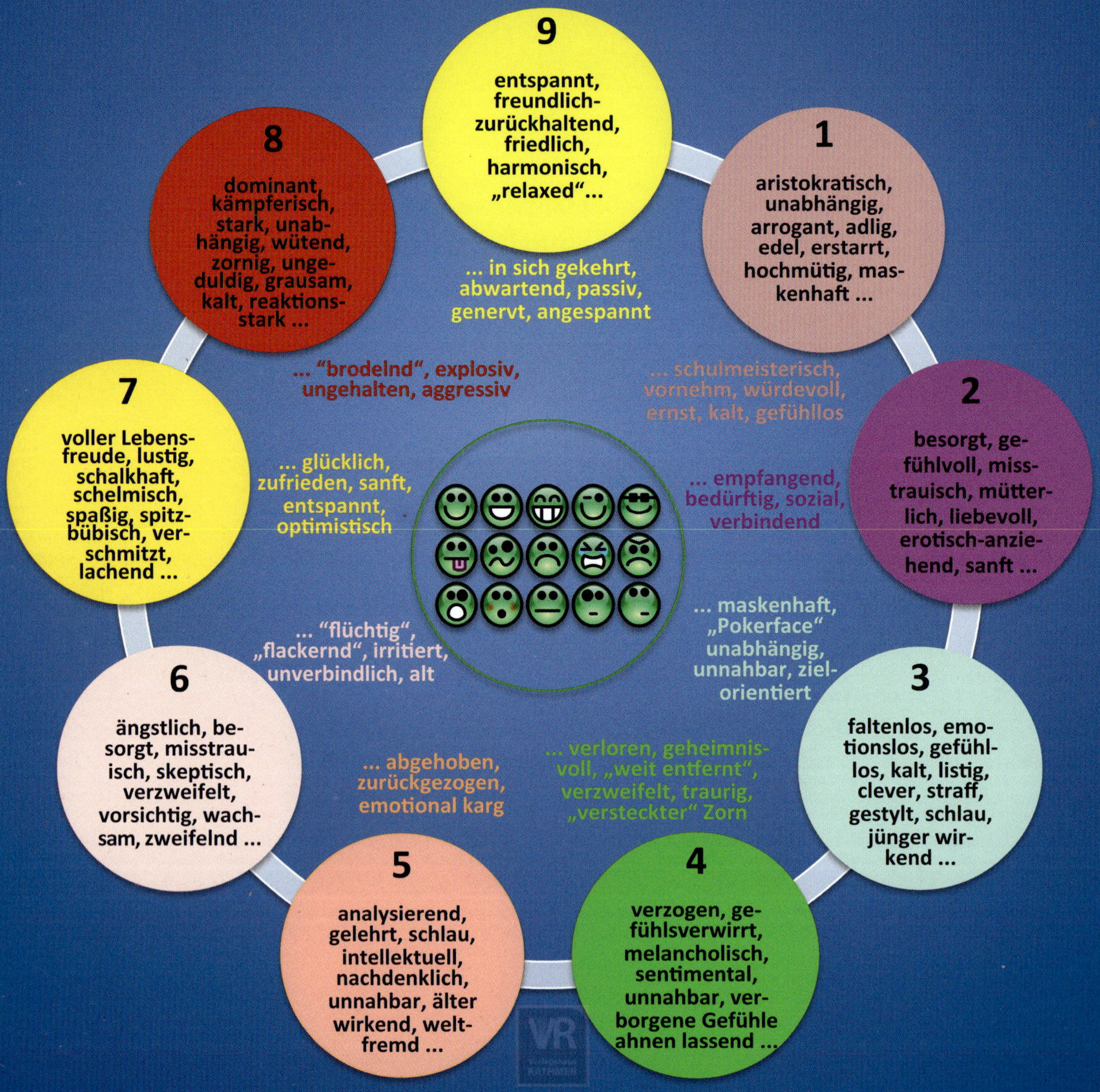

Körperlich auffällige und sonstige Merkmale*

9 phlegmatisch, Bauchansatz, untrainiert, u.U. schwach ausgebildete vertikale Stirnfalte, entspannt-passive Augen

1 leptosom, schmale Lippen, lang, hager, körperlich unter Spannung, ernst-kritische Augen, parallel-vertikale „Zornfalten“ zwischen den Augen

2 vollbusig, „Sanduhrtyp“ oder „Birnentyp“ weibliche Formen, „mandelförmige“, mütterlich-warme Augen

3 athletisch, Haare streng nach hinten gekämmt, knochig-muskulär, faltenloses Gesicht, gefühllos-wirkende Augen oder auch „Strahleaugen“

4 melancholisch, dünner Hals, angespannte Gesichtsmuskulatur, trägt oft Schal, tiefgründiger Blick, traurige Augen

5 Glatzenbildung, klein, Bartträger, häufig Brille, breiter (breit wirkender) Kopf, horizontale Stirnfalten, kluge wissende Augen

6 asthenisch, kein Bauch, eher schmal, schwächlich, frühes Ergrauen; kleine Pupillen, ängstlich-zweifelnde Augen; kp: hervorstechende Augen

7 pyknisch, plethorisch (= voll- und warmblütig), „ovaler Typ“, Männer mit Zopf, große runde Pupillen, glänzende Augen

8 cholerisch, dicker Bauch („Apfeltyp“), Frauen burschikos + Kurzhaarfrisur, viel Energie, kalt-dominante, matte Augen

* Diese Merkmale, insbesondere die allgemeinen Augenmerkmale, können im Einzelfall lediglich Indizien darstellen und treten bei den entsprechenden Enneatypen gehäuft auf.

Der Umgang mit Krankheit

9
Gibt gern die Verantwortung in die Hände anderer, passiv-diffuse träge Haltung gegenüber den Symptomen, betont Nebensächlichkeiten der Erkrankung.

1
Sucht erst Hilfe auf, wenn er selbst nicht mehr weiter weiß. Kritisch-distanziert in Bezug auf die Therapie.

2
Sucht das persönliche Gespräch und Trost und Zuspruch, misstrauisch bezüglich Folgen der Therapie, offenherzige Darstellung der Symptome.

3
Möchte sobald wie möglich wieder einsatzfähig sein, um seine Arbeit wieder aufnehmen zu können.

4
Steigert sich leicht hysterisch in seine Symptomatik hinein, fragt sich „warum gerade ich?" Betont sein Leid und seinen Schmerz.

5
Möchte den Grund und die Hintergründe der Erkrankung wissen, um sich diese erklären zu können.

6
Hat Angst, dass die Symptome sich verschlimmern können, sucht verzweifelt nach Lösungen, vorsichtig und ängstlich in Bezug auf eine Behandlung.

7
Häufig heftige Symptome, greift schnell zu Schmerzmitteln, Aspirin etc., damit er wieder feiern kann.

8
Lässt sich von der Krankheit nicht unterkriegen, macht alles, um schnell wieder stark und gesund zu werden.

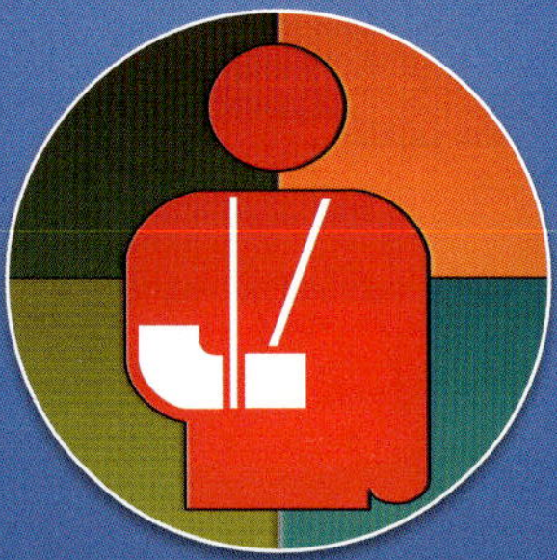

Krankheitsverhalten

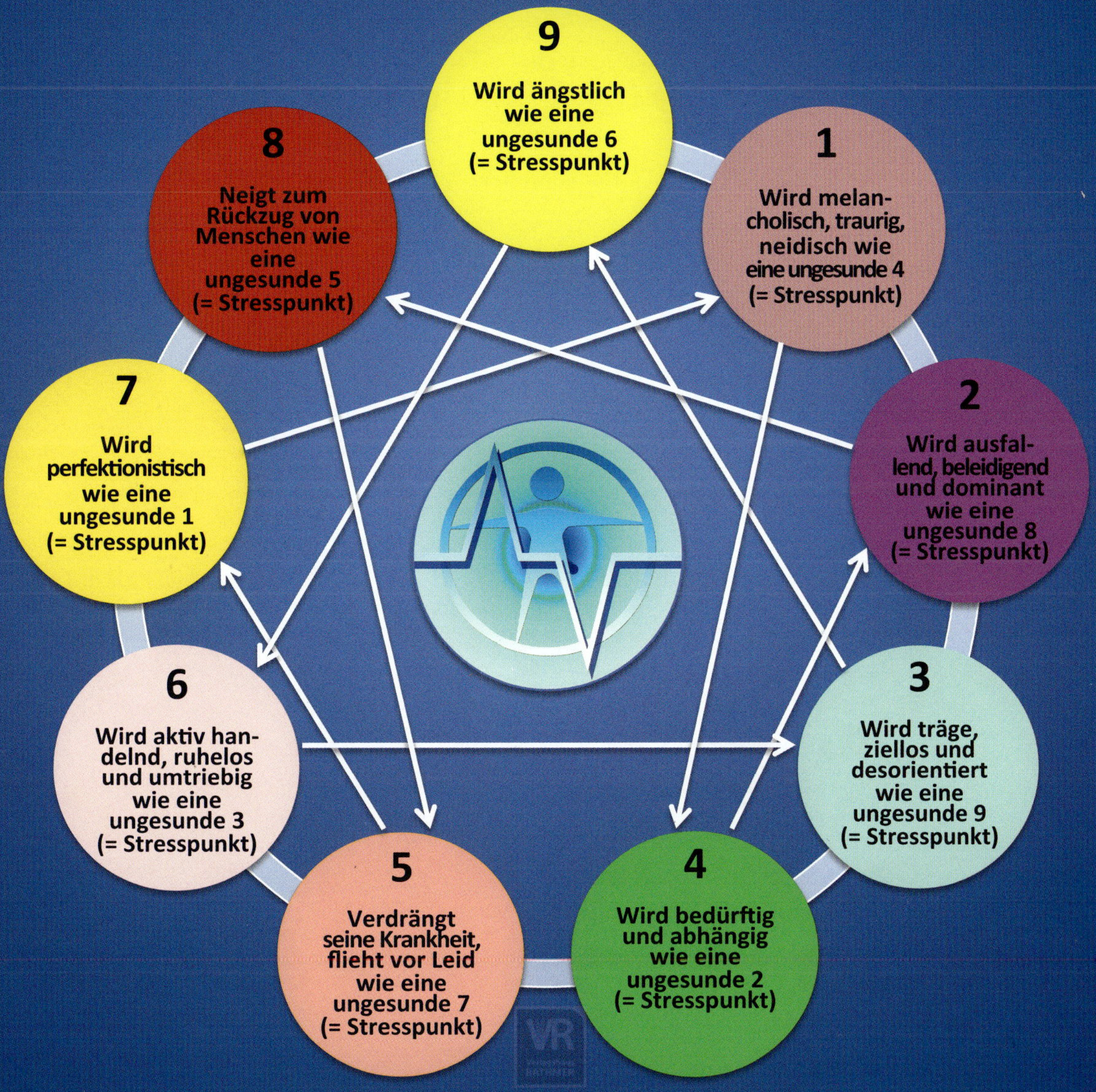

Die dominierenden Körperregionen/-funktionen, häufig betroffene Organsysteme im Krankheitsfall und die 9 Elemente des Körpers*

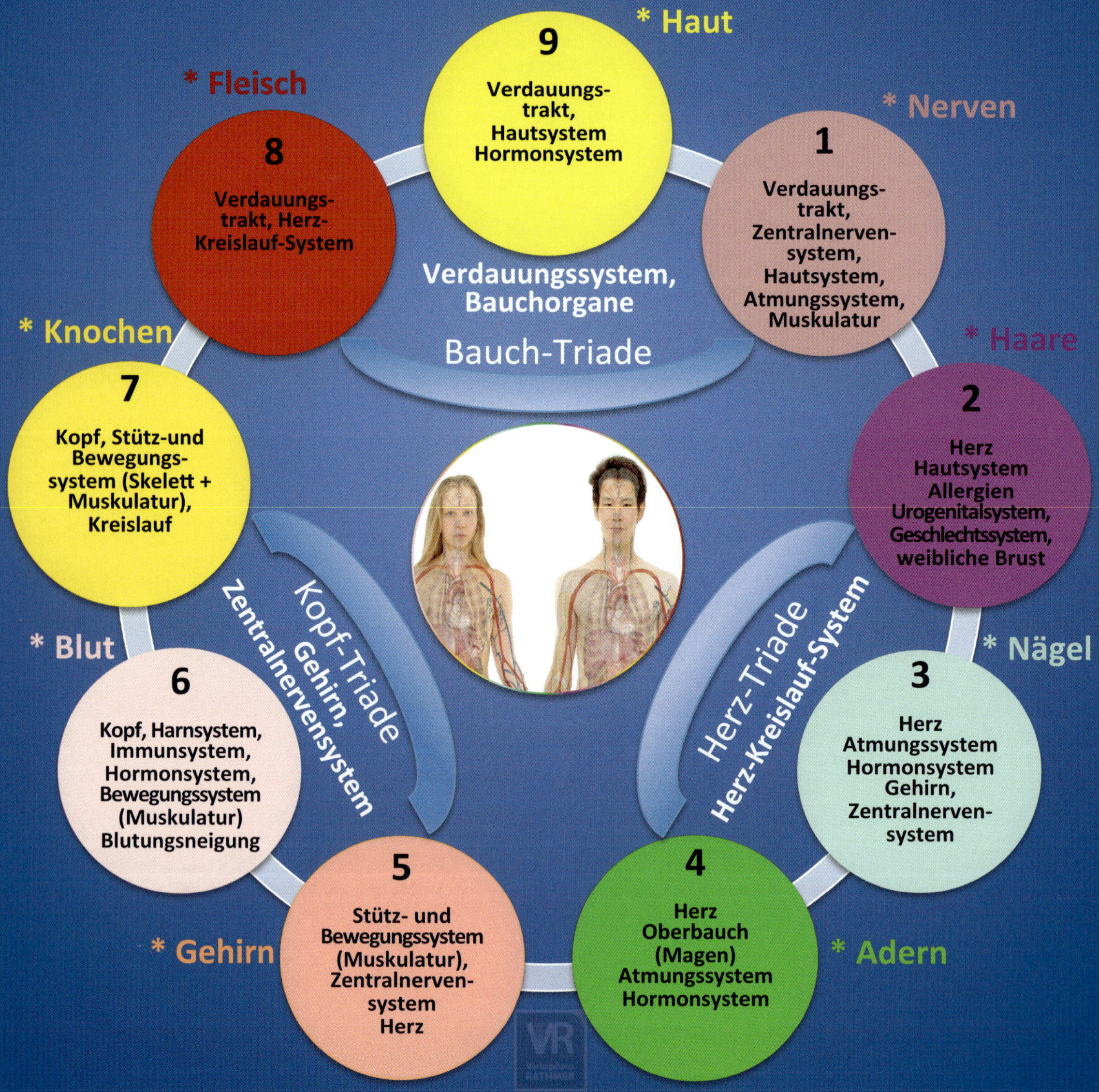

* Nach alter medizinischer Tradition besteht der Körper aus 9 Elementen.

Raum für Notizen

6. Kapitel

Psychologie
(173 – 206)

173

Selbstbild

Ich ...

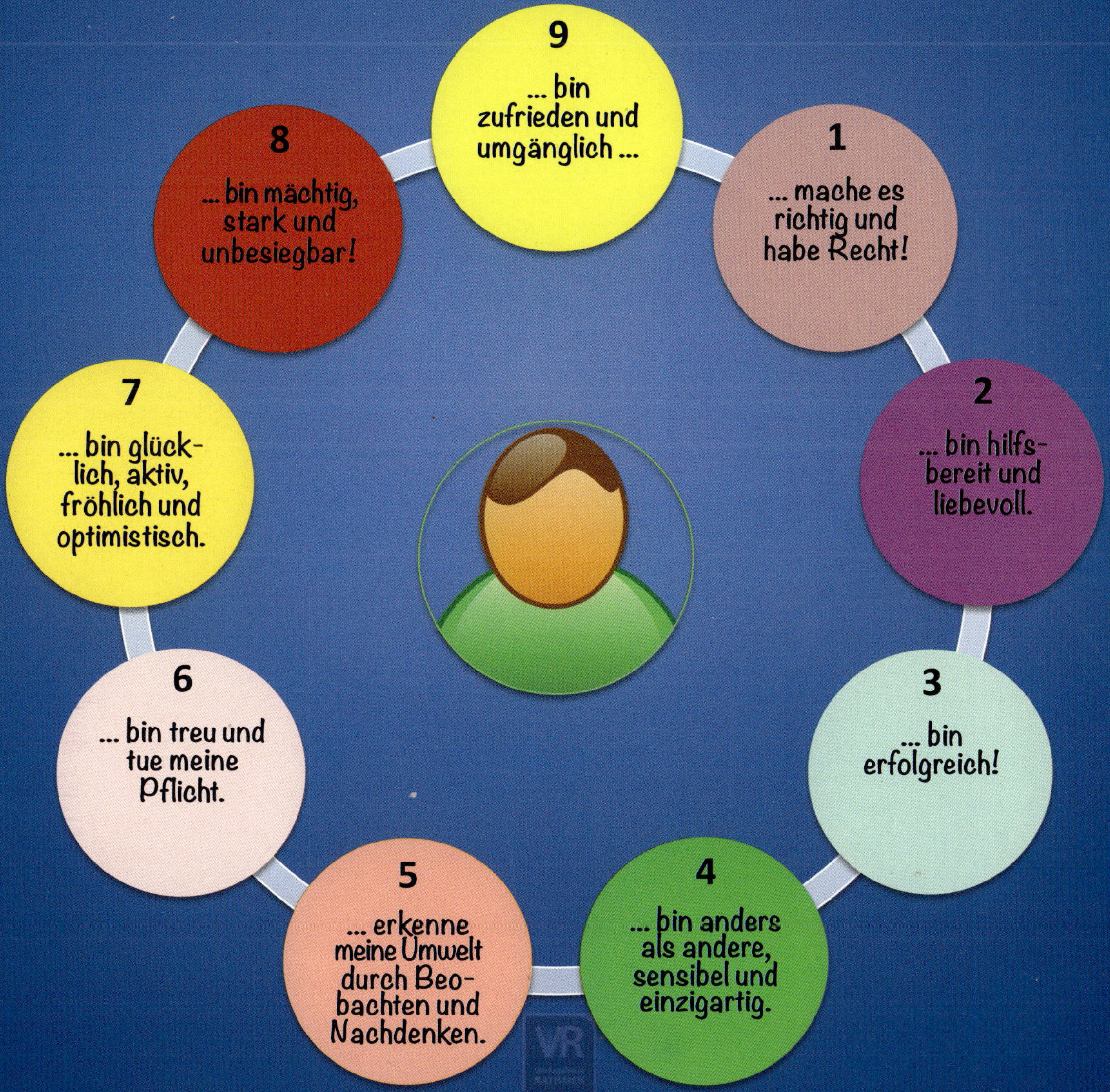

174

Das idealisierte Selbstbild in Konfliktsituationen

Ich habe keine Schuld am Konflikt (Streit), weil ...

9 ... ich ein friedliebender Mensch bin.

1 ... ich ein guter Mensch bin.

2 ... ich ein hilfsbereiter, netter Mensch bin.

3 ... ich ein konstruktiver und aufbauender Mensch bin.

4 ... ich ein sensibler Gefühlsmensch bin.

5 ... ich ein ruhiger Mensch bin, der sich nicht einmischt.

6 ... ich ein zuverlässiger Mensch bin.

7 ... ich ein positiver Mensch bin.

8 ... ich ein gerechter Mensch bin.

Ich-Wahrnehmung in Bezug auf die Welt

Intuitiver Stil

177

Seelischer Schattenanteil

Die Entsprechungen nach der Typeneinteilung von C.G. Jung*

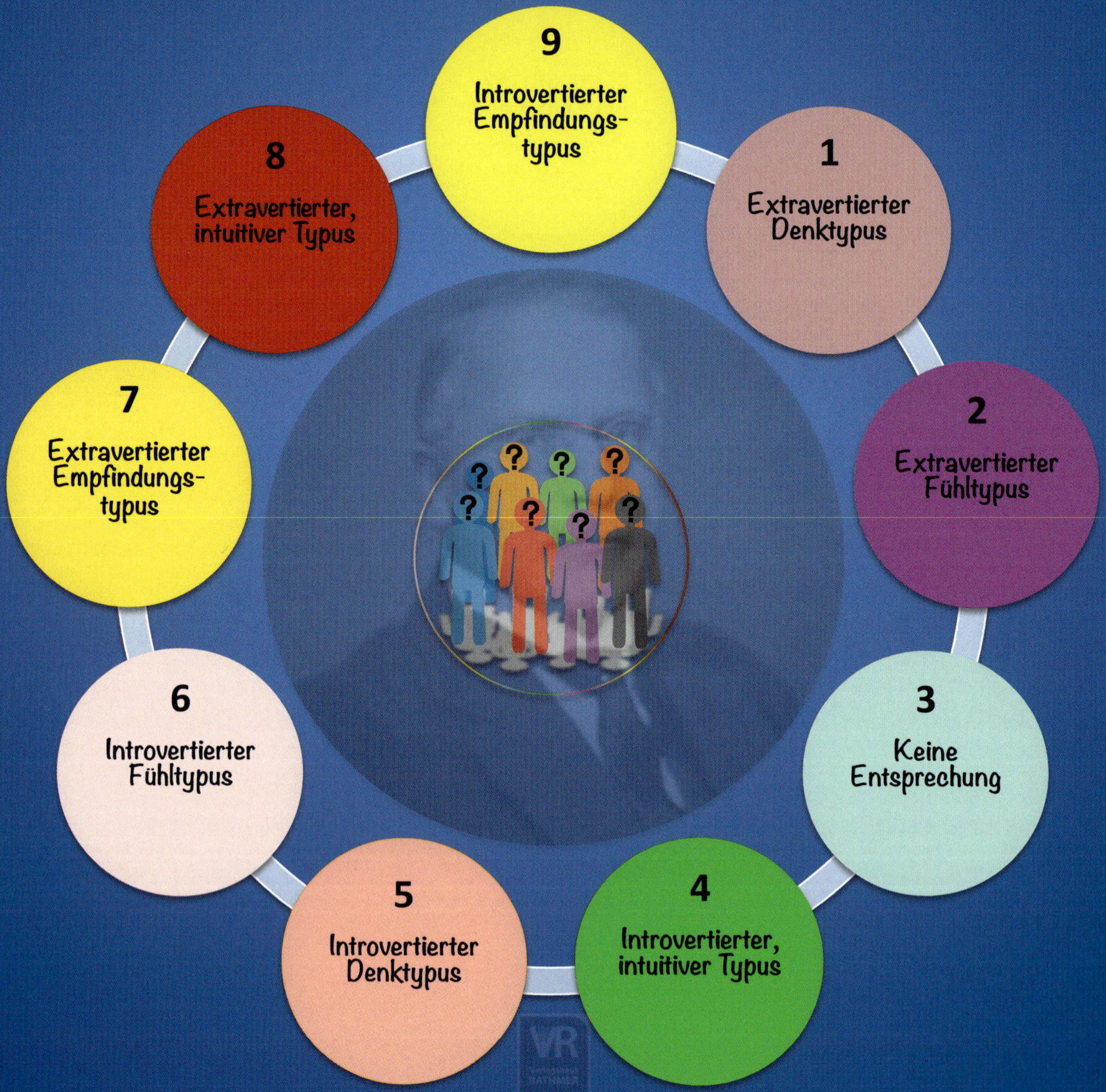

* **Carl Gustav Jung** (1875-1961) war Psychiater und gilt als **Begründer der analytischen Psychologie**, wonach das Unbewusste einen wesentlich größeren Anteil hat als die bewusste Wahrnehmung. Er hob besonders die symbolischen Ausdrucksmöglichkeiten des Unbewussten hervor und versuchte sie psychotherapeutisch zu nutzen.

Die Entsprechungen nach der Myers-Briggs-Skala*

* Diese Skala ist ein psychometrischer Fragebogen zur Messung psychologischer Vorlieben, wie Menschen die Welt wahrnehmen und Entscheidungen treffen (= Weiterentwicklung der psychologischen Typen nach C.G. Jung in insgesamt 16 verschiedene Typen)

9
I-E-F-W
I-In-F-W
I-E-F-U
A-E-D-W

1
I-E-D-U
A-In-F-U
A-In-D-U
I-E-F-U

2
A-E-F-U
A-In-F-U
A-E-F-W
A-In-F-W

3
A-E-D-W
A-In-D-W
A-In-D-U
A-E-D-U

4
I-In-F-U
I-In-F-W
A-In-F-U
I-E-F-W

5
I-In-D-W
I-E-D-W
I-In-D-W
I-E-D-U

6
I-E-F-U
A-E-F-U
I-In-F-W
A-In-F-W

7
A-E-D-W
A-E-F-W
A-In-D-W
A-In-F-W

8
A-In-D-U
A-E-D-U
A-In-D-W
A-E-D-W

I = innengerichtet, nach
A = außengerichtet, nach
In = intuitiv
E = empfindend

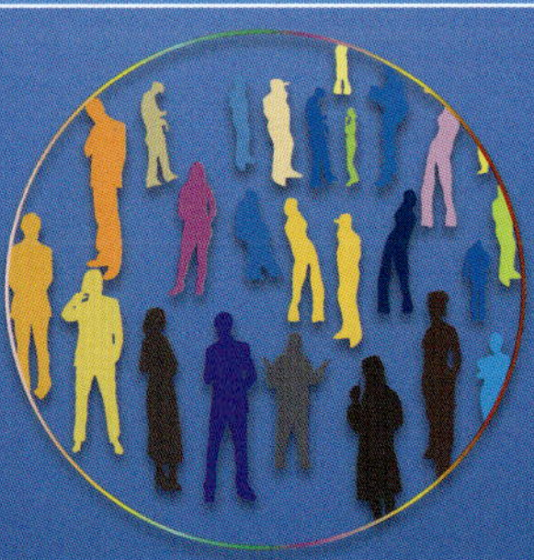

F = fühlend
D = denkend
U = urteilend
W = wahrnehmend

Die Entsprechungen nach der Millon-Skala*

* Eine psychologische Beschreibung der narzisstischen Persönlichkeit

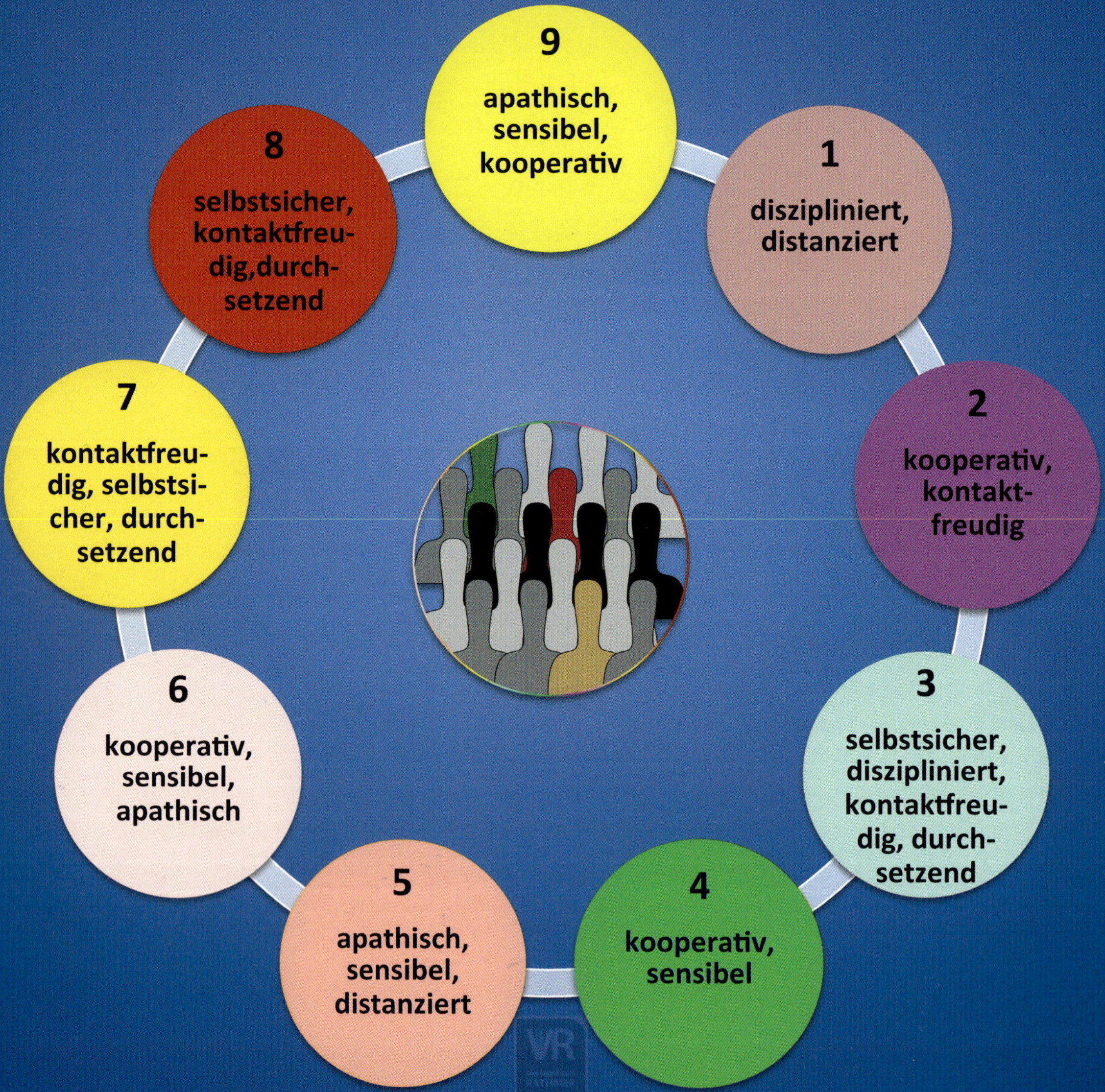

Die Entsprechungen nach dem DSM*

* Diagnostic and statistical Manual of Mental Disorders – Diagnostisches und Statistisches Handbuch Psychischer Störungen (ein US-amerikanisches Klassifikationssystem der Psychiatrie, erscheint seit 1996 auch in deutscher Sprache; es wird von Experten erarbeitet, um psychiatrische Diagnosen reproduzierbar und statistisch verwertbar zu gestalten und ist heute in vielen Kliniken und Instituten gebräuchlicher Standard):

Die zu bearbeitenden psychologischen Themen

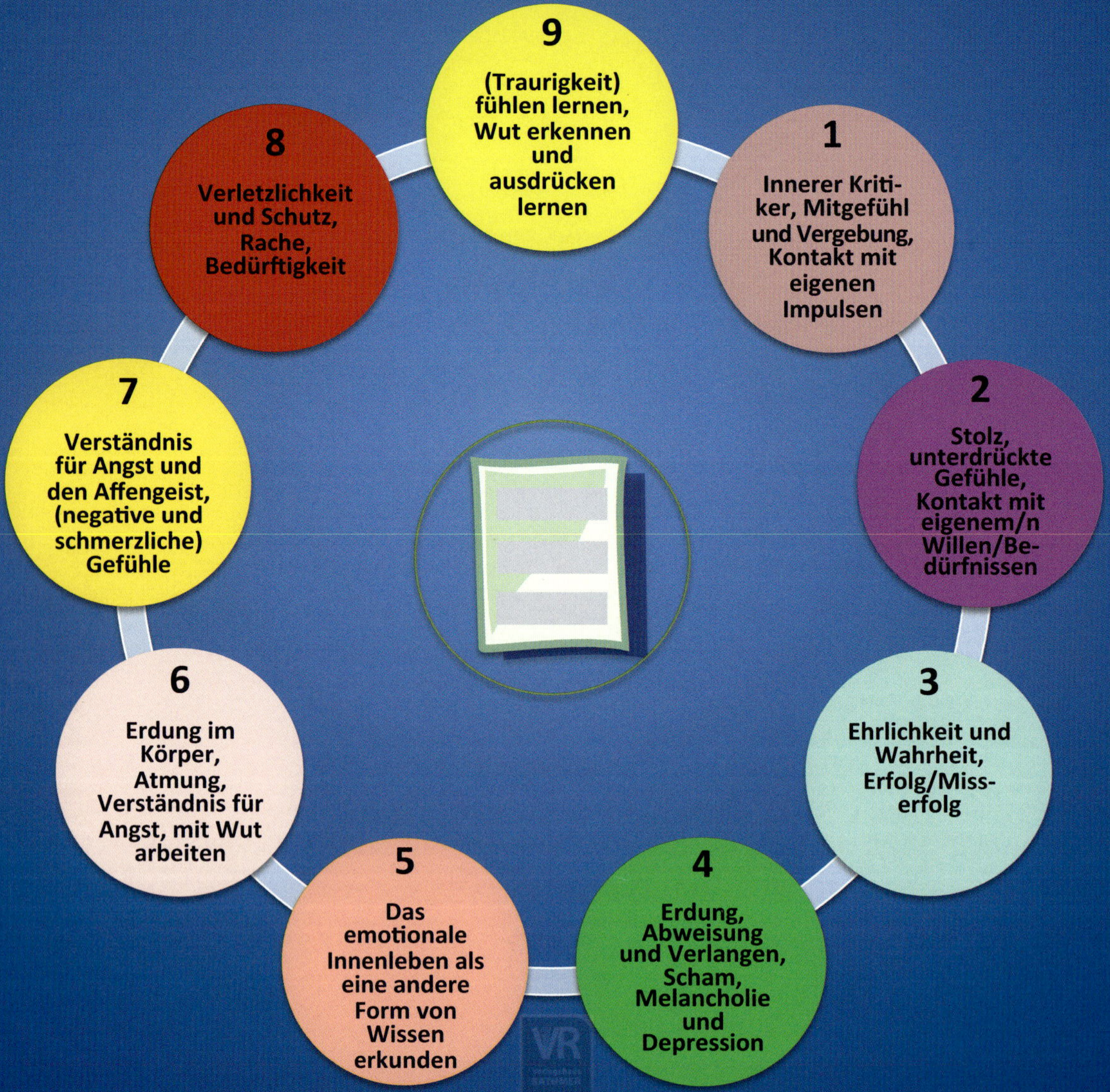

183

Die psychologischen Abwehrmechanismen mit Kurzdefinitionen*

Psychologische Abwehrmechanismen im Detail

Typ 1: Reaktionsbildung als Abwehrmechanismus
Tritt auf, wenn ein Impuls oder Bedürfnis entsteht, aber nicht ausgelebt, sondern sofort unterdrückt wird. Stattdessen wird etwas anderes getan. Das Unterdrücken von Impulsen trägt dazu bei, unkontrolliertes Verhalten und damit Fehler zu vermeiden. Das ist nützlich, um immer und überall akzeptabel und beherrscht zu reagieren. Dank dieser Reaktionsbildung kann das ideale Selbstbild aufrechterhalten werden: „Ich bin ein guter, korrekter Mensch!"

Typ 2: Unterdrückung als Abwehrmechanismus
Der eigene Wille, die eigenen Wünsche und Bedürfnisse werden unbewusst unterdrückt, was man auch Verdrängung nennt, denn sie werden ins Unterbewusste verdrängt. Dadurch ist es leicht möglich, die Bedürfnisse anderer in den Vordergrund zu stellen, sie zu erfüllen und dadurch mit anderen in Beziehung zu sein. Dank der Unterdrückung der eigenen Bedürfnisse kann das ideale Selbstbild aufrechterhalten werden: „Ich bin ein gebender, netter Mensch!"

Typ 3: Identifikation als Abwehrmechanismus
Die eigene Identität wird unterdrückt bzw. es besteht kein Kontakt mit ihr. Stattdessen entsteht eine neue Identifikation in eine neue erfolgreiche Rolle. Das hilft beim Übernehmen der Eigenschaften des jeweils gewünschten, erfolgreichen Images, es fühlt sich energetisch wie die eigene Identität an. Es neutralisiert das Gefühl, nicht erfolgreich zu sein und nicht geschätzt zu werden. Dadurch kann das ideale Selbstbild weitergelebt werden: „Ich bin ein erfolgreicher Mensch!"

Typ 4: Introjektion als Abwehrmechanismus
Introjektion besteht darin, idealisierte Bilder aus der Außenwelt in das eigene Gedanken- und Gefühlssystem aufzunehmen, sie als etwas Eigenes zu erleben und anzustreben. Dabei wird z.B. eine besondere, andere Person idealisiert oder aber ein Objekt, „ausgesprochene" oder vermutete Meinungen oder Urteile von (wertvollen) anderen Menschen. Dadurch kann das ideale Selbstbild aufrechterhalten werden: „Ich bin ein besonderer, einzigartiger Mensch!"

Psychologische Abwehrmechanismen im Detail

Typ 5: Isolation als Abwehrmechanismus
Isolation von Affekten oder Gefühlen ist eine Art der Abspaltung. Sie trägt dazu bei, die eigenen Gefühle und Bedürfnisse vom Denken zu lösen und dadurch ihre Auswirkungen auf die eigene Person zu reduzieren. Das ist nützlich, um Chaos im Kopf zu vermeiden und um Ruhe und zu bewahren. Auch die Auswirkungen von Gefühlen und Bedürfnissen anderer werden auf dieselbe Art und Weise verringert. Dadurch kann das ideale Selbstbild aufrechterhalten werden: „Ich bin ein ruhiger, stabiler und verständiger Mensch!"

Typ 6: Projektion als Abwehrmechanismus
Dazu gehört, dass innere Sorgen, vermutete Gefahren und Ängste anderen Personen und äußeren Situationen zugeschrieben werden. Ein Beispiel wäre, von einer Person die man nicht mag, anzunehmen: „Du magst mich nicht, oder?" Der Gewinn der Projektion besteht darin, dass Erklärungen für die eigene innere Angst und Unsicherheit in der Außenwelt gefunden werden und somit das eigene Gefühl als real betrachtet werden kann. Dadurch wird das ideale Selbstbild erhalten: „Ich bin ein vorsichtiger und realistischer Mensch!"

Typ 7: Rationalisierung als Abwehrmechanismus
Darunter ist die Gewohnheit zu verstehen, alles was schmerzlich oder negativ sein könnte, positiv umzudeuten. Das reduziert erst einmal schmerzhafte und negative Erfahrungen, indem sie eine neue Bedeutung erhalten und ermöglicht es, Erfahrungen wie Limitiertsein und Schmerzen zu umgehen. Das trägt dazu bei, das ideale Selbstbild zu erhalten: „Ich bin ein optimistischer, positiver Mensch!"

Typ 8: Verleugnung als Abwehrmechanismus
Die Verleugnung der Realität besteht in diesem Fall darin, Gefahr, Angst, Verletzlichkeit, Gefühle anderer, deren „Wahrheiten" und allerlei Dinge, die der betreffenden Person nicht behagen, in einem solchen Maß nicht wahrzunehmen, dass sie im Erleben dieser Person nicht existieren. Dadurch bleibt das ideale Selbstbild erhalten: „Ich bin ein gerechter und aufrichtiger Mensch!"

Typ 9: Betäubung/Verdrängung als Abwehrmechanismus
Betäubung/Verdrängung wirkt wie einschlafen und hilft Typ 9, sich selbst zu vergessen. Damit bleibt das Leben scheinbar leicht und komfortabel. In diesem schläfrigen Zustand lassen sich Konflikte und Konfrontationen vermeiden, das Leben bleibt erst einmal harmonisch und friedlich. So bleibt das ideale Selbstbild erhalten: „Ich bin ein friedlicher, harmonischer Mensch!"

Der neurotisch-pathologische Charakter innerhalb der 3 Triaden

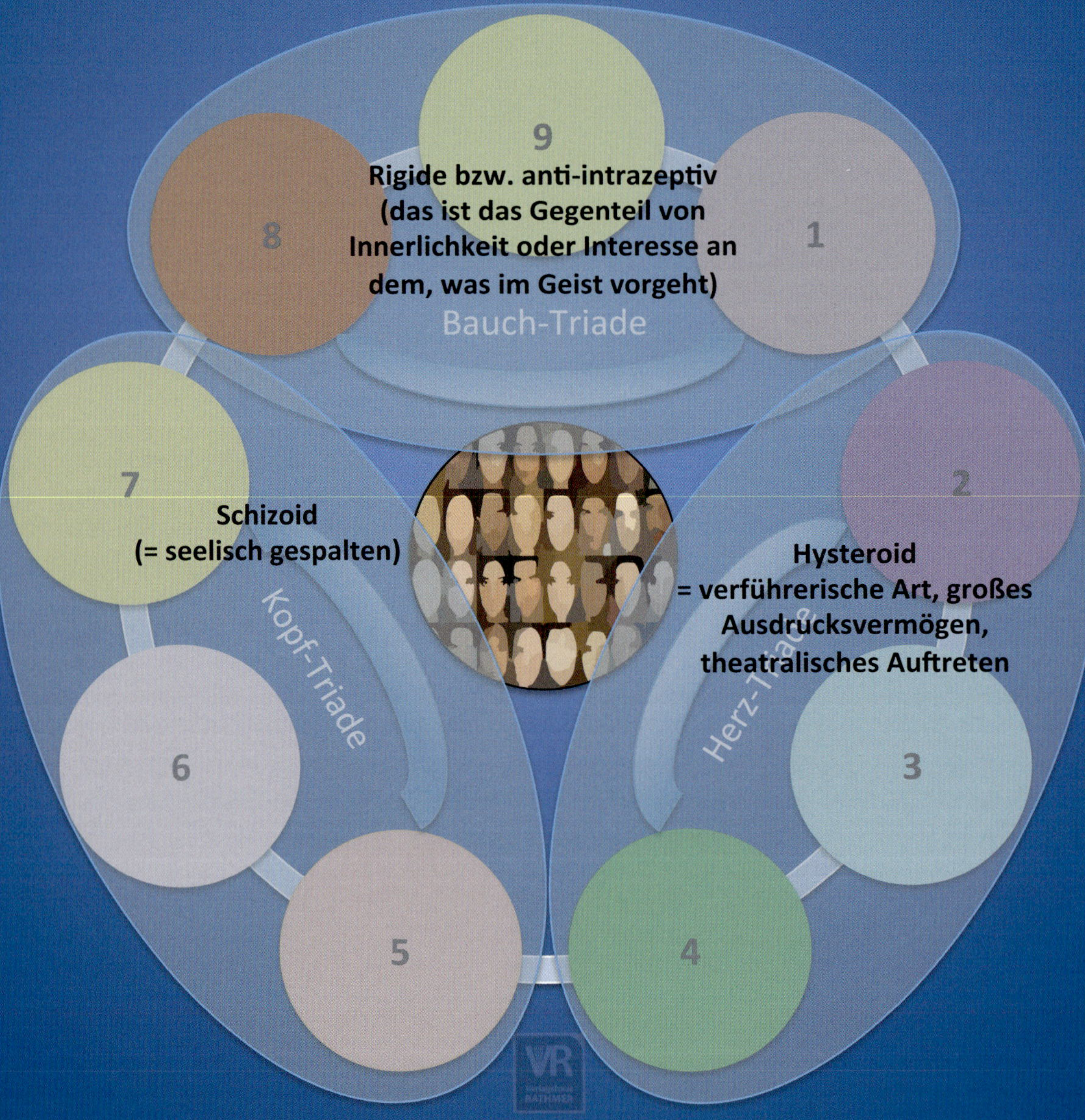

187

Die Triaden nach Dr. Claudio Naranjo*

* Begründer der psychologischen Enneagrammlehre
(** Lehre von Oscar Ichazo, dem Lehrer von C. Naranjo)

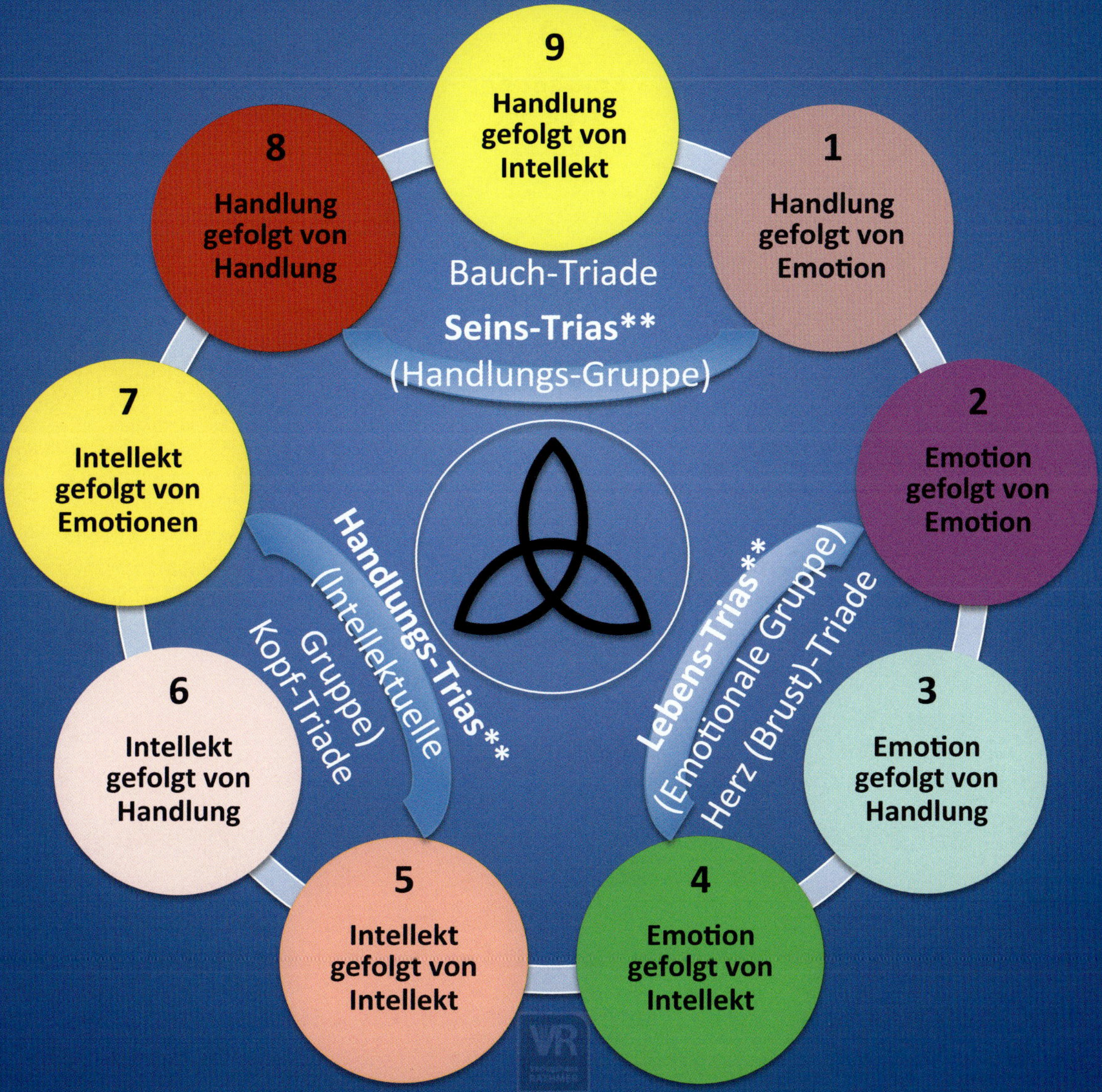

188

Konzepte

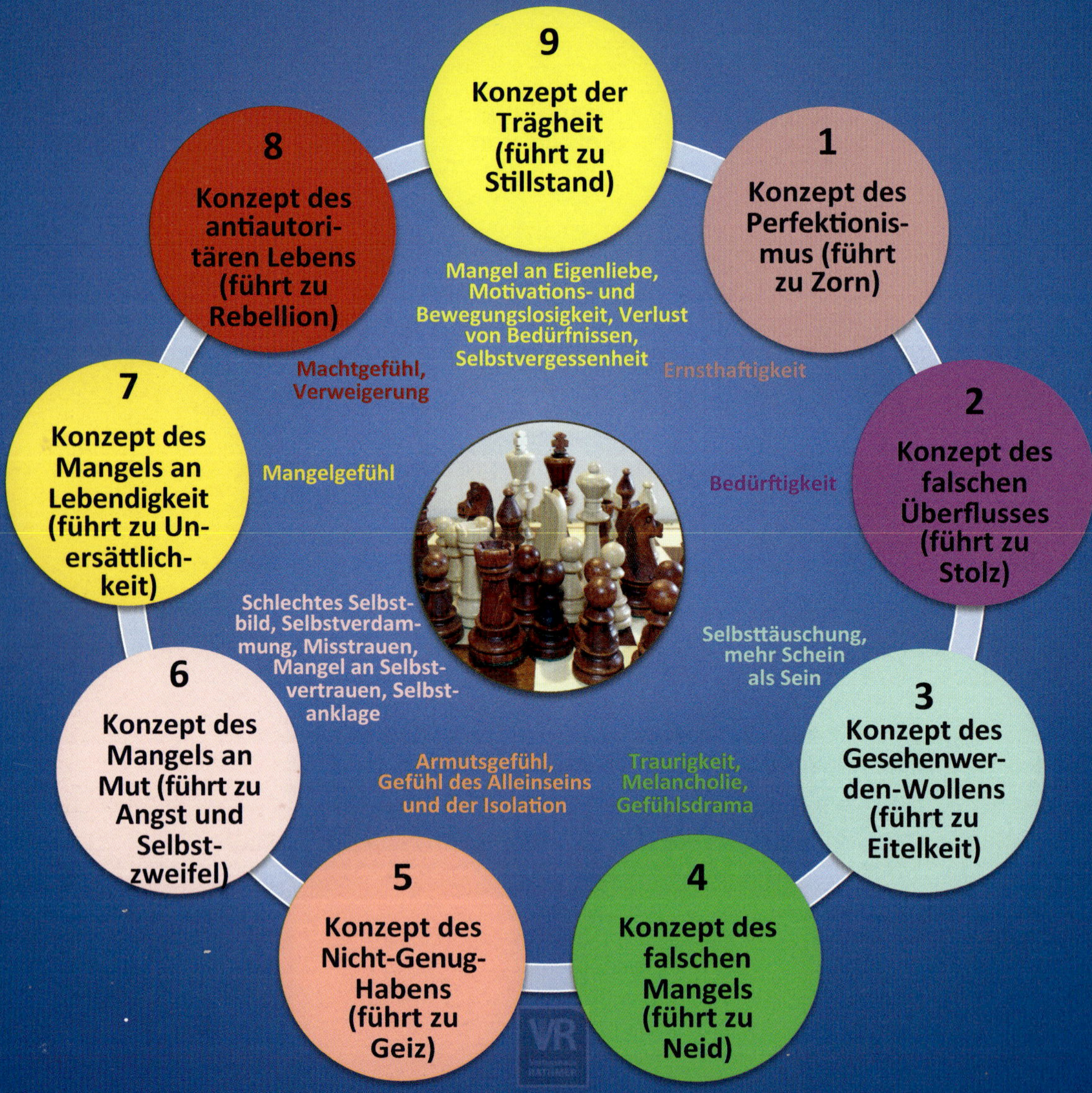

Die Entsprechungen zu psychischen Auffälligkeiten (Pathologien) nach Dr. Claudio Naranjo

Die 3 Untertypen* innerhalb eines Enneatyps unter verschiedenen Aspekten

* Innerhalb eines Enneatyps existieren 3 **sog. Untertypen**: **1. der selbsterhaltende Untertyp**, **2. der soziale Untertyp** und **3. der sexuelle (sexuell-aggressive) Untertyp**, sodass sich bei 9 Enneatypen insgesamt **27 Untertypen** ergeben:

	selbsterhaltend „Ich“	**sozial** „wir alle“	**sexuell** „Du und ich“
Motivation	Die Suche nach dem Überleben!	Die Suche nach Gemeinschaft!	Die Suche nach Intimität
Fokus	Selbst - meine Welt!	Andere - unsere gemeinsame Welt!	Geliebten - unsere private Welt!
Verlangen	Geborgenheit und Sicherheit! - Wohlbefinden - Nahrung - Annehmlichkeiten - Sicherheit - Schutz - Konservierung	Gruppen oder den anderen! -soziale Akzeptanz -Menschen -Anerkennung -Beliebtheit -Ehre -Status	Partner oder spezielle andere Menschen! -Paarbindung -Verwandschaft -Nähe -Ganzheit -Attraktivität -die andere Hälfte
Furcht	Nicht zu überleben! - Spannung - Armut - Krankheit - Gefährdung - Verlust - Vernichtung	Nicht dazuzugehören! -Einsamkeit -niedrige Bewertung -Scheitern -Außenseiter -Unterlegenheit -Isolation	Vor Unerwünschtheit! -Unwürdigkeit -Loslassen -Unterbrechung -Unvollständigkeit -Attraktivitätsverlust -Entwertung
Thema	Lebensfragen -Sein oder Nicht-Sein? -Wie man wahrhaft ist!	Beziehungen zu anderen - Bezugnahme oder keine Bezugnahme? - Wie man in Beziehung tritt!	Fragen der Partnerschaft - Intim werden oder nicht intim werden? - Wie man intim/privat wird!

Die 3 Untertypen innerhalb eines Enneatyps unter verschiedenen Aspekten

	selbsterhaltend „Ich“	**sozial** „wir alle“	**sexuell** „Du und ich“
Hauptbeschäftigung	Bewältigung/Fertig-werden - Angst - Sterblichkeit - Wachsamkeit - Fettleibigkeit - Zeit - Energie - Geld - Diäten - Finanzen - Versicherung - Sinnlichkeit - Besitz - Bestimmungen	Ansehen/Geltung/ Prestige - Gemeinschaft - Ereignisse, Verans-taltungen - Zusammenarbeit - Bewunderung - Hackordnung - Vereine - Kontakte - Ursachen/Gründe - Ruhm/Rang/Position - Berühmtheit - Gesellschaft - Überlegenheit - Rolle - Stammbaum - Orte, Plätze	Beziehung/Verbin-dung, Anschluss - Intrigen - Begegnungen - Rivalität - Sex-Appeal - Impulse - Vereinigung - Inspiration - teilen - persönlich - Glanz - Selbstenthüllung - Augenkontakt - Kreativität - Einheit
Energie	Konservierte Energie - geerdet - fest, solide - ernsthaft, ernst - düster - schwer - beständig	Geteilte Energie - kooperativ - zerstreut - stattlich, ansehnlich - flüchtig - unbeständig - oberflächlich	Starke Energie - intensiv - durchdringend - vibrierend - spielerisch, verspielt - gefühlvoll - leidenschaftlich

Anmerkung: Genauso wie jeder Mensch alle Enneatypen potenziell und mit unterschiedlicher Gewichtung in sich trägt, wobei jedoch stets ein Enneatyp dominiert, verhält es sich auch bei den 3 Untertypen: Jeweils einer von Dreien gibt sozusagen den Ton an, während die anderen ebenso vorhanden sind, allerdings eine nachrangige Position einnehmen. Das anteilige Verhältnis zwischen den Untertypen ist von Mensch zu Mensch unterschiedlich, daraus ergeben sich auch die zahlreichen Variationen innerhalb eines Enneatyps.

Die 3 Untertypen innerhalb eines Enneatyps unter verschiedenen Aspekten

	selbsterhaltend „Ich“	**sozial** „wir alle“	**sexuell** „Du und ich“
Strategie	Vorsicht oder Selbstzerstörung - aggressiv-defensiv - passiv-aggressiv - Selbstversorgung - Gesundheitsfanatiker - Logistik - Paranoia - Einengung - Erhaltung - Anhäufung, Hamstern - Sachlichkeit	Geselligkeit oder Ungeselligkeit - Schamgefühl bei Anerkennung - menschenfreundliches Denken und Verhalten, Menschenfreund - ablehnendes Verhalten gegenüber Menschen, Menschenfeind, Menschenhasser - Tradition - Starrheit/Steifheit - Freundschaft - Freundlichkeit - Feindschaft - Leistung	Verbindung oder Trennung - Macht-Unterwerfung - Empfänglichkeit - Geschlechterrollen - Provokation - Besitz - Phantasie - Suche - Neugier
Lebensfragen-/ themen	Wie bin ich? Ich bin mein Körper. Ich opfere mich. Ich muss es selbst (allein) machen (tun)!	Wer bin ich? Ich bin meine Gruppe! Ich opfere mich für die Gruppe. Wir können es schaffen, wenn wir alle zusammenarbeiten!	Wer bin ich? Ich bin meine Beziehung/Partnerschaft. Ich opfere mich für meine Beziehung/ Partnerschaft. Du und ich gegen den Rest der Welt!

193

Die 3 Untertypen innerhalb eines Enneatyps unter verschiedenen Aspekten

	selbsterhaltend „Ich“	**sozial** „wir alle“	**sexuell** „Du und ich“
Hauptthemen der einzelnen Enneatypen	1. Angst, Sorgen, Erwartungen 2. Anspruch, „ich zuerst“, bevorzugt sein 3. Sicherheit, Anhäufung, Knappheit 4. unerschrocken, hartnäckig, beherrscht, gezügelt 5. „Mein Heim, meine Burg“, Versteck 6. Wärme, Zuneigung oder Ablehnung 7. ausgewählte Familie oder Gruppensicherheit 8. zufriedenstellendes Überleben, Territorium 9. Appetit, Ersatz, Sammler	1. starr, nicht anpassungsfähig, rechtschaffen 2. Ehrgeiz, Wünsche, Anhänger 3. Ansehen, Leistung, Auszeichnungen 4. ablehnend, elitär 5. Verwandtschaft, Identität, Geheimgesellschaften 6. pflichtbewusst, Gemeinschaft, sozialer Wegbereiter 7. opfert sich für die Gruppe, Anerkennung 8. Bündnisse, Freunde, Feinde 9. periphere Teilnahme, Anker	1. Eifer, Eifersucht, Rivalität, Wärme 2. Verführung, Aggression, Angriff 3. Männliche oder weibliche Rolle, Ideale 4. Wettbewerb, Hass, Götzendienst 5. Vertrauen, Zutrauen, höchste Liebe 6. Härte und Schönheit, Provokation 7. Faszination, Charmeur 8. Besitz, Kapitulation, Hingabe 9. Vereinigung und Verschmelzung, Symbiose

Anmerkung: Nach meinen Beobachtungen gibt es eine dynamische Entwicklung im Sinne des Prozessmodells (Übersicht 72) im Zusammenhang mit den jeweiligen Flügeln (zum Flügelverhalten siehe Übersichten 82 – 89). Danach lebt der jeweils dem linken Flügel nahestehende Untertyp mehr seinen linken Flügel, der jeweils dem rechten Flügel nahestehende Untertyp mehr seinen rechten Flügel und der mittig stehende Untertyp (= immer der soziale Untertyp) beide Flügel in etwa gleichem Maße. Näheres dazu siehe Übersicht 72.

Kernthemen der jeweiligen 3 Untertypen

9
a) Selbsterhaltung – Appetit
b) sozial – Teilnahme
c) sexuell – Vereinigung

1
a) Selbsterhaltung – Besorgnis
b) sozial – Nichtanpassung
c) sexuell – Eifersucht

2
a) Selbsterhaltung – „Ich zuerst“
b) sozial – Ehrgeiz
c) sexuell – Aggression/Verführung

3
a) Selbsterhaltung – Sicherheit
b) sozial – Prestige
c) sexuell – maskulin/feminin

4
a) Selbsterhaltung – unerschrocken
b) sozial – Scham
c) sexuell – Rivalität

5
a) Selbsterhaltung – Heim
b) sozial – Totem
c) sexuell – Zutrauen

6
a) Selbsterhaltung – Wärme
b) sozial – Pflicht
c) sexuell – Stärke, Schönheit

7
a) Selbsterhaltung – erweiterte Familie
b) sozial – Märtyrer
c) sexuell – Beeinflussbarkeit

8
a) Selbsterhaltung – befriedigendes Überleben
b) sozial – Freundschaft
c) sexuell – Besitz/Hingabe

Anmerkung: Die 9 sexuellen Untertypen sind meiner Beobachtung nach äußerlich sehr attraktiv und wirken auch auf sexuelle Art sehr anziehend.

195

Reaktionen auf existenzielle Bedrohungen der insgesamt 27 Untertypen

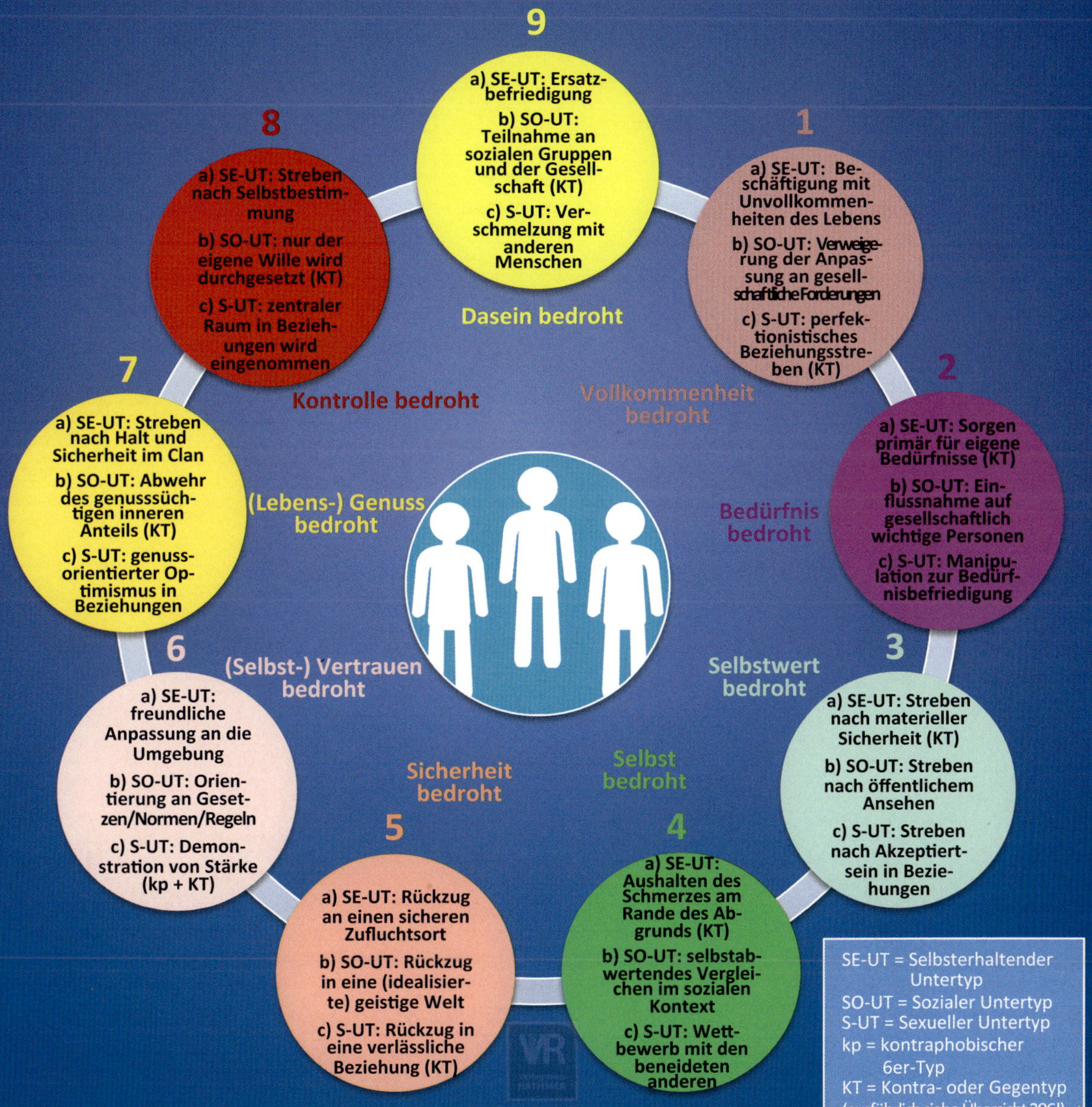

SE-UT = Selbsterhaltender Untertyp
SO-UT = Sozialer Untertyp
S-UT = Sexueller Untertyp
kp = kontraphobischer 6er-Typ
KT = Kontra- oder Gegentyp
(ausführlich siehe Übersicht 206!)

Das neurotische Bedürfnis* der 27 Untertypen

SE-UT = **Se**lbsterhaltender **U**ntertyp
SO-UT = **So**zialer **U**ntertyp
S-UT = **S**exueller **U**ntertyp
kp = **k**ontra**p**hobischer 6er-Typ
KT = **K**ontra- oder Gegen**t**yp

* Das neurotische Bedürfnis hat die Qualität, dass es „unersättlich“ ist, der einzelne Untertyp hat niemals genug davon; in Phasen großer Unbewusstheit strebt er besonders danach.

197

Das neurotische Bedürfnis der drei Untertypen des Enneatyps 1

Selbsterhaltender Untertyp

Frage: Was brauche ich um zu überleben?

Sorgen, Vorausschau, Kontrolle; fast zwanghafte Sorge über das, was schiefgehen könnte, um sich und um andere; nach innen gekehrter Perfektionismus; wahre Perfektionisten, die nach Perfektion streben; sorgt sich auch um andere („warm“); „warme“ Ausstrahlung, aber durchsetzungsfähig und kontrolliert (nicht so wie die 6 = „warm“, aber schüchtern); möchte alles unter Kontrolle haben – als Ersatz für Liebe; „Ich sorge mich, also bin ich!“ „Ich bin vorausschauend, also bin ich!“ „Ich kontrolliere, also bin ich!“ Hinter allem steckt eine große Überlebens-Angst, wird gelegentlich mit dem sexuellen Untertyp der 9 verwechselt (sensible, fürsorgliche, pragmatische Menschen).

Sozialer Untertyp

Frage: Welchen Wert habe ich in der Gemeinschaft?

Überlegen sein, unangepasst; „kalt“; die eigene „richtige“ Position hartnäckig vertreten, weil sie richtig erscheint; Ausstrahlung aristokratisch + kalt + starr, Lehrer-Mentalität (sind schon perfekt: „So ist das und nicht anders, ich zeige Euch, wie es richtig ist!“); eigener Weg erscheint richtig, andere müssen sich verändern; dringendes Bedürfnis nach Überlegenheit („Ich habe Recht, Du liegst falsch!“) – als Ersatz für Liebe; „Ich bin überlegen, also bin ich!“ „Ich habe Recht, also bin ich!“ Hinter allem steckt ein großes Bedürfnis nach Macht über andere (aristokratische, kalte, intellektuelle Menschen).

Sexueller (sexuell-aggressiver) Untertyp (= Kontratyp, s. Übersicht 206)

Frage: Was bereitet mir Vergnügen, Lust?

Zorniges und hitziges Begehren, Eroberer-Mentalität, nach außen zornige Person (als einziger Untertyp der 1); „heiß“; der Zorn steigert noch das Begehren. Nehmen sich alles, weil sie meinen, das Recht dazu zu haben; eifersüchtig; Ausstrahlung „heiß“ + besitzergreifend; wollen andere perfekt machen durch Fordern + Manipulieren – als Ersatz für Liebe; „Ich verlange mein Recht, also bin ich!“ „Ich habe es, also bin ich!“ Hinter allem steckt die Intensität des dringenden Verlangens, welche eine Rationalisierung fast schon notwendig macht. Stark widersprechende innere Anteile (fordernde aktive, dominante Menschen).

198

Das neurotische Bedürfnis der drei Untertypen des Enneatyps 2

Selbsterhaltender Untertyp (= Kontratyp, s. Übersicht 206)

Frage: Was brauche ich um zu überleben?

Kindliche Verführung, spielerisch + humorvoll verführen, wie ein Kind Erwachsene verführt; Nacktes Liebesbedürfnis ohne Sexualisierung und Selbstgefälligkeit; zeigt Bedürfnisse; kindliche Verführung in Gegenwart von Erwachsenen; „kindliche Wichtigkeit“, will ohne besonderen Grund einfach nur so geliebt werden + im Zentrum stehen; infantile Liebe (Verführung der Mutter oder des Vaters) – als Ersatz für Liebe; „Ich bin ein niedlich und süß, also bin ich!“ „Ich bin spielerisch-humorvoll, also bin ich!“ „Ich bin liebenswert, also bin ich!“ Indem sie ihre Bedürfnisse zeigen und sich selbst an die 1. Position setzen, signalisieren sie auch ihre kindliche Bedürftigkeit („niedliche“, sanfte, kindliche, infantile, pragmatische Menschen).

Sozialer Untertyp

Frage: Welchen Wert habe ich in der Gemeinschaft?

Über den anderen stehen, Macht und Einfluss haben durch emotionale Verführung einer Gruppe; spießig und zivilisiert, nicht sinnlich und wild, mehr im Kopf; will wichtig sein, um den Stolz zu nähren; Verführerin der Umgebung, Führer-Typ; strebt nach Höherstellung – als Ersatz für Liebe; „Ich bin zivilisiert, also bin ich!“ „Ich bin ehrgeizig, also bin ich!“ „Ich bin wichtig, also bin ich!“ Über den anderen stehen führt zu Einfluss + Vorteilen gegenüber anderen. Den Anführer einer Gruppe befriedigen und so den eigenen Ehrgeiz befriedigen („erwachsene“, manipulierende, intellektuelle Menschen).

Sexueller (sexuell-aggressiver) Untertyp

Frage: Was bereitet mir Vergnügen, Lust?

Verführung (weiblich) oder Eroberung (männlich) durch Gefühlsausdruck, um das leidenschaftliche Begehren zu spüren, den Partner an sich zu binden und alles von ihm zu erhalten (Blankoscheck), was begehrenswert erscheint, strategisch hilfsbereit, aber nicht ehrlich in ihrer Tiefe; „Femme fatale“; fordernde, stolze Liebe, die einen festhält und am Ende „auffrisst“; Bedürfnis zu verführen; muss verliebt sein; „dumme Blondine“; frustrierter Stolz – als Ersatz für Liebe; „Ich verführe, also bin ich!“ Ausdruck von Gefühlen als Mittel, um Zuneigung + Ergebenheit etc. zu erhalten; („Naturgewalt“, „wilde“, erotische, aktive, dominante Menschen)

Das neurotische Bedürfnis der drei Untertypen des Enneatyps 3

Selbsterhaltender Untertyp (= Kontratyp, s. Übersicht 206)

Frage: Was brauche ich um zu überleben?

Tugendhaft + autonom sein versus Eitelkeit; das Bedürfnis, nicht eitel zu sein, d.h. tugendhaft zu sein; um sich selbst sorgen, ruhig, gesammelt, zufrieden, strahlt Sicherheit aus; mehr wirksam als brillant; nicht schüchtern, sondern mutig + kühn, weil das effizient ist, von eigenen wesentlichen Tiefen getrennt; Macher, sehr aktiv, auch für andere; kann zornig werden und befehlen; „verkauft" Sicherheit; Personen, zu denen man geht, um einen Rat zu erhalten; gut sein, um Liebe zu erkaufen; Eitelkeit, keine Eitelkeit zu haben; folgen dem perfekten Modell, wie ein Mensch zu sein hat; tugendhaft + Mangel an Eitelkeit – als Ersatz für Liebe; „Ich bin gut, also bin ich!" „Ich bin tugendhaft, also bin ich!" „Ich bin nicht eitel, also bin ich!" „Ich bin effizient, also bin ich!" „Ich bin bescheiden, also bin ich!" „Ich tue alles sehr gut, also bin ich!" Durch perfekte Effizienz + Täuschungsverhalten von der inneren emotionalen Tiefe getrennt (autonome, effiziente, finanzielle Sicherheit anstrebende, pragmatische Menschen).

Sozialer Untertyp

Frage: Welchen Wert habe ich in der Gemeinschaft?

Für alle brillieren und Applaus erhalten durch bestmögliche Arbeit; wenn nötig ohne Ethik; prestigesüchtig; immer auf dem Sprung; lassen Stress nicht los; Bedürfnis, den Applaus aller zu erhalten; zu große Investition ins Brillieren; Ruhm + Erfolg lebensnotwendig; möglichst von allen Anerkennung bekommen; dem „schnöden Mammon" dienen, sichtbare Statussymbole – als Ersatz für Liebe; „Ich bin erfolgreich, also bin ich!" „Ich bin anerkannt, also bin ich!" Pausenlose Effizienz und Leistungsstreben als Krankheit unserer Zeit (harte, ruhm- und prestigesüchtige, statusorientierte, intellektuelle Menschen).

Sexueller (sexuell-aggressiver) Untertyp

Frage: Was bereitet mir Vergnügen, Lust?

Dem Bedürfnis, *einer* nahestehenden Person (aus der Familie) zu gefallen; weich, sanft + nett, um zu gefallen (Chamäleon); Leistung für jemanden; gleichen einer 5 oder einer 4, aber emotionaler; innen traurig, kontrollieren Gefühle („Porzellanpuppe"); schüchtern + zu nett; Leidenschaft, für die Familie gut zu sein; fundamental: das Bedürfnis zu gefallen, ggfs. auch zu verführen durch Gefallen (sexuell); ideale Weiblichkeit/Männlichkeit (in den idealen Typ von Frau oder Mann verwandeln, um Erfolg zu haben – als Ersatz für Liebe; „Ich gefalle, also bin ich!" Mit seiner ehrgeizigen Leistung und seinem Glänzen nach außen die Aufmerksamkeit aller auf sich ziehen (innerlich traurige, nach außen weiche, sanfte, nette, aktive, dominante Menschen).

200

Das neurotische Bedürfnis der drei Untertypen des Enneatyps 4

Selbsterhaltender Untertyp (= Kontratyp, s. Übersicht 206)

Frage: Was brauche ich um zu überleben?

Selbsteinschränkung: Sehr viel ertragen und eine bessere Person werden, um Liebe zu erhalten; Das Verlangen, sehr viel zu ertragen, sehr viel Schmerz zu schlucken, um es Wert zu sein, Liebe zu erhalten; „Wenn ich nicht alles ertrage, liebst Du mich dann?"; benötigt nicht viel, kann in der Wüste überleben; asketischer Antrieb; stoischer Charakter; starke Selbstbeherrschung; masochistisch; „Ich werde mich anstrengen, es wert sein, geliebt zu werden, eine bessere Person zu werden!"; hat viel von 1 + 3; „Liebe mich"!; zeigen viel Gefühl (weinen, wütend etc.) in der Therapie, weil sonst nicht gelebt; nicht dramatisch oder fordernd; Durchhaltevermögen als Tugend; klagt nicht; „trainiert" den Schmerz; Körper erinnert an einen Geist; bittet um nichts – als Ersatz für Liebe; „Ich bin brav, also bin ich!" „Ich ertrage alles, also bin ich!" „Ich leide still, also bin ich!" „Ich werde eine bessere Person, also bin ich!" Masochistische Persönlichkeit, die Schmerz und Leid stoisch erträgt (angepasste, durchhaltende, pragmatische Menschen).

Sozialer Untertyp

Frage: Welchen Wert habe ich in der Gemeinschaft?

Selbsterniedrigung durch Vergleich, um Liebe zu erhalten; Verlangen, sich selbst mit anderen zu vergleichen und dabei zu urteilen, dass die anderen immer besser sind; darauf folgt das Verlangen, sich selbst zu erniedrigen; sich selbst zu schwächen und am Leid und Schmerz festzuhalten, um dadurch Zuwendung + Liebe zu erhalten; traurig; sehr sensibel; klagt viel, weinerlich; Opferhaltung; sabotiert sich selbst; schämt sich für die eigenen Wünsche; komplettes Gegenteil der sexuellen 4; Neid, bewundert andere; aber schätzt diese ohne Hass; andere sind immer besser; leidet mehr als alle anderen; überempfindlich; der Weg zum Glück geht durch die Tränen; fühlt sich gegenüber den Eltern schuldig; Scham; macht sich selbst klein; Körper erinnert an eine Gazelle; Sühne – als Ersatz für Liebe; „Ich leide, also bin ich!" „Ich erniedrige mich selbst, also bin ich!" Leidet wegen des intensiven Verlangens, das nicht befriedigt werden kann (sensible, empfindsame, klagende, traurige, intellektuelle Menschen).

Sexueller (sexuell-aggressiver) Untertyp

Frage: Was bereitet mir Vergnügen, Lust?

Konkurrenz, zorniger Neid, der andere entwertet, um sich dadurch zu vergrößern; Neid, der sich in Konkurrenz und im Rivalisieren zeigt; in Neid, der beißt und tötet; Mit neidischem Zorn hasserfüllt klagen, meckern, schreien, fordern, um das Gewünschte von anderen zu erhalten; verachtend, abwertend; kann mit ihrem Zorn leicht mit einer 8 verwechselt werden; extrem – als Ersatz für Liebe; „Ich hasse, also bin ich!" *Verletzte Menschen verletzen Menschen!* (zornige, aggressive, aktive, konkurrierende, dominante Menschen).

Das neurotische Bedürfnis der drei Untertypen des Enneatyps 5

Selbsterhaltender Untertyp

Frage: Was brauche ich um zu überleben?

Verborgensein im Zufluchtsort, um Distanz und Antonomie zu erlangen; Leidenschaft, sich von anderen Menschen zu distanzieren, zu isolieren + autonom zu sein, indem man sich verbirgt und Abstand schafft („Heim/Zuflucht in der eigenen Burg"). Das bedingt mit wenig auszukommen, führt zum Gefühl des Verfolgtwerdens gekoppelt mit extremer Ohnmacht; zerbrechlich, klein, machtlos, angeklagt; Kommunikationsproblem; „Ich distanziere mich, also bin ich!" „Ich bin genügsam, also bin ich" Ich bin unabhängig, also bin ich!" Leben wie in einer Burg, gehen nicht heraus und holen sich, was sie von anderen Menschen brauchen, lernen daher, mit wenig auszukommen; Sicherheit im Rückzug (emotional distanzierte, isolierte, pragmatische Menschen).

Sozialer Untertyp

Frage: Welchen Wert habe ich in der Gemeinschaft?

Das Außergewöhnliche, Ultimative, Letztgültige finden anstelle des Gewöhnlichen, welches sinnlos erscheint; Super-Idealisierung; Menschen + Dinge zu Totems (= Repräsentanten des Göttlichen) machen; Wissenschaftler, intellektuell abgehoben; suchen das Interessante jenseits dieser Welt; Leidenschaft für das Magische; Beziehungen zu den hervorragendsten Menschen; zu spirituell; nicht in dieser Welt leben, weil sie das Mitgefühl übergehen und andere Personen entmenschlichen; sozial offener als die anderen beiden Untertypen der 5, „Ich denke, also bin ich!", „Ich idealisiere, also bin ich!"; Ich interessiere mich, also bin ich!" Weltliche Belange erscheinen nicht erstrebenswert; Kommunkation über ein Thema, das möglichst wenig mit realer menschlicher Beziehung zu tun hat (lebensferne, abgehobene, intellektuelle Menschen).

Sexueller (sexuell-aggressiver) Untertyp (= Kontratyp, s. Übersicht 206)

Frage: Was bereitet mir Vergnügen, Lust?

Ohne Vertrauen, daher Verlangen danach durch bedingungslose Beziehung mit totalem Vertrauen (= sich wirklich zeigen können, wie man ist, sogar in der Gegenwart der dunkelsten inneren Bereiche, weil einen der andere Mensch so absolut liebt; Romantik, vibrierendes, dramatisches Innenleben; ähnlich wie bei einer 4; Suche nach absoluter Liebe; leicht enttäuscht von den Mitmenschen; verborgene Romantik; innerlich wie eine 4 und ein wenig wie eine 8 „Ich versuche zu vertrauen, also bin ich!" Suchen gegenüber einer ungewöhnlichen (oft nicht auffindbaren) Person viel Leidenschaft, wie eine Flöte, deren Löcher bis auf eines verstopft ist und aus diesem *einen* kommt alle Leidenschaft und wird übertragen auf einen Menschen (schüchterne, nette, verschlossene, oft arrogante, aktive, dominante Menschen).

202

Das neurotische Bedürfnis der drei Untertypen des Enneatyps 6

Selbsterhaltender Untertyp

Frage: Was brauche ich um zu überleben?

Wärme geben + zurückhalten versus Angst; Bedürfnis, Wärme zu erhalten und zu geben (Freundschaft, Umarmung einer Familie spüren, „kleine warme Welt"); ein gemeinsamer Feind verursacht Gefahr und Unsicherheit; Unsicherheit ist das Gesicht der Angst; zum Schutz vor diesem Feind eine Gruppe bilden (Allianzbildung: Gegenseitige Unterstützung + Schutzbildung); „Kaninchen" oder „Meerschweinchen"-Mentalität: weich, schüchtern, schutzbedürftig, warm + rund, zitternd, unklar profillos; Rückzugsort Familie, wo es keine Feinde gibt; Bedürfnis nach menschlicher Umgebung ohne Aggression „Ich gebe Wärme, also bin ich!" „Ich halte mich zurück, also bin ich!" (freundschaftliche, ängstlich schüchterne, soziale, „warme", pragmatische Menschen).

Sozialer Untertyp

Frage: Welchen Wert habe ich in der Gemeinschaft?

Pflicht bestimmen versus Angst; Bedürfnis, präzise + klar zu bestimmen, was die Pflicht ist, um Unklarheit zu vermeiden, die Angst macht, weil Bestrafung droht; starr an Vorschriften festhaltend, die auf andere projiziert werden statt selbst zu handeln; kalt, effizient, ein wenig wie die 3; klarer Geist, klare Kategorien, legalistischer Charakter, beschäftigen sich mit der Pflicht, bestimmen, was Pflicht ist; Körper ähnelt in der Gestalt „Don Quijote"; „Ich kenne meine Pflicht, also bin ich!" „Ich bin effizient, also bin ich!" Haben kein Vertrauen gegenüber ihren natürlichen Wünschen und Instinkten; sind intolerant gegenüber Zweideutigkeiten (klar geistige, „kalte", intellektuelle Menschen).

Sexueller (sexuell-aggressiver) Untertyp (= Kontratyp + kontraphobischer Typ, s. Übersicht 206)

Frage: Was bereitet mir Vergnügen, Lust?

Einschüchterung durch Stärke + Verwandlung ins Schöne durch Vorstellungskraft; Bedürfnis, sich gegen die Furcht zu wenden, indem man andere einschüchtert, indem man auf Stärke macht (heroisch); die beste Verteidigung gegen Angst ist Angriff (Hund, der mehr bellt als beißt!); das Negative in eingebildete Schönheit verwandeln; „Popeye"-Mentalität; hervorstehende Augen als Ausdruck des Verfolgungswahns; hatten oft sehr unterdrückende Eltern; Motto bei Männern: „Angriff ist die beste Verteidigung!"; Motto bei Frauen: „Defensiver Mut, Verwandlung des Fürchterlichen in eingebildete Schönheit!"; Bulldoggen-Mentalität: Beißt nicht immer, bellt mehr als sie beißt, aber schaut wild drein; Bedürfnis nach Einschüchterung „Ich bin stark + mutig, also bin ich!" „Ich stelle mich der Gefahr, also bin ich!" Entweder ist man Freund oder Feind (starke, mutige, angstabwehrende, „heiße", aktive, dominante Menschen).

Das neurotische Bedürfnis der drei Untertypen des Enneatyps 7

Selbsterhaltender Untertyp

Frage: Was brauche ich um zu überleben?

Parteiliche Bündnisse + oppertunistische Geschäfte zur Selbsterhaltung; Gelegenheiten nutzen, um Bündnisse + gute Geschäfte zu machen (Motto: „Ich werde für dich Familie/Klan sein und ich erwarte, dass du für mich Familie/Klan sein wirst.“) Nur im Clan gibt es Unterstützung, nicht außerhalb; Funktion des Klans: Bedrohung der Selbsterhaltung zu kompensieren; nach außen: warm, charmant, liebevoll, freundlich, sozial – nach innen: antisozial, kümmert sich nicht um Regeln (= versteckte 8); oppertunistisch; hellwacher Geist für Gelegenheiten, um nicht zu verlieren; bildet aus Eigeninteresse Allianzen (Abwehrgemeinschaften), innerhalb derer es um gegenseitige Unterstützung geht, außerhalb des Klans ist man auf sich allein gestellt („kalt“); Inhaber der Burg; „Mafia-Strukturen“; geschäftstüchtig; „Ich verbünde mich, also bin ich!“ „Ich ergreife günstige Gelegenheiten, also bin ich!“ Vorgetäuschte Freundlichkeit, um sich nicht verdächtig zu machen (wahre Absicht des materiellen oder sonstigen Vorteils = Völlerei wird verschleiert!), versteckte Psychopathologie; wenig bis kein Sinn für Spiritualität (nach außen freundliche, berechnende, „kalte“ oppertunistische, pragmatische Menschen).

Sozialer Untertyp (= Kontratyp, s. Übersicht 206)

Frage: Welchen Wert habe ich in der Gemeinschaft?

Gefallen durch Gutsein (Reinheit + Ideale); das Verlangen, zu gefallen und Anerkennung zu erhalten als Gegenmaßnahme zum oppertunistischen, unersättlichen, selbstsüchtigen inneren „Schweinehund“ (der sich gern der Völlerei hingeben würde!); Kontra-Völlerei, andere nach Möglichkeit nicht ausbeuten trotz eigener innerer Begierde; Die Unersättlichkeit wird umgeformt zum Bedürfnis zu gefallen, nach Reinheit und Idealen; sanfte Revolutionäre; antikonventionell; gewisser Narzissmus („seht, wie gut ich bin!“), arbeiten sehr für Anerkennung aus Angst, sonst nicht geliebt zu werden; Völlerei wird geopfert für Ideale „Ich bin gut, also bin ich!“ „Ich bin sozial, also bin ich!“ „Ich halte Maß, also bin ich!“ Sie wollen anderen zu sehr gerecht werden und denken zu wenig an sich selbst, ähnlich wie die 9 (freundliche, hilfsbereite, „gute“ milde, „warme“ empathische, intellektuelle Menschen)

Sexueller (sexuell-aggressiver) Untertyp

Frage: Was bereitet mir Vergnügen, Lust?

Süße Träume + Ideale versus schlichte Wirklichkeit; das dringende Bedürfnis, zu träumen und zu phantasieren (= Völlerei nach Träumen + Idealen); Parallele Wirklichkeiten erschaffen; optimistisch, erzeugt Vergnügen; nicht irdisch, sondern himmlisch, Hang zu höheren Welten; Träumer; Leidenschaft, sich etwas Besseres vorzustellen als die schlichte Wirklichkeit; sieht Dinge mit dem Optimismus eines Menschen, der verliebt ist; zu enthusiastisch; glücklich + zufrieden trotz widriger Umstände; „rosarot-gefärbte Brille“; „Ich bin o.k., also bin ich!“ „Du bist o.k., also bin ich!“ „Alle anderen sind o.k., also bin ich!“ Malen die graue Wirklichkeit mit bunten Farben an (träumende, idealisierende, „heiße“, aktive, dominante Menschen)

Das neurotische Bedürfnis der drei Untertypen des Enneatyps 8

Selbsterhaltender Untertyp

Frage: Was brauche ich um zu überleben?

Unbedingte Befriedigung der Selbsterhaltungs-Bedürfnisse; Verlangen nach dem Ausagieren eines übertriebenen Egoismus: „Ich muss meine Bedürfnisse der Selbsterhaltung unbedingt befriedigen und will keine Frustration zulassen!"; bei allen Menschen die Oberhand gewinnen; starker Wille, wenig sichtbarer Hang zum Exzessiven (Wollust); sehr gute Händler, wie ein Löwe (majestätisch, nur in Bewegung wenn hungrig; kein Wortspiel, kein Quatsch, kalt, gefühllos; Wolf im Schafspelz; Befriedigung („Ich muss es haben!"); Intoleranz der Frustration gegenüber, das nicht zu erhalten, was man will; kümmert sich zu wenig um Normen, hyposozial; weiß in schwierigsten Situationen, wie man man überlebt, wie man Dinge erhält, die man will, wie man um bestimmte Dinge herumkommt; hält inneres Leben mehr geheim; mitunter böse Absichten; strategisches Handeln („Schachspieler") „Ich nehme mir all das, was ich brauche, darum bin ich!" Es sind wenig mitfühlende Menschen mit großer Rüstung (= stark bewaffnet!), die die Gefühle fernhält (unsensible, gefühllose, „kalte", pragmatische Menschen).

Sozialer Untertyp (= Kontratyp, s. Übersicht 206)

Frage: Welchen Wert habe ich in der Gemeinschaft?

Komplizenschaft: Gewalt aus Solidarität versus ungerechte Autoritätsfigur; eine Partnerschaft der Übertretung aufbauen gegen eine Ungerechtigkeit, die durch eine Autoritätsperson ausgeübt wurde; Ziel: Gegen Ungerechtigkeit beschützen und so die Liebe der beschützten Person erhalten; sozial-antisozialer Mensch; Gewalt, die aus Solidarität erwächst; erträgt Ungerechtigkeit nicht; die am meisten intellektuelle 8; sehr loyal; verbündet sich in der Kindheit oft mit der Mutter gegen den Vater, um sich die Liebe der Mutter zu holen, „Ich bin solidarisch, also bin ich!" „Ich beschütze Dich, also bin ich!" Haben ein Herz für die Schwachen und Ausgebeuteten (solidarische, beschützende, „warme", intellektuelle Menschen).

Sexueller (sexuell-aggressiver) Untertyp

Frage: Was bereitet mir Vergnügen, Lust?

Durch Verführung + Faszination im Zentrum stehen und alles in Besitz nehmen; Macht, andere zu faszinieren; durch Verführung zum Zentrum der Macht werden; Antisoziale Tendenz, rebellisch, provokativ; wendet sich verbal unverblümt gegen Andersdenkende; gesund, kräftig, herzhaft; in der Extremform kann diese 8 zum Vergewaltiger werden; faszinierende Verführer (echte Hingabe); der emotionalste Untertyp der 8 „Ich verführe, also bin ich!" „Ich fasziniere, also bin ich!" „Ich nehme in Besitz, also bin ich!" Sie haben sehr große Bedürfnisse und nehmen den ganzen Schauplatz in Besitz (faszinierende, rebellische, provokative, „heiße", aktive, dominante Menschen).

Das neurotische Bedürfnis der drei Untertypen des Enneatyps 9

Selbsterhaltender Untertyp

Frage: Was brauche ich um zu überleben?

Übermäßiges Gebundensein an das Physische (das Irdische, das Geschöpfliche) als Ersatz für Liebe – Appetit; Zuneigung und Liebe erhalten werden durch Irdisches (Essen, Schlafen, Haben) ersetzt; Figur des Sancho Panza aus „Don Quijote" (Panza bedeutet „großer Bauch"); oft dicke Menschen, der Wunsch nach Liebe ist in den Körper übergegangen; sehr liebende Menschen, aber tief im Inneren haben sie das Gefühl nicht geliebt zu sein; Fröhlichkeit + Güte füllen innere Resignation aus; Verzicht; Selbstverleugnung; manchmal sehr intellektuell, dann Hunger nach Neuheiten, Reisen, Abenteuer wie der „Hobbit" von Tolkien; „Ich esse, also bin ich!" „Ich schlafe, also bin ich!" „Ich besitze, also bin ich!" „Ich stehe hier, also bin ich!" Befriedigung mit Dingen, die wirkliche Prioritäten betäuben (fröhliche, liebende, gütige, praktische, ruhige, irritierte, manchmal intellektuelle, pragmatische Menschen).

Sozialer Untertyp (= Kontratyp, s. Übersicht 206)

Frage: Welchen Wert habe ich in der Gemeinschaft?

Großzügige Befriedigung anderer, um zur Gruppe zu gehören. Neurotisches Verlangen, sich als Teil von etwas zu fühlen. Verlangen zu zeigen, dass man es Wert ist, in die Gruppe aufgenommen zu werden; sehr begabt, die Bedürfnisse anderer zu befriedigen; uneigennützig, opfert sich auf; arbeitssüchtiger als andere Enneatypen; zeigt seinen Schmerz anderen nicht; das eigene Ich wird ausgeblendet; extrovertiert – als Ersatz für Liebe; „Ich bin fröhlich, also bin ich!" „Ich bin lustig, also bin ich!" „Ich bin freundlich und nett, also bin ich!" „Ich bin vergnügt, also bin ich!" „Ich bin sorglos und und unbeschwert, also bin ich!" Arbeitssucht, Fröhlichkeit und Geselligkeit (selbstvergessende, intellektuelle Menschen).

Sexueller (sexuell-aggressiver) Untertyp

Frage: Was bereitet mir Vergnügen, Lust?

Verschmelzen/Symbiose/Vereinigung mit einem anderen Menschen und dadurch jemand anderes sein, nicht die eigene oder ihre ganze Leidenschaft leben, nicht auf eigenen Beinen stehen, Gebrauch der Beziehung, um das eigene Sein zu „füttern"; co-abhängig, „Nowhere Man" (Beatles), ein Niemand, wird nicht bemerkt, wie eine „tote Fliege", verschwindet im Muster der Tapete, Duckmäuser – als Ersatz für Liebe; „Ich verschmelze, also bin ich!" Die eigenen Bedürfnisse verraten, mit Zielen und Wünschen des Partners verschmelzen, um jemand anderes zu befriedigen (sehr sensible, empathische, aktive, dominante Menschen).

206

Kontratypen*

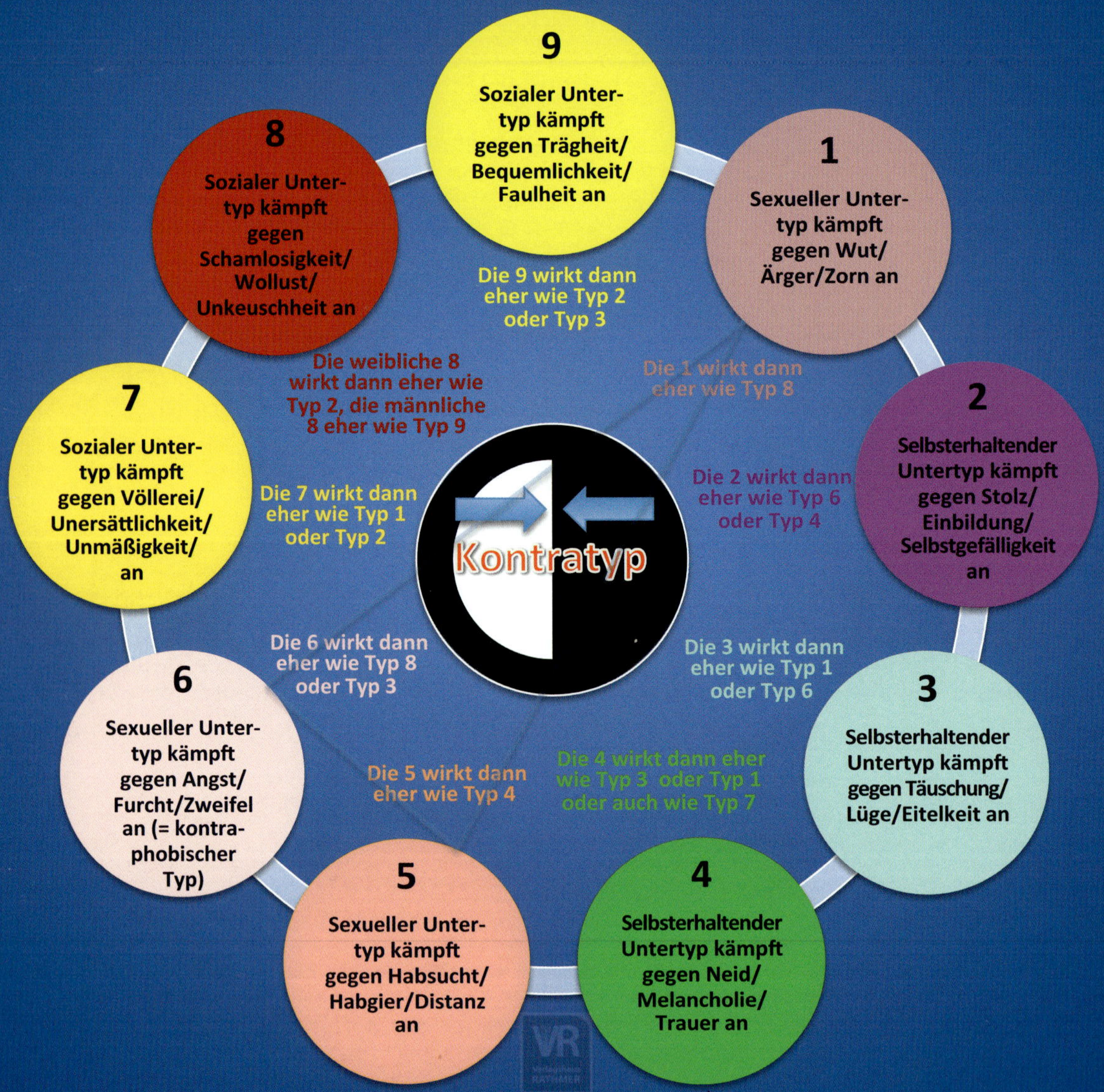

* Es gibt innerhalb jeder der 9 Typenstrukturen des Enneagramms einen Untertypen, der seiner spezifischen Leidenschaft (Fehlhaltung) (siehe Übersicht 37) nicht nachgeht, sondern sie versucht zu bekämpfen, oft unbewusst. Dieser **sog. Kontra- oder Gegentyp** neigt dazu, die Grundenergien innerhalb der Triaden (siehe Übersicht 69) in Verbindung mit den spezifischen Leidenschaften wahrzu-nehmen, zu negieren oder auszublenden. Bedingt durch diese beiden Faktoren kommt es unwei-gerlich zu einer verzerrten, verstärkten und mitunter unkontrollierbaren Reaktion, die eine klare Typisierung in der Praxis erschwert.

Raum für Notizen

7. Kapitel

Religion & Spiritualität
(207 – 228)

207

Die Tugenden*

* Das deutsche Wort **Tugend** (lateinisch virtus, altgriechisch ἀρετή *arete*) ist abgeleitet von *taugen*; die ursprüngliche Grundbedeutung ist die Tauglichkeit (Tüchtigkeit, Vorzüglichkeit) einer Person. Allgemein versteht man unter Tugend eine hervorragende Eigenschaft oder vorbildliche Haltung. Im weitesten Sinn kann jede Fähigkeit, als wertvoll betrachtetes Handeln zu vollbringen, als Tugend bezeichnet werden.

Das „Vater-unser"-Gebet

In Anlehnung an „Das Enneagramm", Rohr/Ebert, Anhang, S. 7.

209

Die christlichen Eigenschaften

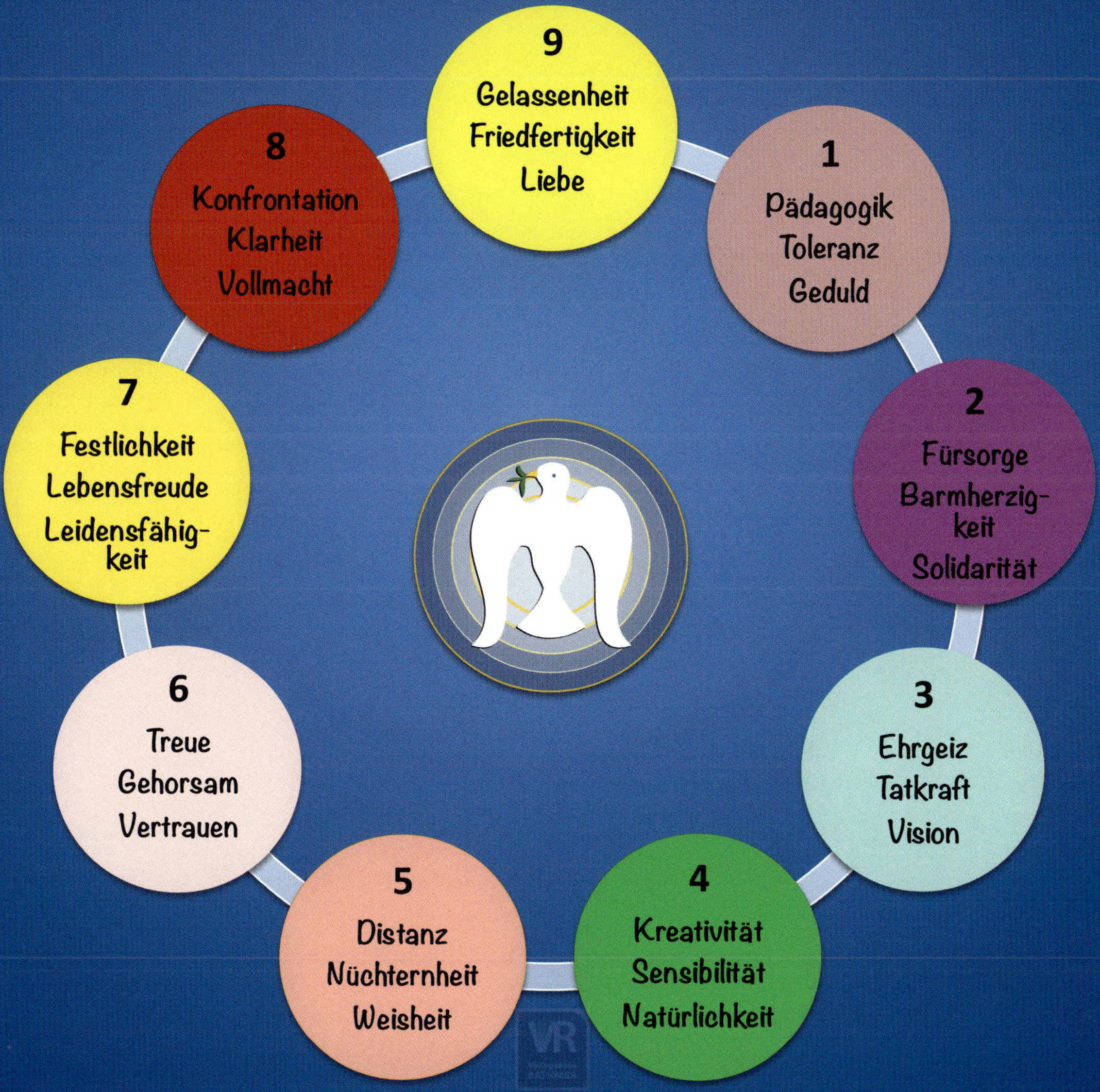

In Anlehnung an „Das Enneagramm“, Rohr/Ebert, S. 289.

Jesus Christus – Aspekte

In der Person Jesu, wie sie in der Bibel geschildert wird, finden sich alle 9 Aspekte des Enneagramms:

1
Seine kompromisslose Deutung der 10 Gebote in der Bergpredigt. (Mt 5, 17)

2
Seine Krankenheilungen auch am Sabbat. Nicht das Gesetz, sondern der hilfsbedürftige Mensch steht an erster Stelle. (Mt 20, 28)

3
Der Sieger, der den Versuchungen des Teufels widersteht. (Mt 4, 1-11)

4
Sein Blick für die Schönheiten der Natur wie die berühmten „Lilien auf dem Felde“, die prächtiger gekleidet sind als König Salomo. (Mt 6, 28)

5
Der Sohn, der sich von den Eltern abgrenzt und seine Jünger als „Mutter und Brüder“ bezeichnet. (Mt 12, 46)

6
Der loyale Staatsbürger, der politischen Fangfragen klug ausweicht. „Gebt dem Kaiser, was dem Kaiser gehört!“ (Mk 12, 17)

7
Jesus war kein Asket, sondern feierte gern und fastete im Unterschied zu dem Jünger Johannes, dem Täufer, nicht. (Mt 9, 15)

8
Der entschiedene Prediger, der mit seinen Aktionen provozieren konnte, etwa bei der Vertreibung der Händler aus dem Tempel. (Mt 21, 12)

9
Der Friedensstifter, der die Mühseligen und Beladenen zu sich ruft und ihnen Mut macht: „Meine Last ist leicht!“ (Mt 11, 30) + Der Schlafende inmitten des Sturms. (Mk 4, 36)

211

Die biblischen Gestalten

Die 9 heiligen Ideen

213

Die 9 heiligen Wege

214

Der Zugang zum christlichen Gott
(Dreifaltigkeit)

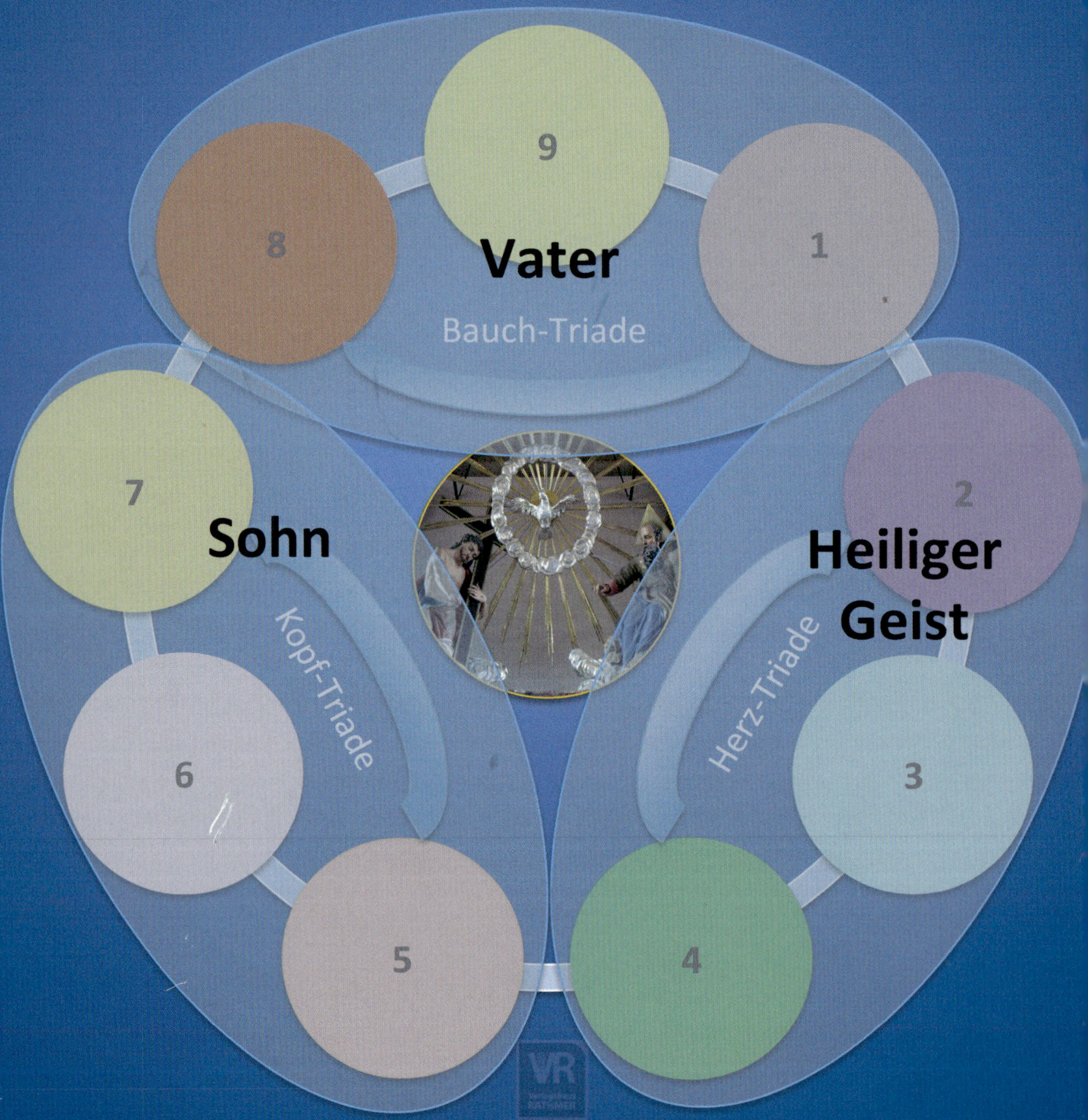

Die drei Grundkräfte des Lebens

Anhand des bekannten Gebetes um Gelassenheit* sollen diese drei Grundkräfte des Lebens, die sich im Enneagramm widerspiegeln, verdeutlicht werden

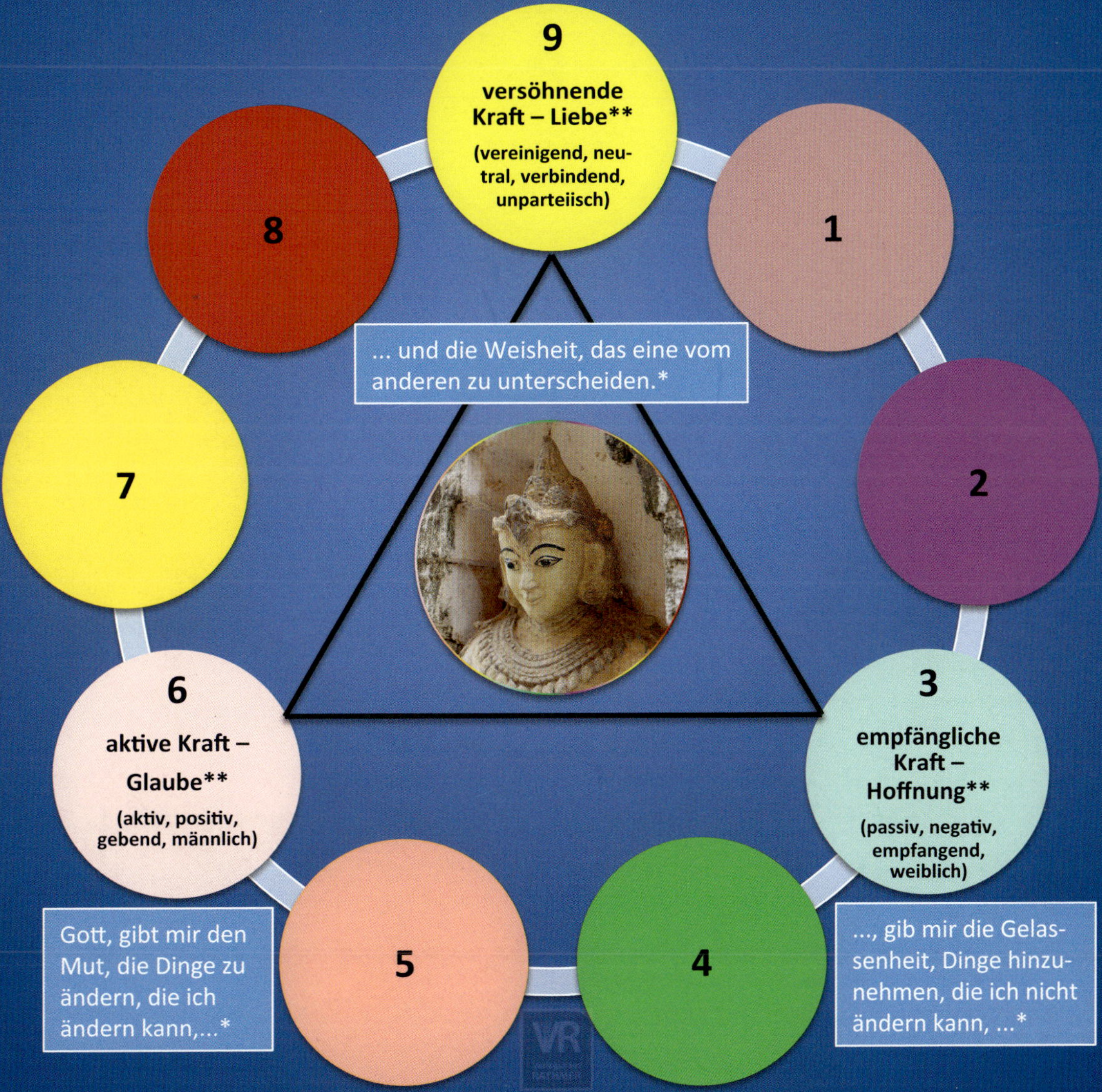

* Herkunft und Urheber dieses Gebetes sind unklar. Es wird vielen Autoren zugeschrieben, z.B. Marc Aurel (121-180 n.Chr., römischer Kaiser, Philosoph oder Franz von Assisi (1181-1226).

** Bibel, 1. Korinther 13,13: „Für jetzt bleiben Glaube, Hoffnung, Liebe, diese drei; doch am größten unter ihnen ist die Liebe." (Ausschnitt aus dem sog. Hohelied der Liebe).

Die Namen, Buchstaben und absoluten* sowie die relativen** Eigenschaften Gottes nach Ramon Llull***

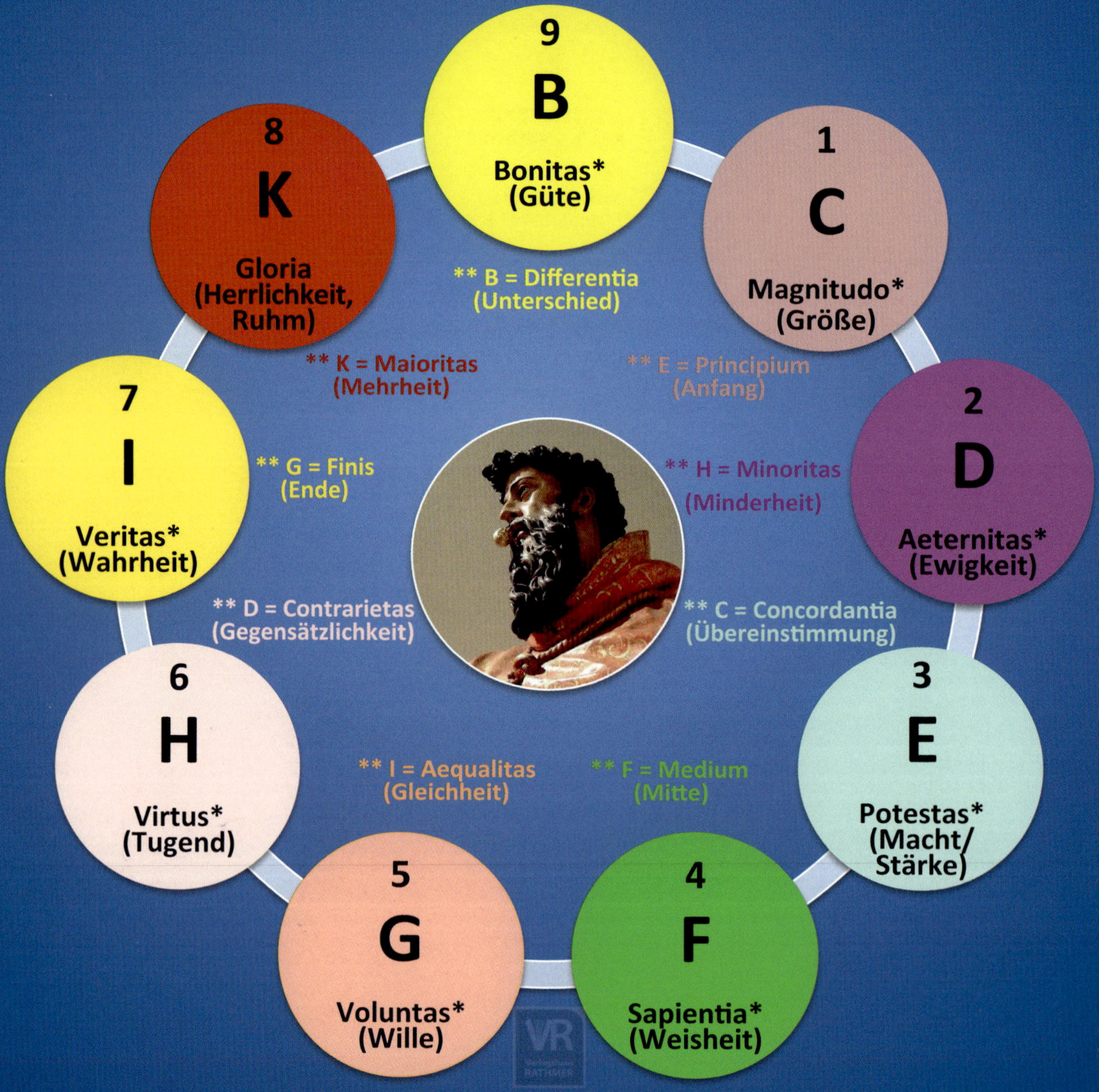

*** **Ramon Llull*** geb. 1232 in Palma de Mallorca (**1. absolute Eigenschaften*** = Llull`s 1. Figur A + **2. relative Eigenschaften**** = Llull`s 2. Figur T)

SUFI*-SYMBOLIK

* Die **Sufi-Tradition** (Sufismus) ist die mystische Tradition des Islam.

Die 9 Wege der Bön-Religion*

* **Bön** (བོན , tibetisch transliteriert: Bon) war die vorherrschende Religion in Tibet, bevor im 8. Jhd. der Buddhismus ins Land gelangte. Für die Anhänger bedeutet das Wort *Bön* so viel wie „Wahrheit, Wirklichkeit" und „wahre Lehre". Die Bön-Religion konnte sich bis heute aufrechterhalten und wurde 1977 als spirituelle Schule von der tibetischen Exilregierung und vom Dalai Lama förmlich anerkannt:

DIE 9 CHAKREN* DER FERNÖSTLICHEN CHAKRENLEHRE

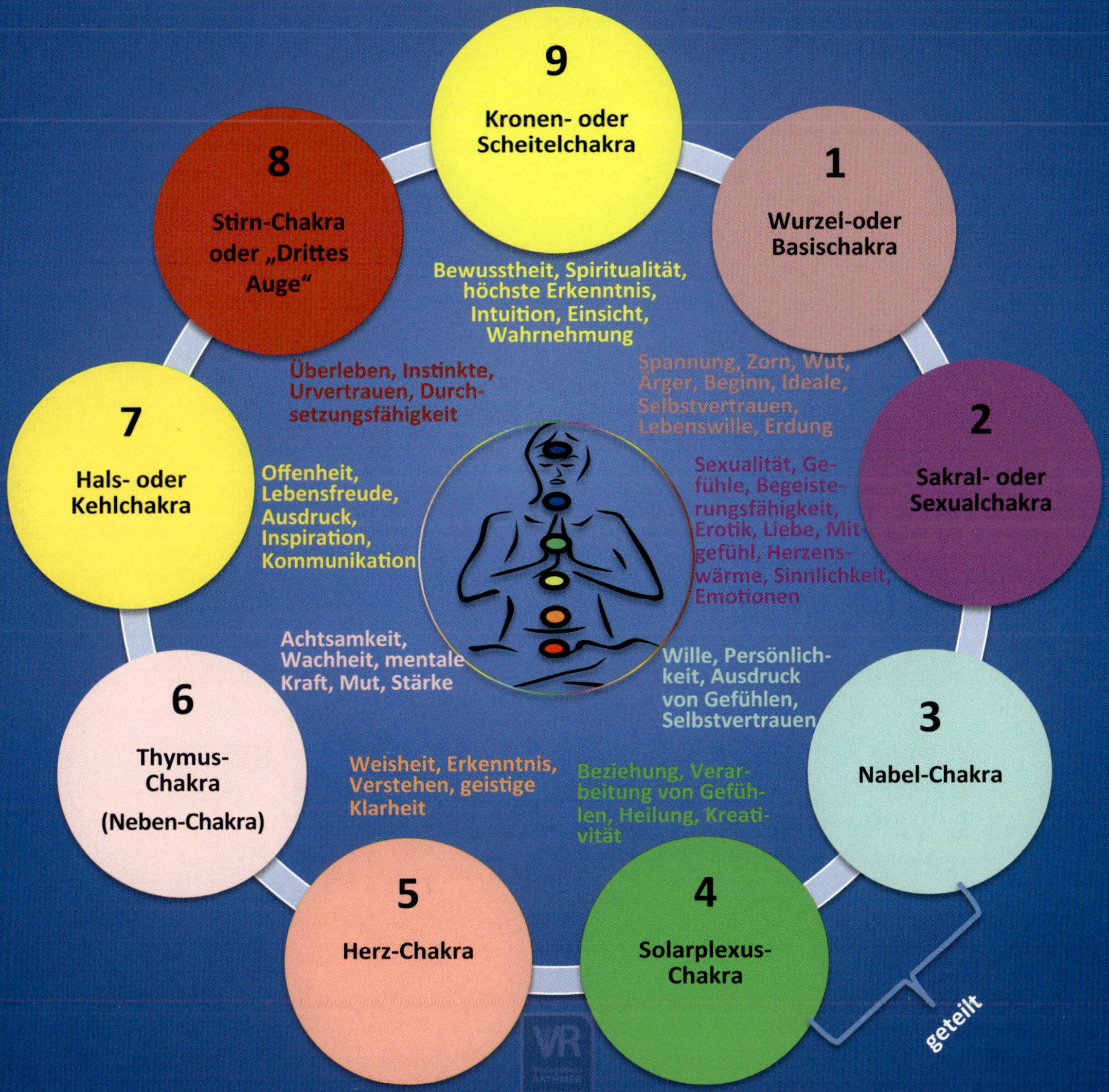

* **Chakren** sind subtile Energiezentren im Körper. Das 3. Chakra (Nabel- oder Solarplexus-Chakra) würde hier in zwei einzelne Chakren (Nabel-Chakra + Solarplexus-Chakra) unterteilt und das 6. Chakra (Thymus-Chakra) als Nebenchakra hinzugefügt. So ergeben sich letztlich 9 Energiezentren.

Der edle „Achtfache Pfad" der buddhistischen Lehre*

* Dieser Pfad besteht aus 8 Wahrheiten und ist zentrales Element der buddhistischen Lehre; er entstammt der 22. Lehrrede Buddhas über die Grundlagen der Achtsamkeit (die Wahrheit der „Rechten Einsicht" finden wir sowohl bei Enneagrammpunkt 4 als auch bei Punkt 5 mit unterschiedlichem Aspekt!)

Die Zuordnung der acht Stufen des Raja Yoga*

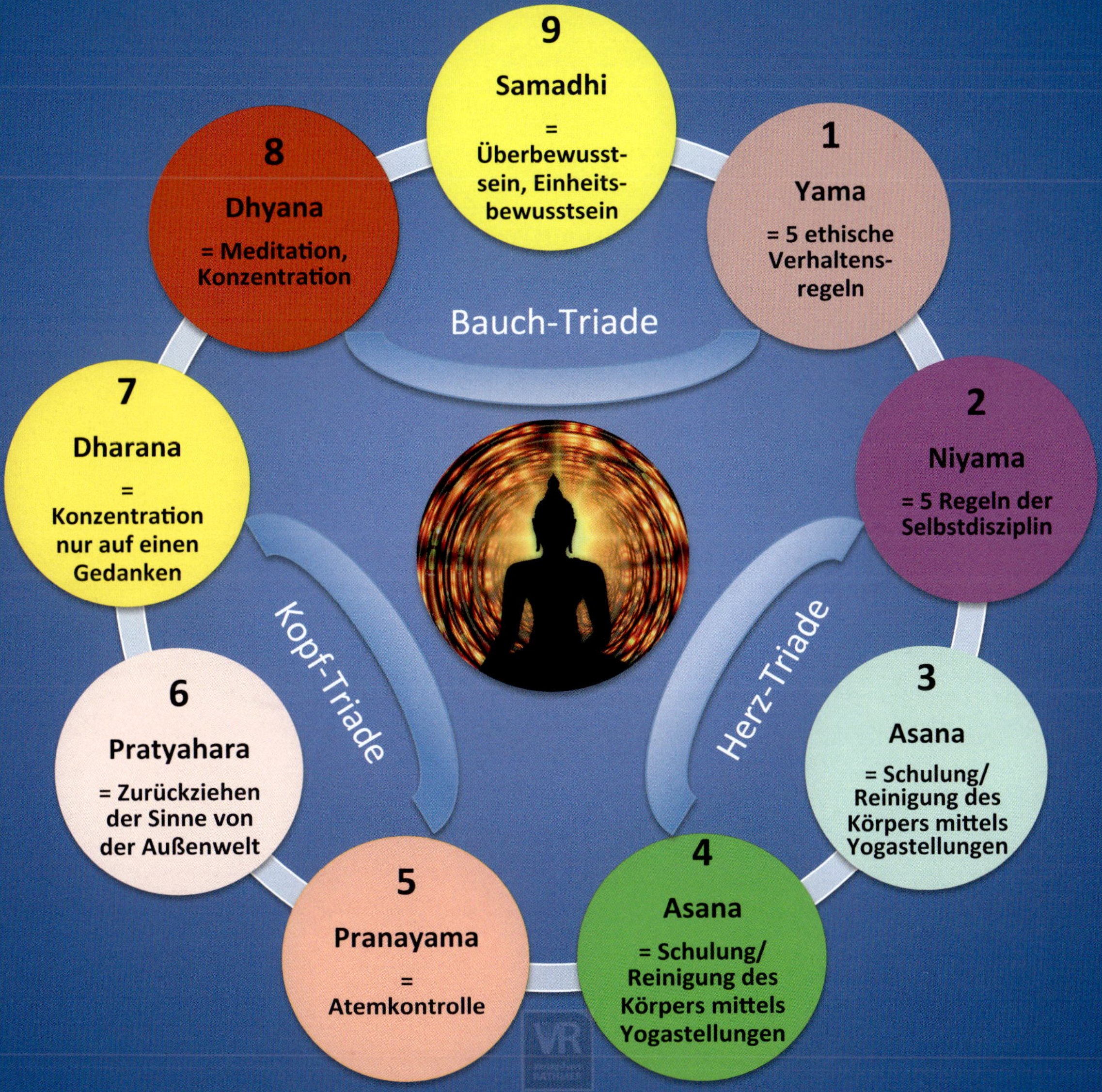

* Die acht Stufen des Raja Yoga oder Ashtanga Yoga (= Yoga des Geistes, „Königs"-Yoga) nach dem Yogasutra von Patanjali (= indischer Gelehrter und Verfasser des Yogasutra, des klassischen Leitfadens des Yoga); die 3 des Raja Yoga entspricht den beiden Punkten 3 + 4 des Enneagramms.

DER TZOLKIN-KALENDER DER MAYA*

* Der Tzolkin-Kalender ist ein Teil des Maya-Kalenders, den die Maya für rituelle Zwecke benutzten und möglicherweise von den Olmeken (mittelamerikanische Kulturvolk) übernommen haben. Beim Tzolkin-Kalender (Zählung der Tage) wird jeder Tag (Kin) durch die Kombination einer Zahl mit einer Schutzgottheit bezeichnet und ist somit ein Abbildungssystem der verborgenen Ordnung der Zeit bzw. von Bewusstseinssprüngen. Die 9 Unterwelten der Maya (= unsere Evolutionsgeschichte) werden von jeweils einer Gottheit beherrscht:

1

1. Unterwelt (1. Zyklus) – 16,4 Mrd. Jahre
Zelluläres Bewusstsein (Manifestation einer physischen Schöpfung)

Aktion & Reaktion

2

2. Unterwelt (2. Zyklus) – 819 Mio. Jahre
Säugetierbewusstsein (Einzeller werden zu Säugetieren)

Reiz & Reaktion

3

3. Unterwelt (3. Zyklus) – 42 Mio Jahre
Familienbewusstsein (Säugetiere entwickeln familiäre Strukturen)

Reiz & individuelle Reaktion

4

4. Unterwelt (4. Zyklus) – 2,05 Mio Jahre
Sippen-/Stämmebewusstsein (Erschaffung des homo sapiens)

Gemeinsamkeiten & Unterschiede

5

5. Unterwelt (5. Zyklus) – 102.505 Jahre
Regionales Bewusstsein (Aufbau von menschlichen Kulturen)

Hinterfragen & Begründen

6

6. Unterwelt (6. Zyklus) – 5125 Jahre
Nationales Bewusstsein (Beginn der Geschichtsschreibung)

Gesetz & Strafe

7

7. Unterwelt (7. Zyklus) – 256 Jahre
Planetares Bewusstsein (Globalisierung der Welt)

Kraft & Macht

8

8. Unterwelt (8. Zyklus) – 12,8 Jahre
Galaktisches Bewusstsein (Neue Weltordnung)

Ethik

9

9. Unterwelt (9. Zyklus) – 234 Tage
Beginn seit 2011 nach dem Maya-Kalender
Universelles Bewusstsein

Bewusstes Miterschaffen

Die 9 Welten der nordischen Mythologie*

* In der **nordischen Mythologie** findet man neun Welten (Orte), die alle durch Wurzeln und Äste miteinander verflochten sind, denn den Germanen waren Bäume heilig. Danach existierten bereits einige dieser Welten, bevor göttliches oder menschliches Leben dort seinen Platz fand. Die **Unterwelt** (Punkte 4 – 5 – 6) befindet sich im Erdreich (Baumwurzeln), die **Mittelwelt** (Punkte 2 – 3 – 7) im unteren Geäst des Baumes und die **Oberwelt** oder der Himmel (Punkte 1 – 8 – 9) in der Baumkrone.

DIE ENNEAGRAMM-MUSTER IN HOMER`S ODYSSEE

(GRIECHISCHE MYTHOLOGIE)

225

DIE 9 OLYMPISCHEN MUSEN DER GRIECHISCHEN MYTHOLOGIE

(= SCHUTZGÖTTINNEN DER KÜNSTE)

1
Klio
Die Rühmende
Muse der Geschichtsschreibung

2
Erato
Die Liebevolle, Sehnsucht weckende
Muse der Liebesdichtung

3
Thalia
Die Festliche, die Blühende
Muse der Komödie

4
Melpomene
Die Singende
Muse der Tragödie

5
Kalliope
Die mit der schönen Stimme
Muse der epischen Dichtung, Rhetorik, Philosophie, Wissenschaft

6
Euterpe
Die Erfreuende
Muse der Lyrik und des Flötenspiels

7
Terpsichore
Die fröhlich im Reigen tanzende
Muse der Chorlyrik und des Tanzes

8
Polyhymnia
Die Hymnenreiche (Liederreiche)
Muse des Gesangs und der Leier

9
Urania
Die Himmlische
Muse der Astronomie (Himmelskunde)

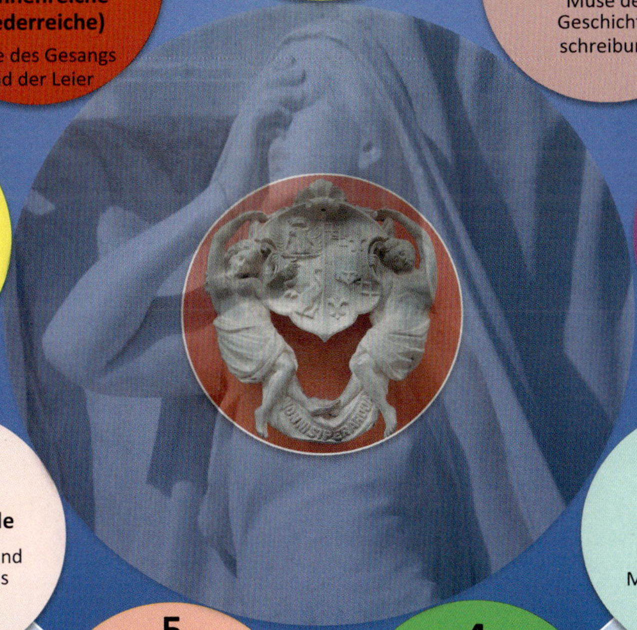

Die innere spirituelle Essenz

Nach dem griechisch-armenischen Esoteriker Georges I. Gurdjieff (1866-1949) gibt es entsprechend den drei Triaden des Enneagramms drei unterschiedliche Wege der spirituellen Verwirklichung, **den Weg des Fakirs**, **den Weg des Yogis** und **den Weg des Mönches** sowie dementsprechend **zu verwirklichende Seins-Qualitäten**:

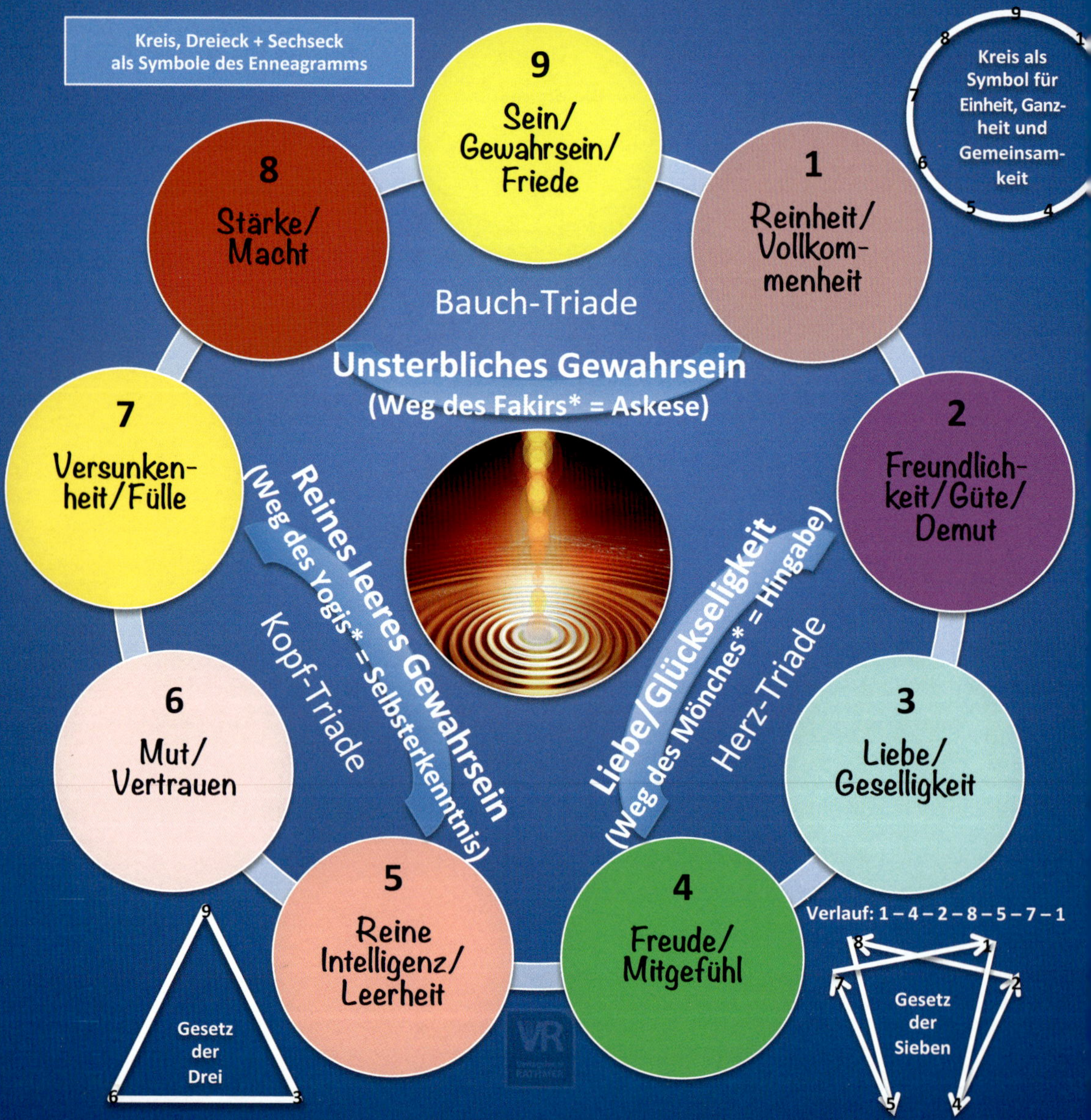

Die grundlegende Symbolik des Enneagramms und dessen Aufbau nach Detlef Rathmer

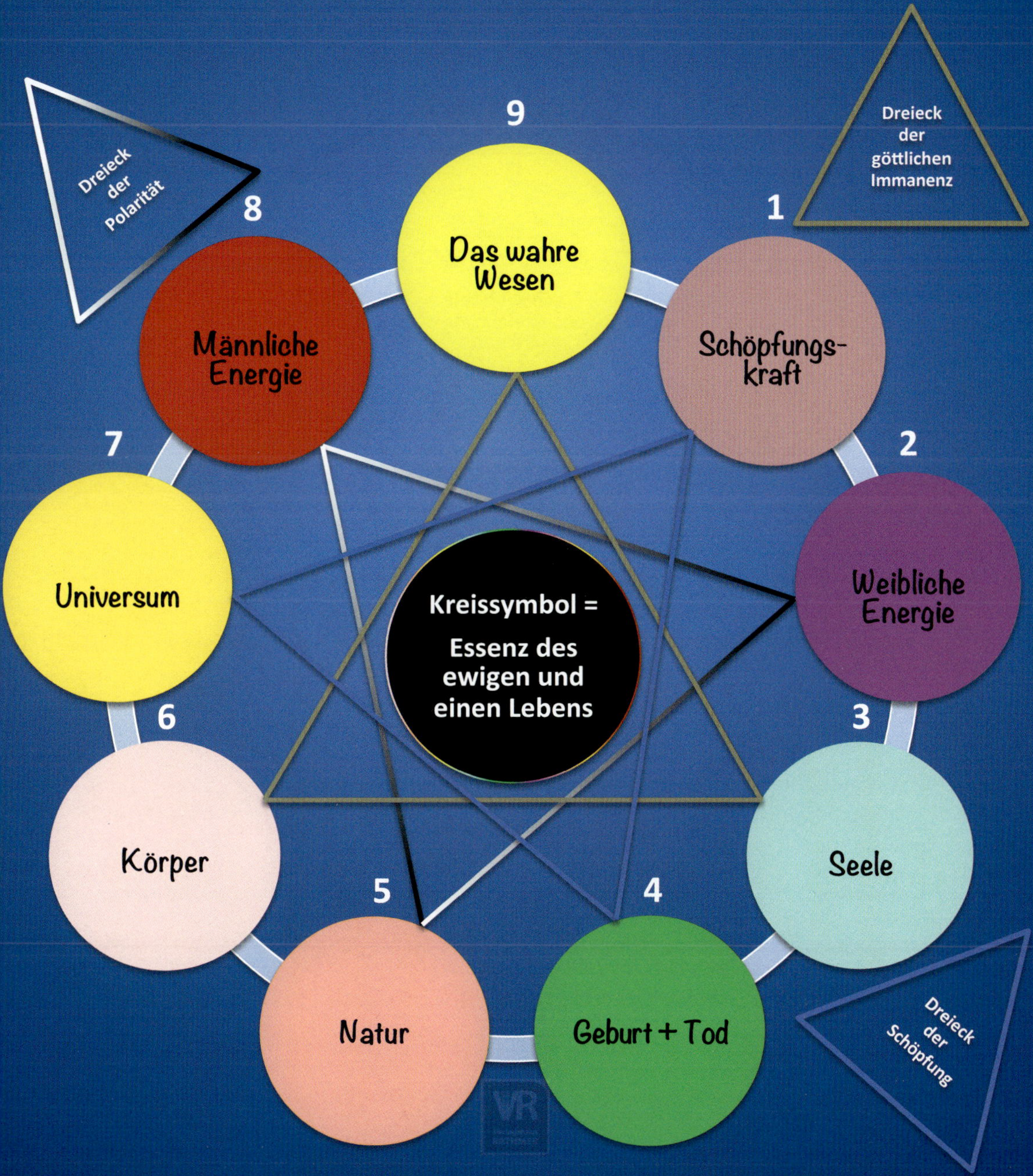

Frei werden* von der eigenen (unbewussten) Enneagramm-Fixierung

* Man wird wirklich frei und hat eine Wahl, wenn man seine eigene Enneagramm-Fixierung auf allen Ebenen des Seins (mental, emotional, instinktiv) reflektiert und meditativ nach innen geht, um diese spezifische Wahrnehmungsstruktur deutlich zu erkennen und durch dieses Erkennen frei davon zu werden. Diese Bewusstseinserweiterung als wichtigste ureigene Aufgabe ist nur dem Menschen vorbehalten und unterscheidet ihn dadurch wesentlich von allen anderen Lebewesen auf dieser Erde.

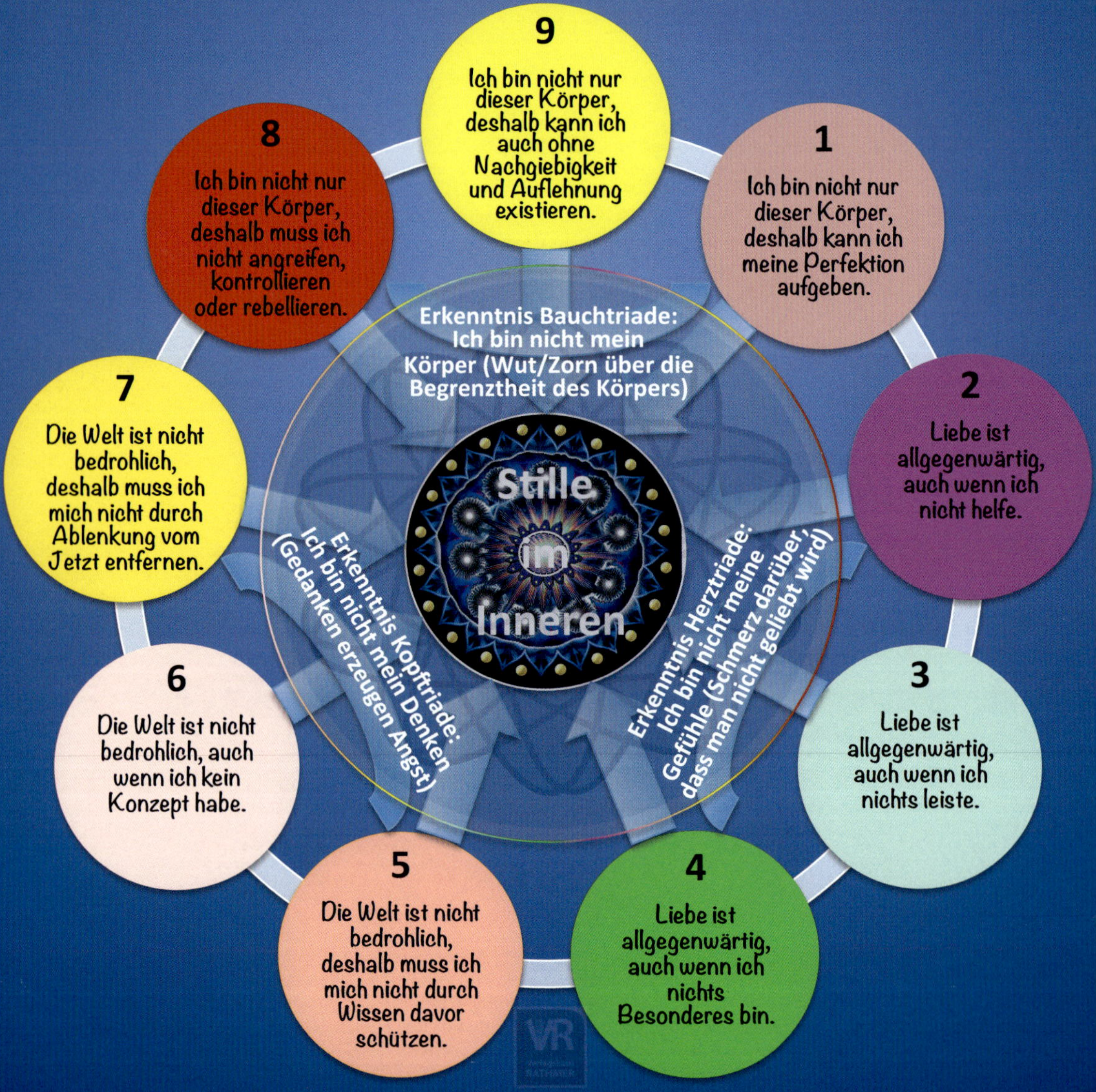

Raum für Notizen

8. Kapitel

Persönlichkeiten, Film, Musik & Kunst
(229 – 262)

229

Berühmte Komponisten

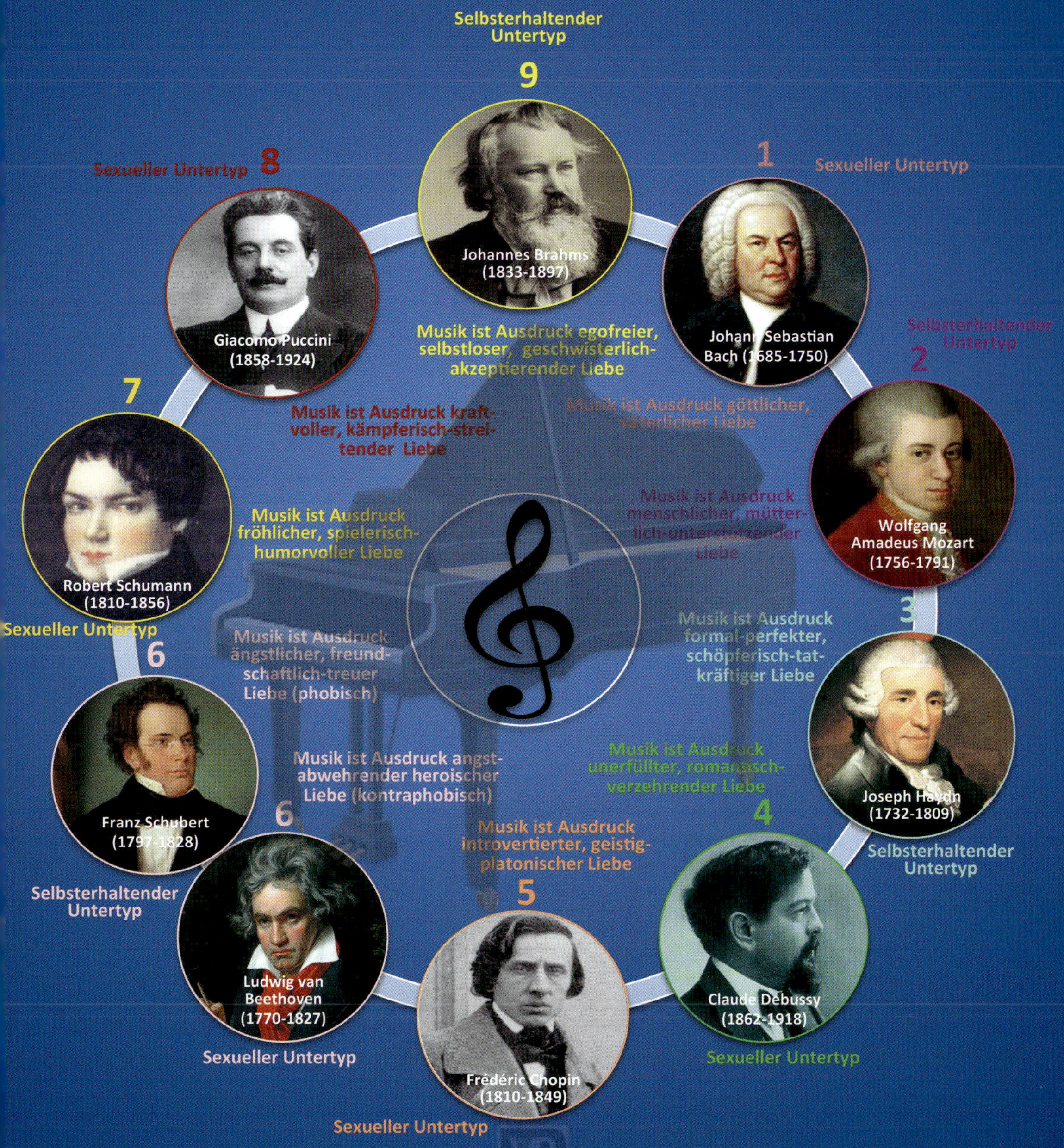

Anmerkung: Differenzierende Informationen zu den verschiedenen Untertypen siehe Übersichten 190 – 205.

230

Berühmte Ärzte/Therapeuten/Psychologen

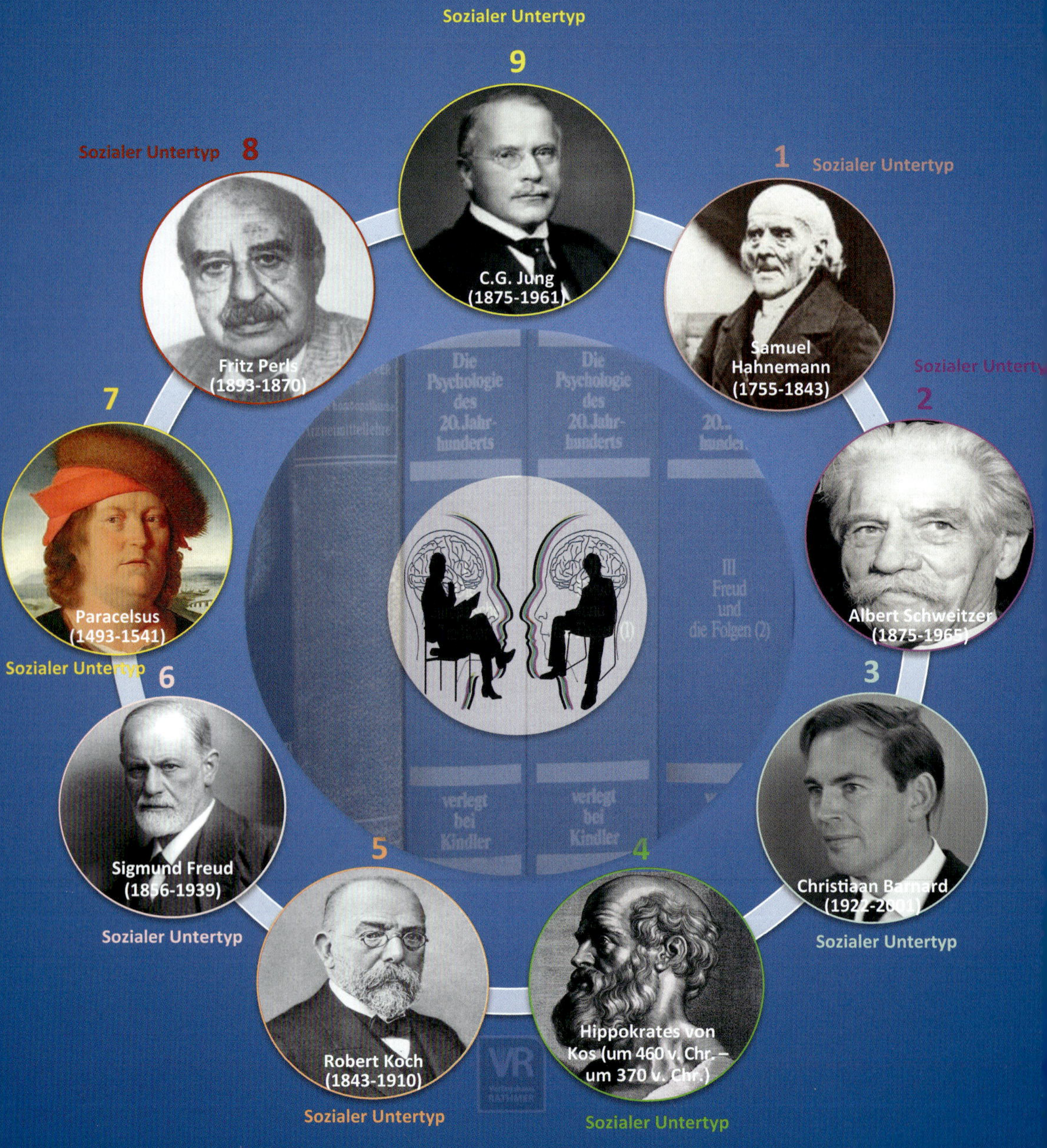

Anmerkung: Differenzierende Informationen zu den verschiedenen Untertypen siehe Übersichten 190 – 205.

231

Berühmte Schriftsteller

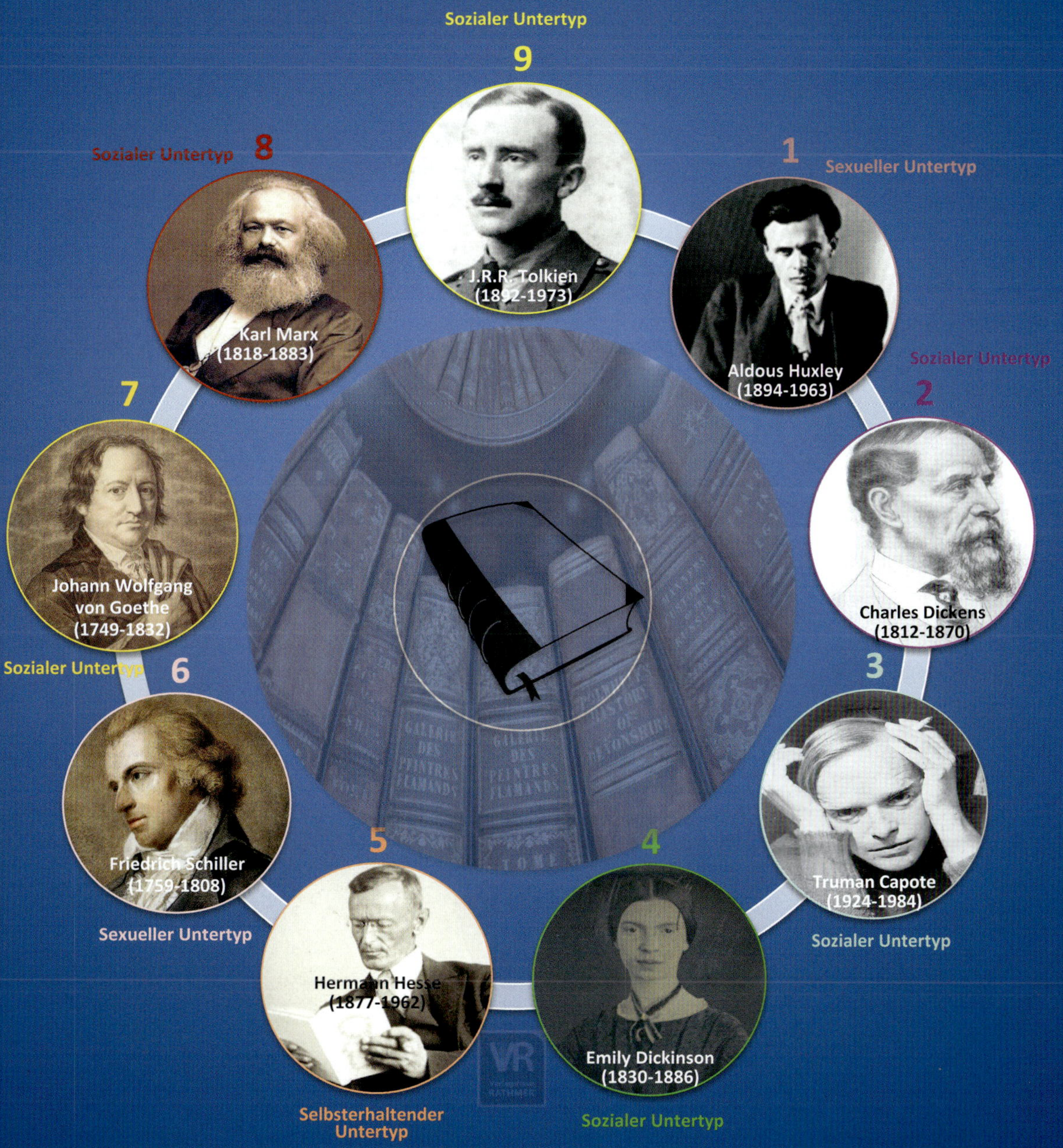

Anmerkung: Differenzierende Informationen zu den verschiedenen Untertypen siehe Übersichten 190 – 205.

Berühmte Philosophen

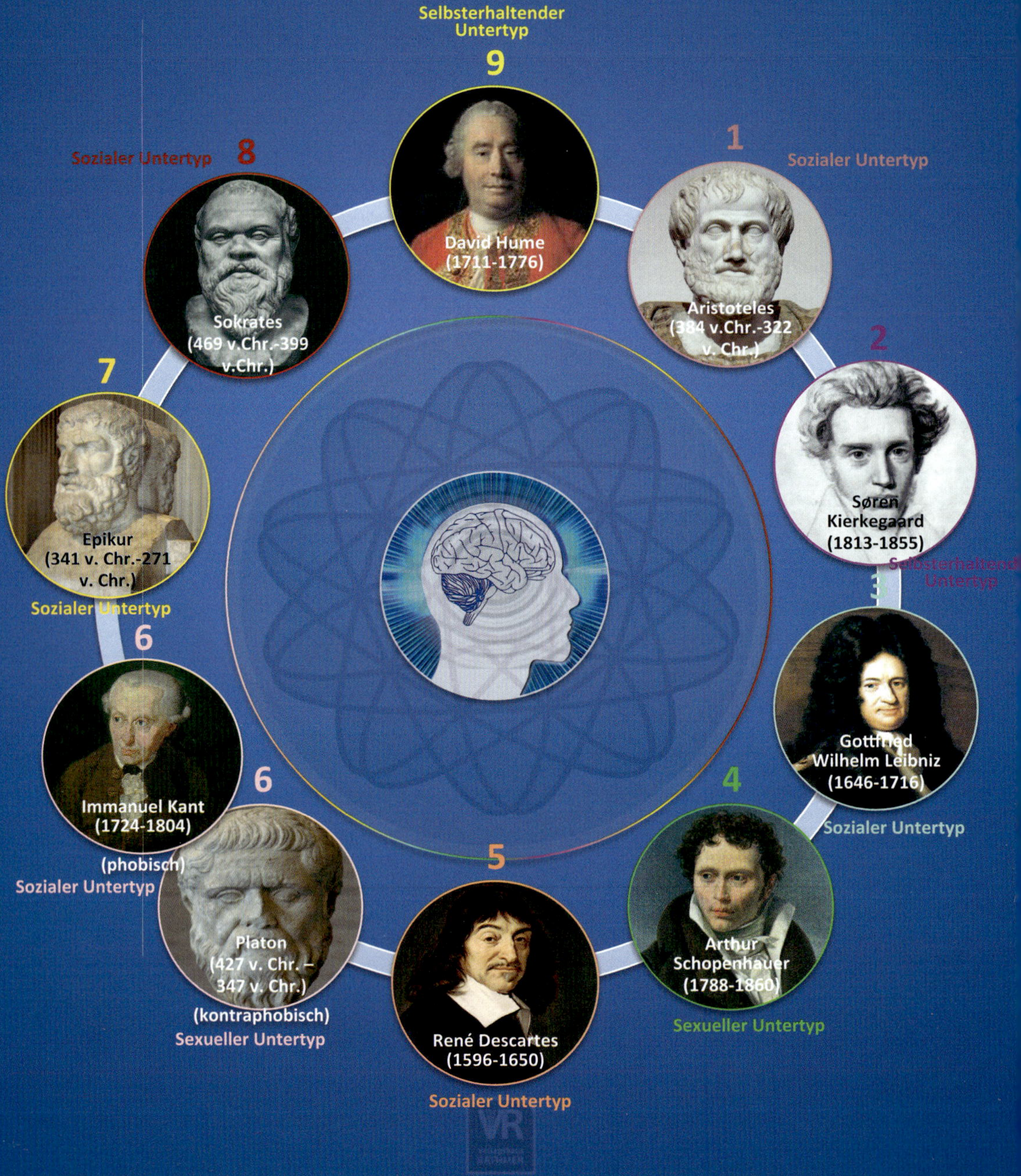

Anmerkung: Differenzierende Informationen zu den verschiedenen Untertypen siehe Übersichten 190 – 205.

Weitere namentlich genannte Philosophen

Anmerkung: Insgesamt betrachtet gibt es in der Geschichte der berühmten Philosophen einige Einsen, sehr wenige Zweien und Dreien, einige wenige Siebenen und Achten, nur zwei Neunen. Allerdings gibt es eine Art von **„philosophischer Ecke“ des Enneagramms** mit zahlreichen Vieren, Fünfen und Sechsen unter den berühmten Philosophen.

Berühmte Persönlichkeiten vom Enneatyp 1

Steve Jobs

Hillary Clinton

Bertrand Russell

Fred Astaire

Mahatma Gandhi

Arthur Miller

Katharine Hepburn

Leonard Nimoy

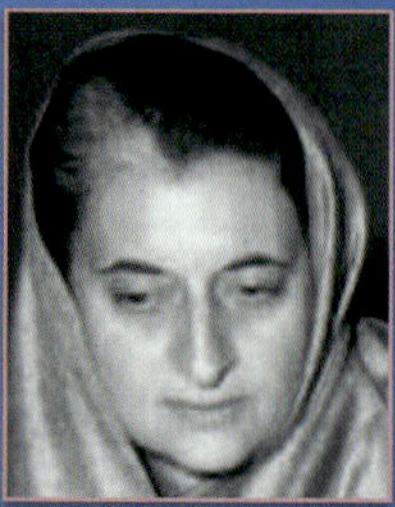
Indira Gandhi

Ursula von der Leyen

Harrison Ford

Mark Twain

Papst Johannes Paul II.

Patrick Stewart

Herbert von Karajan

Emma Thompson

Al Gore

Wladimir Klitschko

Nelson Mandela

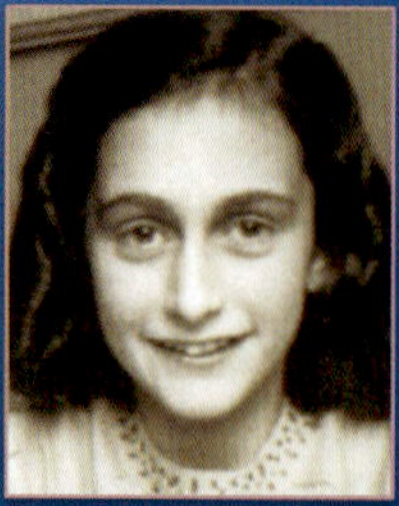
Anne Frank

Berühmte Persönlichkeiten vom Enneatyp 2

Florence Nightingale

Papst Franziskus

Whitney Houston

José Ortega y Gasset

Mutter Theresa

Sammy Davis Jr.

Olivia de Havilland

Ray Charles

Imelda Marcos

Eva Perón, genannt Evita

Elizabeth Taylor

Elvis Presley

Rosalynn Carter

Laura Bush

Farrah Fawcett

Patsy Ramsey

John Travolta

Betty Friedan

Jimmy Carter

Giacomo Casanova

Berühmte Persönlichkeiten vom Enneatyp 3

Karl Popper

Tom Cruise

William James

William Shatner („Captain Kirk“)

Bill Clinton

Oprah Winfrey

F. Scott Fitzgerald

Halle Berry

Karl Lewis

Steffi Graf

Christopher Reeve

David Copperfield

Helene Fischer

John F. Kennedy

Richard Gere

Mario Barth

Benjamin Netanjahu

Victoria Beckham

Miroslav Klose

Lance Armstrong

Berühmte Persönlichkeiten vom Enneatyp 4

Orson Welles

Winona Ryder

Joachim Löw

Isabel Allende

Charles Baudelaire

Maria Callas

Claude Monet

Isabelle Adjani

Michelangelo

Cate Blanchett

David Garrett

Kate Bush

Johnny Depp

Romy Schneider

Marlon Brando

Kate Winslet

Michael Jackson

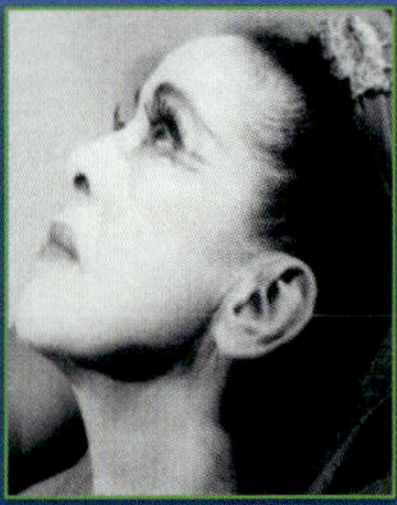
Martha Graham

Prinz Charles

Angelina Jolie

Berühmte Persönlichkeiten vom Enneatyp 5

Friedrich Nietzsche

Greta Garbo

Leonardo da Vinci

Michelle Pfeiffer

Bill Gates

Madeleine Stowe

Jules Verne

Alfred Hitchcock

Jane Goodall

Wladimir Iljitsch Lenin

Sam Neill

Thomas Edison

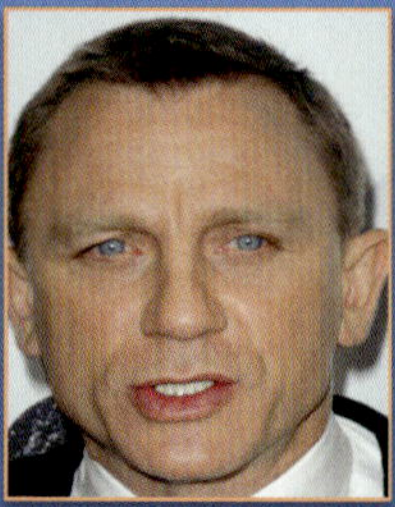
Daniel Craig

Vincent van Gogh

Anthony Hopkins

Marie Curie

Hermann Hesse

Roman Polanski

Herbert Grönemeyer

Jean Pütz

Berühmte Persönlichkeiten vom Enneatyp 6

Frank Elstner

Nena

Woody Allen

Diane Keaton

Hugh Grant

Marylin Monroe

Robert Redford

Emma Watson

Mesut Özil

Iris Berben

George W. Bush

Jiddu Krishnamurti

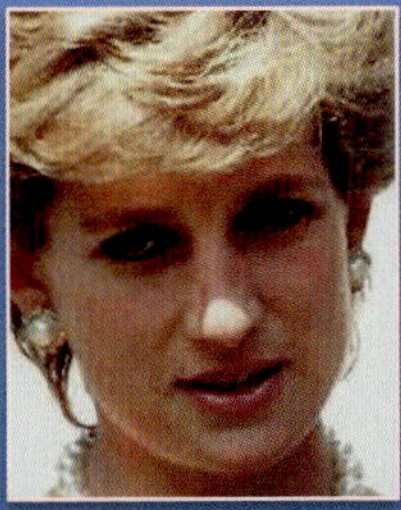
Diana, Princess of Wales

Julia Roberts

Papst Benedikt XVI.

Ellen DeGeneres

Elijah Wood („Frodo“)

Renée Zellweger

Robert De Niro

Joachim Gauck

Berühmte Persönlichkeiten vom Enneatyp 7

Thomas Gottschalk

Bette Midler

Cary Grant

Carol Burnett

Wassily Kandinsky

Shakira

Steven Spielberg

George Clooney

Richard Branson

Michael Ballack

Jacqueline Bisset

Brad Pitt

Drew Barrymore

Franz Beckenbauer

Lothar Matthäus

Jeanne Moreau

Gérard Depardieu

Liza Minelli

Atze Schröder

Salvador Dalí

Berühmte Persönlichkeiten vom Enneatyp 8

Angela Merkel

Winston Churchill

Franz-Josef Strauss

Jack Nicholson

Pink

Quentin Tarantino

Larry Hagman

Diego Maradona

Michelle Obama

Ludwig Erhard

Golda Meir

Peer Steinbrück

Sigourney Weaver

Mao Zedong

Martin Luther King

Fidel Castro

Bud Spencer

John Wayne

Franck Ribéry

Telly Savalas

Berühmte Persönlichkeiten vom Enneatyp 9

Barack Obama

Jennifer Aniston

Jürgen Klinsmann

Silvia Neid

Papst Johannes XXIII.

Prinzessin Beatrix der Niederlande

Richard von Weizsäcker

Audrey Hepburn

James Stewart

Sandra Bullock

Ronald Reagan

Kevin Costner

Max Schmeling

Maria Höfl-Riesch

Königin Elizabeth II.

Max Moor

Stan Laurel

Robin Wright

Ingrid Bergman

Jeff Bridges

Enneastruktur Typ 1 in der Kunst

American Gothic, Gemälde von Grant Wood (1891-1942)

Enneastruktur Typ 2 in der Kunst

Madonna: Typ 2 (selbsterhaltender Untertyp)

Sixtinische Madonna, Gemälde von Raffael (1483-1520)

Enneastruktur Typ 3 in der Kunst

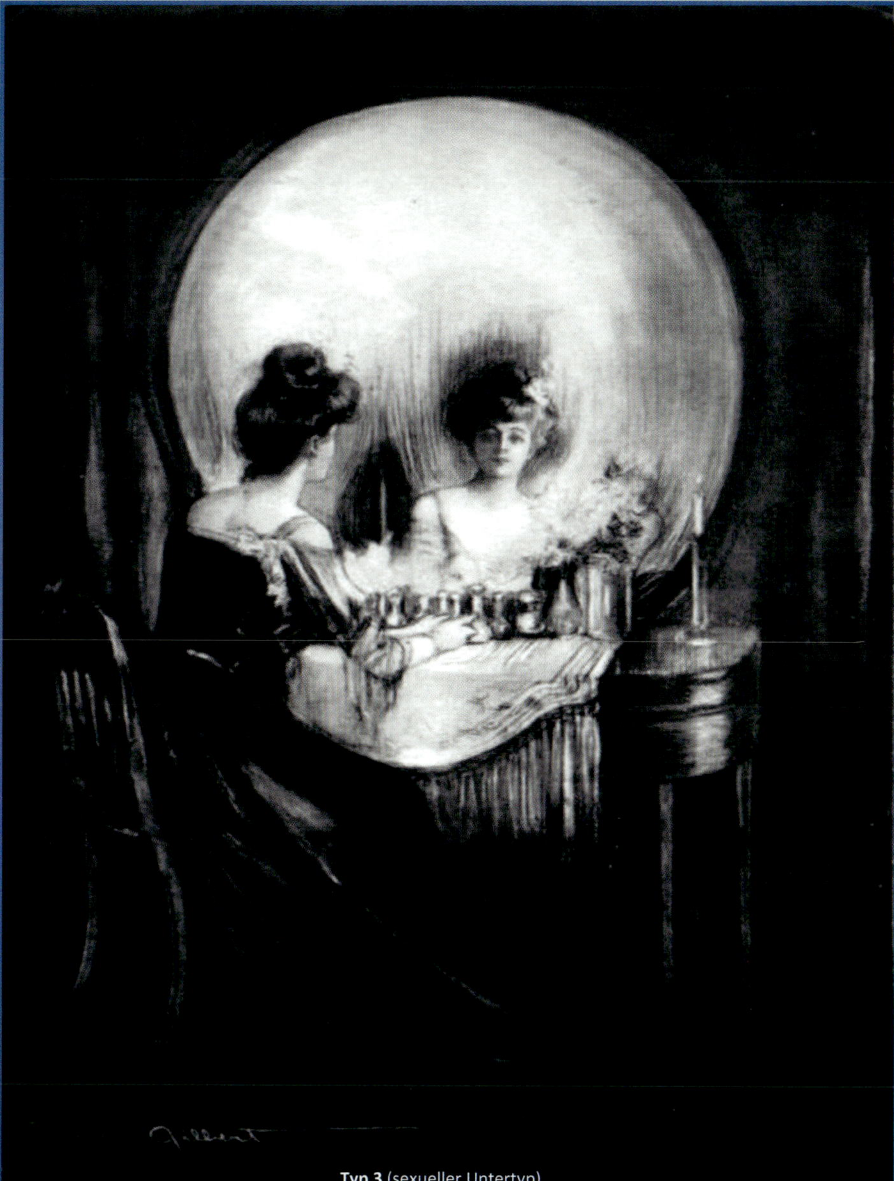

Typ 3 (sexueller Untertyp)

Alles ist Eitelkeit (All is Vanity), Gemälde von Charles Allan Gilbert (1873-1929)

246

Enneastruktur Typ 4 in der Kunst

Das Mädchen mit dem Perlenohrgehänge,
Gemälde von Jan Vermeer (1632-1675)

Enneastruktur Typ 5 in der Kunst

Typ 5 (selbsterhaltender Untertyp)

Der Denker, Skulptur von Auguste Rodin (1840-1917); vor dem Musée Rodin in Paris

248

Enneastruktur Typ 6 in der Kunst

Typ 6 (selbsterhaltender Untertyp)

Der Schrei, Gemälde von Edvard Munch (1863-1944); in Privatbesitz

Enneastruktur Typ 7 in der Kunst

Typ 7 (sexueller Untertyp)

Mumienportrait aus A l-Fayyūm
(altägyptische Wandmalerei)

Enneastruktur Typ 8 in der Kunst

Typ 8 (sozialer Untertyp)

Bildnis von Karl Marx (1818-1883)
(Fotografie von John Mayall junior)

Enneastruktur Typ 9 in der Kunst

Typ 9 (selbsterhaltender Untertyp)

Mona Lisa (ital. La Gioconda „Die Heitere"),
Gemälde von Leonardo da Vinci (1452-1519)
(Standort Musée Louvre Paris)

Typische Spielfilme*

1
Die Brücke am Kwai (1957)
Regie: David Lean
Schauspieler: Alec Guinness, Sessue Hayakawa

2
Boulevard der Dämmerung (1950)
Regie: Billy Wilder
Schauspielerin: Gloria Swanson

3
Basic Instinct (1992)
Regie: Paul Verhoeven
Schauspielerin: Sharon Stone

4
Der vierte Mann (1983)
Regie: Paul Verhoeven
Schauspieler: Jeroen Krabbé

5
Ozeanische Gefühle (1985)
Regie: John Irvin
Schauspieler: Glenda Jackson, Ben Kingsley

6
Das Appartement (1960)
Regie: Billy Wilder
Schauspieler: Jack Lemmon (6), Shirley Mc Laine (9), Fred Mc Murray (3)

7
Lilien auf dem Felde (1963)
Regie: Ralph Nelson
Schauspieler: Sidney Poitier

8
Weißer Jäger, schwarzes Herz (1990)
Regie: Clint Eastwood
Schauspieler: Clint Eastwood, Jeff Fahey

9
Kleine Mörder (1971)
Regie: Alan Arkin
Schauspieler: Elliott Gould

* In den nachfolgenden 9 Übersichten werden Spielfilme aufgezählt, deren Hauptthemen den universellen Prinzipien der einzelnen Enneagramm-Muster bzw. deren Untertypen entsprechen und sozusagen das Gefühl für die energetische Qualität jedes Urprinzips in besonderer Weise widerspiegelt. Natürlich gibt es innerhalb der Filme auch weitere unterschiedliche Charaktere, welche die jeweils anderen Muster des Enneagramms darstellen.

Spielfilme themenbezogen nach Untertypen sortiert (Enneatyp 1)

Selbsterhaltender Untertyp

Verhängnisvolles Verlangen (1989); Zug der Furchtlosen (1956); Das war der Wilde Westen (1962); Früchte des Zorns (1940); Marrakesch (1998); Uptown Girls – Eine Zicke kommt selten allein (2004); Laurel Canyon (2002); Am goldenen See (1981); A Christmas Carol – Die Nacht vor Weihnachten (1999); Cocoon (1985); Die rote Violine (1998); Wo die Lilien blühen (1974); Note by Note – The Making of Steinway L1037 (2010); Der einzige Zeuge (1985); Wie auch wir vergeben – Amish Grace: Nach einer wahren Begebenheit (2012); Camila – Das Mädchen und der Priester (1984); Miss Daisy und ihr Chauffeur (1989); Glory (1989)

Sozialer Untertyp

Die Brücke am Kwai (1957); Reds (1981); So wie wir waren (1973); Amazing Grace (2006); Zeit der Prüfungen (1973); Schlappe Bullen beißen nicht (1987); Glaubensfrage (2008); Ein Mann zu jeder Jahreszeit (1966); Die zwölf Geschworenen (1957); Serpico (1973); Wer die Nachtigall stört (1962); The Verdict – Die Wahrheit und nichts als die Wahrheit (1990); Die Stunde des Siegers (1981); Ein Mann wie Sprengstoff (1949); Philadelphia (1993); Long Walk Home (2002); Australia (2008); Swing Kids (1993); Die Geschichte der Dienerin (1990); Les Misérable (1938/1997/2012); Auf der Flucht (1993); Das Urteil von Nürnberg (1961)

Sexueller (sexuell-aggressiver) Untertyp (= Kontratyp)

Der Priester (1994); Die schwarze Narzisse (1947); Der König und ich (1956); Dance! (Take the Lead) (2006); My Fair Lady (1984); Traum meines Lebens (1955); Vermisst (1982); Verzauberter April (1983); Kuß der Spinnenfrau (1985); African Queen (1951); Babettes Fest (1987); The September Issue (2011); Dr. Jekyll und Mr. Hyde (1932); Footloose (1984); Dirty Dancing (1987); Meine Lieder, meine Träume (1959); Die Bibel (1966); Geschichte einer Nonne (1959); Das Piano (1993); Abbitte (2007); Die zehn Gebote (1956)

254

Spielfilme themenbezogen nach Untertypen sortiert (Enneatyp 2)

Selbsterhaltender Untertyp (= Kontratyp)

Boulevard der Dämmerung (1950); Die Farbe des Herzens (1998); Nicht ohne meine Tochter (1991); Mrs. Doubtfire – Das stachelige Kindermädchen (1993); Geheimnis der Mutter (1948); Alice lebt hier nicht mehr (1974); In America (2002); Anatevka (1971); October Sky (1999); Echte Frauen haben Kurven (2002); Bollywood/Hollywood (2002); Vater der Braut (1991); Meine liebe Rabenmutter (1981); East is East (1999); Julie & Julia (2009); Yentl (1983); Amy und die Wildgänse (1996); Nurth Edith Cavell (1939); Florence Nightingale (1985); Der Zauberer von Oz (1939); Die Glasmenagerie (1987)

Sozialer Untertyp

Eine für 4 (2005); Der Jane Austen Club (2007); Grüne Tomaten (1991); Töchter des Himmels (1993); Ein amerikanischer Quilt (1995); Magnolien aus Stahl (1989); Ich tanze mich in dein Herz hinein (1935); Die Nacht vor der Hochzeit (1940); Vier Hochzeiten und ein Todesfall (1994); Auf Messers Schneide (1984); Stadt der Freude (1992);

Sexueller (sexuell-aggressiver) Untertyp

Love Story (1970); Harry und Sally (1989); Schlaflos in Seattle (1993); Er steht einfach nicht auf Dich (2009); Summer `42 (1971); Die Reifeprüfung (1967); Der Mann im Mond (1991); Eine verhängnisvolle Affäre (1987); Die schwarze Witwe (1987); Der blaue Engel (1930); Hölle, wo ist dein Sieg? (1940); Ein tödlicher Traum (1980); A.I. – Künstliche Intelligenz (2001); Ghost – Nachricht von Sam (1990); Ein Gespenst auf Freiersfüßen (1947); Magnolien aus Stahl (1989); Sweet Charity (1969); Of Human Bondage (1934); Auf der Suche nach Mr. Goodbar (1977); Licht im Dunkel (1962); Stadt der Freude (1992)

Spielfilme themenbezogen nach Untertypen sortiert (Enneatyp 3)

Selbsterhaltender Untertyp (= Kontratyp)
Das Streben nach Glück (2006); Mein linker Fuß (1989); Vier irre Typen – Wir schaffen alle, uns schafft keiner (1979); Das Reich der Sonne (1987); Interview mit einem Vampir (1994); Castaway – Verschollen (2000); Zeit der Zärtlichkeit (1983); Wall Street (1987); Lockere Geschäfte (1983); Enthüllung (1994); Tschechischer Traum (2004); Baby Blues (1998); Die Sensationsreporterin (1981); In einem fernen Land (1992)

Sozialer Untertyp
Das Leben – Ein Sechserpack (1993); Eine ganz normale Familie (1980); Mit aller Macht (1998); Die Firma (1993); In Sachen Henry (1991); Schindlers Liste (1993); Die unsichtbare Falle (1997); Apollo 13 (1995); Gesprengte Ketten (1963); Freiwurf (Hoosiers) (1986); Die Bären sind los (1976); The Great Debaters – Die Macht der Worte (2007); Clueless – Was sonst! (1995); Germany`s Next Top Model (TV-Serie seit 2006 - lfd.); Pretty Woman (1990); Mr. Holland`s Opus (1995); Der 200 Jahre Mann (2000); Peaceful Warrior – Der Pfad des friedvollen Kriegers (2006)

Sexueller (sexuell-aggressiver) Untertyp
Basic Instinct (1992); Der Stoff, aus dem die Helden sind (1983); Top Gun – Sie fürchten weder Tod noch Teufel (1986); Rocky – Die Chance seines Lebens (1976); Superman (1978); Die Waffen der Frauen (1988); Tootsie (1982); Hancock (2008); Ein charmanter Hochstapler (1961); Jerry Maguire – Spiel des Lebens (1996); Im Auftrag des Teufels (1997); Nachrichtenfieber – Broadcast News (1987); Alles über Eva (1950); Die Dornenvögel (1983); Gefährliche Liebschaften (1988); Ted Bundy (2002); Der talentierte Mr. Ripley (1999); A Star is Born (1976); Das Rosenbett (1996); Die Sensationsreporterin (1981); Workaholic (1996); Kramer gegen Kramer (1979); Bee Season – Die Buchstabenprinzessin (2005); Dogville (2003); Prestige – Die Meister der Magie (2006)

256

Spielfilme themenbezogen nach Untertypen sortiert (Enneatyp 4)

Selbsterhaltender Untertyp (= Kontratyp)

Mein linker Fuß (1989); Meine brillante Karriere (1979); Joan Baez – How Sweet the Sound (2009); Vincent und Theo (1990); Pollock (2000); Alice Neel (2007); Das Mädchen mit dem Perlenohrring (2003); Artemisia – Schule der Sinnlichkeit (1997); Lost in Translation – Zwischen den Welten (2003); Family Man – Eine himmlische Entscheidung (2000); Moonlight Mile (2002); Die Wahrheit über Engel (2000); Jenseits von Afrika (1985); Magnolia (1999); Safe (1995); The Hours – Von Ewigkeit zu Ewigkeit (2002); Being John Malkovich (1999)

Sozialer Untertyp

Die Glasmenagerie (1987); Anastasia (1956); Der scharlachrote Buchstabe (1995); Manic – Weggesperrt (2001); Tom & Viv (1994); Dumbo, der fliegende Elefant (1941); Das hässliche Entlein (1931); Der Elefantenmensch (1980); Weißer Oleander (2002); Georgy Girl (1966); ... denn sie wissen nicht, was sie tun (1955); Der Teufel trägt Prada (2006); Isadora (1968); Coco Chanel – Der Beginn einer Leidenschaft (2009); Vincent und Theo (1990); Germany`s Next Top Model (2006 - lfd.);

Sexueller (sexuell-aggressiver) Untertyp

Der vierte Mann (1983); Romeo und Julia (2013); West Side Story (1961); Dr. Schiwago (1965); The New World (2005); Das Piano (1993); Stadt der Engel (1998); Das Geisterhaus (1993); Dancer in the Dark (Tänzerin im Dunkeln) (2000); The Hours – Von Ewigkeit zu Ewigkeit (2002); Die Geliebte des französischen Leutnants (1981); Der Zauberer von Oz (1939); Durchgeknallt (1999); Zeit des Aufruhrs (2008); Marrakesch (1998); Holy Smoke (1999); Into the Wild (2007); Auf Messers Schneide (1984); Am Wendepunkt (1977); Hinter dem Horizont (1998); In America (2002)

Spielfilme themenbezogen nach Untertypen sortiert (Enneatyp 5)

Selbsterhaltender Untertyp
Ozeanische Gefühle (1985); Zeit des Erwachens (1990); Shadowlands – Ein Geschenk des Augenblicks (1993); Fahrenheit 451 (1966); David und Lisa (1962); Das Geheimnis des blauen Schmetterlings (2004); Station Agent (2003); Charly (1968); A Beautiful Mind – Genie und Wahnsinn (2001); Lushins Verteidigung (2002); Der Fänger (1965); Crumb (1994); Du gehst nicht allein (2010); 2001: Odyssee im Weltraum (1968); Auf Messers Schneide (1984); Der 200 Jahre Mann (2000); E.T. – Der Außerirdische (1982); Starman (1984); A.I. – Künstliche Intelligenz (2001)

Sozialer Untertyp
Auf Wiedersehen, Mr. Chips (1939); Die Verurteilten (1994); Apollo 13 (1995); A Beautiful Mind – Genie und Wahnsinn (2001); Zeit des Erwachens (1990); Die Abenteuer des Sherlock Holmes (1939); Hercule Poirot-Filme; Tom & Viv (1994); Verhängnis (1992); The Da Vinci Code – Sakrileg (2006); 21 (2008); Fahrenheit 451 (1966); 1984 (1984); Du gehst nicht allein (2010)

Sexueller (sexuell-aggressiver) Untertyp (= Kontratyp)
Der Fänger (1965); Sex, Lügen und Video (1989); Crumb (1994); Georgia O`Keeffe (2009); Kinsey – Die Wahrheit über Sex (2004); Rain Man (1988); Das Schweigen der Lämmer (1991); Die Dämonischen (1956); Die Abenteuer des Sherlock Holmes (1939); Brazil (1985); Fargo – Blutiger Schnee (1996)

Spielfilme themenbezogen nach Untertypen sortiert (Enneatyp 6)

Selbsterhaltender Untertyp

Das Appartement (1960); Ein Meer für Sarah (1991); Kleine tapfere Jo (1949); Sein Freund Jello (1957); Unsere kleine Stadt (1940); Im Dutzend billiger (1950); Der Fall Winslow (1948); Magnolien aus Stahl (1989); Himalaya – Die Kindheit eines Karawanenführers (1999); Und täglich grüßt das Murmeltier (1993); Du lebst noch 105 Minuten (1948); Die Stunde der Patrioten (1992); Hostage – Entführt (2005); Das Haus der Lady Alquist (1944); Was ist mit Bob? (1991); Woody Allen-Filme (1970er – 1980-er-Jahre); Billy Crystal-Filme (1980er – 1990-er-Jahre); Nie wieder New York (1970); Die schrillen Vier auf Achse (1983); About Schmidt (2002); The Killing Fields – Schreiendes Land (1984); The Big Picture (1989); Der Soldat James Ryan (1998)

Sozialer Untertyp

Superman (1978); Spider-Man (2002); A Christlas Carol – Die Nacht vor Weihnachten (1999); Ihre Majestät Mrs. Brown (1997); Auf Wiedersehen, Mr. Chips (1939); Teufelskerle (1938); Schlappe Bullen beißen nicht (1987); Der Stoff, aus dem die Helden sind (1983); Die Zeit ohne Grace (2007); Flug 93 (2006); Im Feuer (2004); 11. September – Die letzten Stunden im World Trade Center (2002); Der Löwe von Sparta (1962); Insider (1999); Das Experiment (2001); Norma Rae – Eine Frau steht ihren Mann (1979); Erin Brockovich (2000); Die rote Flut (1984)

Sexueller (sexuell-aggressiver) Untertyp (= Kontratyp + kontraphobischer Typ)

De rote Tapferkeitsmedaille (1951); Die vier Federn (2002); Superman (1978); Bambi (1942); Resurrection – Die Auferstehung (1999); David und Goliath (1959); Der Marathon-Mann (1976); Kopfgeld – Einer wird bezahlen (1996); Fearless – Jenseits der Angst (1993); Ein Jahr in der Hölle (1982); Pretty Woman (1990); Safe Passage (1994); Herr der Gezeiten (1991); Contact (1997); Vertigo – Aus dem Reich der Toten (1958); Der Unbeugsame (1967); Einer flog über das Kuckucksnest (1975); 88 Minuten (2007); Auf der Flucht (1993); Flug 93 (2006)

Spielfilme themenbezogen nach Untertypen sortiert (Enneatyp 7)

Selbsterhaltender Untertyp

Station Agent (2003); Uptown Girls – Eine Zicke kommt selten allein (2003); Footloose (1984); Chocolat – Ein kleiner Biss genügt (2000); Bottle Shock (2008); Julie & Julia (2009); Tausend Clowns (1965); Die Maske (1994); Garbage Warrior (2008); Ich glaub`, mich tritt ein Pferd (1978); Der große Wolf ruft (1964); Der Verführer lässt schön grüßen (1966); Blues Brothers (1980); Viel Rauch um Nichts (1978); Rita will es endlich wissen (1983)

Sozialer Untertyp (= Kontratyp)

Lilien auf dem Feld (1963); Tucker – Ein Mann und sein Traumauto (1988); Garbage Warrior (2008); Flash of Genius (2008); Mosquito Coast (1986); Fitzcarraldo (1982); Der Mann von La Mancha (1972); Lost in La Mancha (2002); Marrakesch (1998); Gottes Werk & Teufels Beitrag (1999); Flucht aus Paris (1935); Der Club der toten Dichter (1989); Mr. Bill (1994); Junge Dornen (1967); Harry Potter-Filme; Hair (1979); Woodstock (1970)

Sexueller (sexuell-aggressiver) Untertyp

Robin Hood, König der Vagabunden (1938); Zwei Banditen (1969); Unter Piratenflagge (1935); Beetlejuice (1988); Der Zauberer von Oz (1939); Good Morning, Vietnam (1987); Big (1988); Cabaret (1972); Der Clou (1973); Paper Moon (1973); Hinter dem Horizont (1998); Die Totenliste (1963); Der Mann, der König sein wollte (1975); Monty Pyton-Filme (1970er – 1980-er Jahre); Bill & Teds verrückte Reise durch die Zeit (1988); Endless Summer (1966); In 80 Tagen um die Welt (1956); Abenteuer am Mississippi (1960); Star Wars (1977); Indiana Jones und der Tempel des Todes (1984); Zurück in die Zukunft (1985); Into the Wild (2007); Auf Messers Schneide (1984); Sturz ins Leere (2003); Einsam sind die Tapferen (1962); About a Boy oder: Der Tag der toten Ente (2002); Was das Herz begehrt (2003); Zeit der Zärtlichkeit (1983)

260

Spielfilme themenbezogen nach Untertypen sortiert (Enneatyp 8)

Selbsterhaltender Untertyp

Invincible – Unbesiegbar (2001); Hanoi Hilton (1987); Der längste Tag (1962); Samson und Delilah (1949); The Green Mile (1999); Wie ein wilder Stier (1980)

Sozialer Untertyp (= Kontratyp)

Ein Offizier und Gentleman (1982); Der letzte König von Schottland – In den Fängen der Macht (2006); Heat (1995); Stalin (1992); Der Pate (1972); Reine Nervensache (1999); Reine Nervensache 2 (2002); Patton – Rebell in Uniform (1970); MacArthur – Held des Pazifik (1977); Elizabeth (1998); Stand and Deliver (1998); Der Tag, an dem die Erde stillstand (1951); Krakatoa – Das größte Abenteuer des letzten Jahrhunderts (1969); Kampf der Welten (1953); Independence Day (1996); Armageddon – Das jüngste Gericht (1998); 2012 – Das Ende der Welt (2012)

Sexueller (sexuell-aggressiver) Untertyp

Weißer Jäger, schwarzes Herz (1990); Vom Winde verweht (1939); Der Sieger (1952); Cleopatra (1963); Der König und ich (1956); Good Will Hunting (1997); Magnolia (1999); Der letzte Scharfschütze (1976); Mission (1986); Der schwarze Falke (1956); Der Pate (1972); Zwölf Uhr mittags (High Noon) (1952); Der Kommandeur (1949); Der Texaner (1976); Die vier Söhne der Katie Elder (1965); Tara Bulba (1962); Kurzer Prozess – Righteous Kill (2008); Gladiator (2000); Die glorreichen Sieben (1960); Die sieben Samurai (1954); Spartacus (1960); Excalibur – Das Schwert des Königs (1981); Camelot – Der Fluch des goldenen Schwertes (1984); Ghost Dog – Der Weg des Samurai (1999); Gefährliche Schönheit – Die Kurtisane von Venedig (1998); Die durch die Hölle gehen (1978)

VR Verlag Rathmer

261

Spielfilme themenbezogen nach Untertypen sortiert (Enneatyp 9)

Selbsterhaltender Untertyp

Kleine Mörder (1971); Die Götter müssen verrückt sein (1980); Die glorreichen Sieben (1960); Die sieben Samurai (1954); Das Jahr ohne Vater (1972); Milagro – Der Krieg im Bohnenfeld (1988); Himalaya – Die Kindheit eines Karawanenführers (1999); Nashville Lady (1980); Walkabout (1971); Die Reisen des Mr. Leary (1988); Pleasantville – Zu schön, um wahr zu sein (1998); Gottes Werk & Teufels Beitrag (1999); Die Reifeprüfung (1967); Moonlight Mile (2002); Schiffsmeldungen (2001); Eine wahre Geschichte – The Straight Story (1999); Harry und Tonto (1974); Ist das Leben nicht schön? (1946); A Trip to Bountiful – Reise ins Glück (1985); Auf den ersten Blick (1999); Der Duft von Lavendel (2004); Der Bär (1988); Free Willy – Ruf der Freiheit (1993); Die unglaubliche Reise (1963); Seabiscuit – Mit dem Willen zum Erfolg (2003); Die Reise der Pinguine (2005); Die blaue Lagune (1980); Der Mann im Mond (1991); Die Wildnis ruft (1946); Amy und die Wildgänse (1996); Löwen aus zweiter Hand (2003); Wo der rote Farn wächst (2003); Peaceful Warrior – Der Pfad des friedvollen Kriegers (2006)

Sozialer Untertyp (= Kontratyp)

Sieben Jahre in Tibet (1997); Kundun (1997); Gandhi (1982); Greenfingers – Harte Jungs und zarte Triebe (2000); Kalender Girls (2003); Ein amerikanischer Quilt (1995); Buena Vista Social Club (1999); Sergeant York (1941); Lockende Versuchung (1956); Im Westen nichts Neues (1930); Freunde bis zum letzten (1956); Sex, Lügen und Video (1989); Pleasantville – Zu schön, um wahr zu sein (1998); Gottes Werk & Teufels Beitrag (1999); Mr. Smith geht nach Washington (1939); Das Glücksprinzip (2000)

Sexueller (sexuell-aggressiver) Untertyp

Charlie und die Schokoladenfabrik (1971); Big (1988); Die Chroniken von Narnia: Die Reise auf der Morgenröte (2010); Der Hobbit (2011); K-Pax – Alles ist möglich (2001); Cocoon (1985); In den Fesseln von Shangri-La (1937); Fremdes Wesen (1997); Karate Kid (1984); Kleines Mädchen, großes Herz (1944); Der schwarze Hengst (1979); Akeelah ist die Größte (2006); (Das Tagebuch der Anne Frank (1959); Wie ein einziger Tag (2004); Die zweite Wahl – Eine Romanze (1985); Auf den ersten Blick (1999); Die blaue Lagune (1980); Ein Gespenst auf Freiersfüßen (1947); Agnes – Engel im Feuer (1985); Bernadette von Lourdes (2001); Picknick am Valentinstag (1975); Bee Season – Die Buchstabenprinzessin (2005); Frühling, Sommer, Herbst, Winter... und Frühling (2003); Nell (1994); Little Big Man (1970); Whale Rider (2002); Walkabout (1971); Baraka (1992); Rangoon – Im Herzen des Sturms (1995); Der Herr der Ringe: Die Gefährten (2001)

VR Verlag Rathmer

Geh! gehorche meinen Winken,
Nutze deine jungen Tage,
Lerne zeitig klüger sein:
Auf des Glückes großer Waage
Steht die Zunge selten ein;
Du musst steigen oder sinken,
Du musst herrschen und
gewinnen,
Oder dienen und verlieren,
Leiden oder triumphieren,
Amboss oder Hammer sein.

Johann Wolfgang von Goethe
(1749-1832)

262

Hammer oder Amboss?

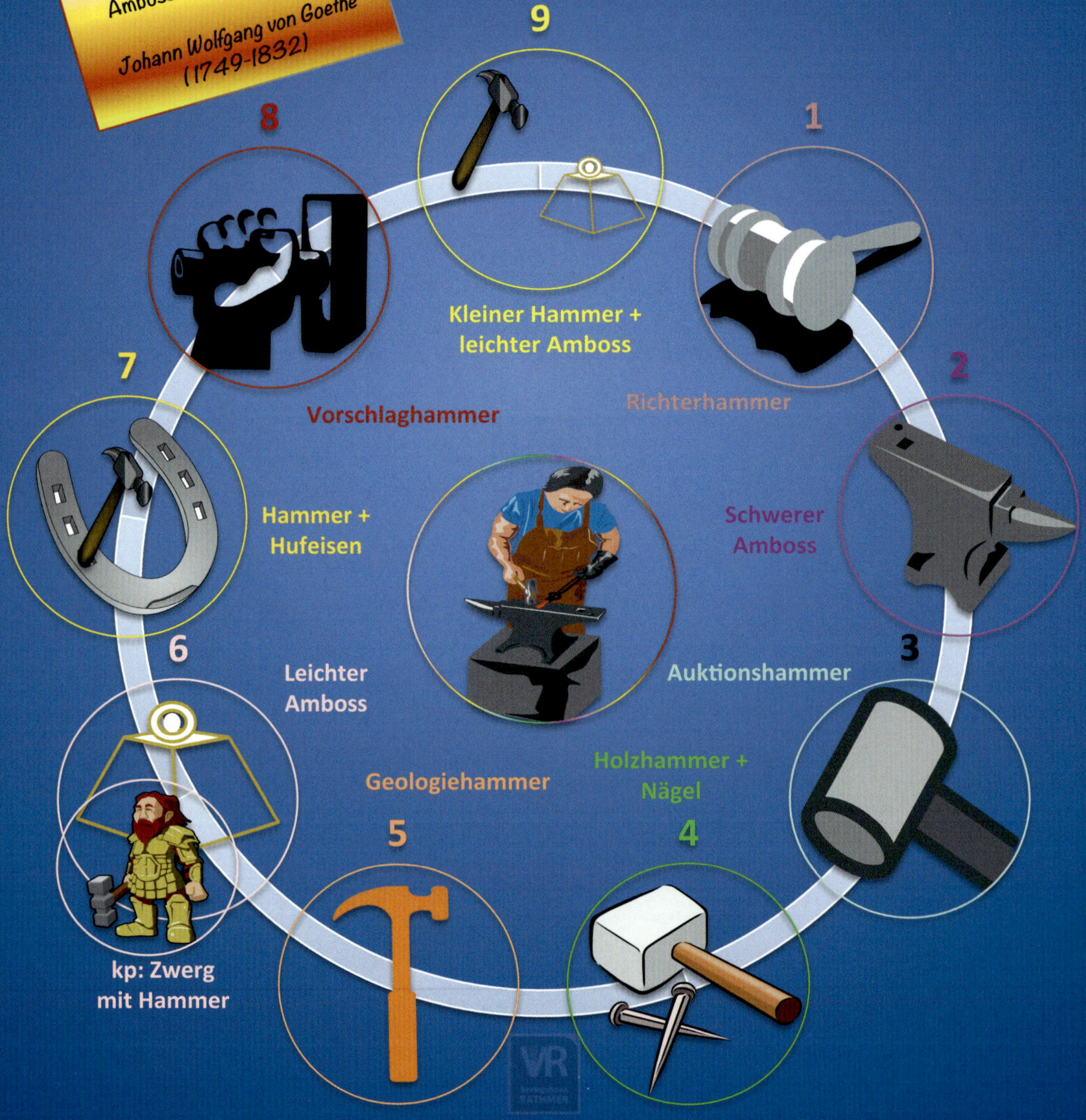

Raum für Notizen

9. Kapitel

Enneagramm-Diagnose-Test
(263 – 272)

Enneatyp-Diagnose-Test zum Ankreuzen

Nun hast du dich durch die Schaubilder inspirieren lassen, vielleicht das Buch in kurzer Zeit „verschlungen“, dabei dich und andere bereits sicher erkannt. Vermutlich bist du gerade in einer Art Rausch und versuchst, Persönlichkeiten aus Film und Fernsehen, deinen Chef oder deine Schwiegermutter in das „System der 9“ einzufügen. Falls es dir noch nicht gelungen ist dich selbst zu erkennen, versuche dieses mit Hilfe des folgenden Tests zu erreichen. Bist du dir bei der Beantwortung einzelner Fragen nicht sicher, frage bitte deine engsten Vertrauten nach deren Meinung. Das Selbst ist manchmal wie ein blinder Fleck für uns unsichtbar. Je mehr du bei dem jeweiligen Typ ankreuzen kannst, desto wahrscheinlich ist dieser. Falls du dich mit dem Ergebnis der Selbsteinschätzung erst einmal sehr unbehaglich fühlst, ist das ein gutes Indiz für einen Volltreffer. Sei *ehrlich* zu dir selbst ...

Enneagramm-Diagnose-Test: Enneatyp 1

1

- o Ich halte mich gern an Recht und Ordnung.
- o Ich möchte, dass sich alle an die Regeln halten.
- o Ich hasse es, wenn Menschen zu spät kommen.
- o Ich kann mich sehr lange über etwas ärgern.
- o Ich bin praktisch und realistisch.
- o Ich fühle mich oft schuldig, wenn ich mich ausruhe.
- o Ich fürchte mich vor der Kritik und dem Urteil anderer.
- o Es gibt für mich entweder nur richtig oder falsch.
- o Ich vergleiche mich immer schnell mit anderen.
- o Man kann sich meistens wirklich auf mich verlassen.
- o Details sind für mich sehr wichtig.
- o Ich denke nicht oft über meine eigenen Bedürfnisse nach.
- o Ich neige zu vergleichendem Denken (gut/schlecht; richtig/falsch etc.).
- o Ich achte die Selbstständigkeit von Menschen und dränge mich ihnen nicht auf.
- o Ich bin zurückhaltend beim ersten Kontakt.
- o Ich habe eigentlich immer das Gefühl, dass ich Recht habe.
- o Spontaneität fällt mir sehr schwer.
- o Ich achte sehr auf grammatische und orthographische Genauigkeit.
- o Wenn ich nicht genug schaffe, fühle ich mich schuldig.
- o Ich habe hohe Ideale.
- o Ich lege Wert darauf, mich korrekt zu verhalten und auszusehen.
- o Ich überlege mir Anschaffungen sehr genau.
- o Wahrheit und Gerechtigkeit sind mir sehr wichtig.
- o Ich mache mir sehr oft Sorgen.
- o Es ist nicht gut und richtig, Zorn zu empfinden.
- o Ich möchte meine Arbeit so gut wie möglich machen.
- o Ich habe große Angst, Fehler zu machen.
- o Ich kann nur schwer verzeihen.
- o Ich trage gern meine beste Kleidung.

Punktzahl: ______

Enneagramm-Diagnose-Test: Enneatyp 2

2

- o Meine Verwandten und Freunde brauchen mich.
- o Ich bin nicht sicher, wer ich wirklich bin.
- o Persönliche Freiheit ist mir sehr wichtig.
- o Ich finde es gut, wenn man mich um Rat fragt.
- o Ich möchte anziehend wirken, aber keinen Sex haben.
- o Ich erwarte für meine Hilfe eine Gegenleistung.
- o Es ist aufregend, die Liebe eines Menschen zu gewinnen.
- o Ich passe mich dem Menschen an, mit dem ich gerade zusammen bin.
- o Es ist schwer, unabhängig von anderen zu handeln.
- o Ich erwarte für meine Hilfe eine Gegenleistung.
- o Es ist aufregend, die Liebe eines Menschen zu gewinnen.
- o Ich bin verletzt, wenn ich nicht die Nähe bekomme, die ich benötige.
- o Ich wünsche mir Anerkennung und Bestätigung.
- o Ich stelle hohe Erwartungen an Freunde.
- o Ich drücke menschliche Nähe gern durch Körperkontakt aus.
- o Ich verberge meine Bedürfnisse vor anderen.
- o Ich bin nicht sicher, welche Bedürfnisse ich eigentlich habe.
- o Ich bin gern mit wichtigen oder bedeutenden Menschen zusammen.
- o Ich habe Angst, in mein Inneres hineinzuschauen.
- o Beziehungen zu anderen Menschen sind mir sehr wichtig.
- o Ich tue oft Dinge, um anderen zu gefallen.
- o Wenn ich anderen meine Bedürfnisse mitteilen würde, würde ich sicherlich zurückgewiesen.
- o Ich habe Angst, von anderen betrogen zu werden.
- o Ich fürchte Zurückweisung und nehme Zurücksetzungen persönlich.
- o Ich bin die starke Frau hinter dem erfolgreichen Mann.
- o Ich bin sehr stolz auf das, was ich Gutes tue.
- o Ich ertrage es nur schwer, wenn jemand böse auf mich ist.
- o Ich bin es oft leid, immer nur die Gebende zu sein.
- o Ich habe Angst vor echter Nähe und Intimität.
- o Ich bin leicht verletzt, wenn ich kritisiert werde.
- o Man schätzt mich nicht genug.

Punktzahl:

______

Enneagramm-Diagnose-Test: Enneatyp 3

3

- o Ich bin tüchtig und erfolgreich.
- o Ich bin leistungsorientiert.
- o Ich bin aktiv und dynamisch.
- o Ich vermeide Leerlaufzeiten oder Erholungsphasen.
- o Man liebt mich für meine Leistungen.
- o Ich weiß oft nicht, was ich fühle, ich arbeite hart.
- o Die Arbeit geht immer vor, vor allem vor persönliche Gefühle.
- o Mit ist wichtig, wie ich in der Öffentlichkeit wirke.
- o Ich verschwende nicht gern Zeit.
- o Ich tue gern mehrere Dinge auf einmal und bin multitaskingfähig.
- o Ich erreiche meine Ziele eigentlich immer.
- o Ich gebe gern die Regeln vor.
- o Ich kann mich gut nach außen hin verkaufen.
- o Ich stelle meine eigenen Leistungen übertrieben gut dar.
- o Ich erkenne instinktiv, wer für mich nützlich sein kann.
- o Ich bin sehr begeisterungsfähig.
- o Ich werde manchmal als täuschend oder emotional abwesend erlebt.
- o Ich handle spontan, ohne viel nachzudenken.
- o Ich neige zu Konkurrenz- und Wettbewerbsdenken.
- o Ich bin sehr zielstrebig und ehrgeizig, man liebt mich für meine Leistungen.
- o Ich kann Menschen leicht dazu bringen, mir zu vertrauen.
- o Ich beurteile Personen danach, ob sie meinen Zwecken dienen.
- o Ich sorge geschickt für die Unterhaltung in geselligen Situationen.
- o Finanzielle Sicherheit ist mehr recht wichtig.
- o Ich konzentriere mich immer auf das Positive.
- o Es ist mir wichtig, meine Arbeit zu schaffen.
- o Ich brauche viel Anerkennung und werde gern gelobt.
- o Ich spreche ungern über mein persönliches Leben.
- o Mein öffentliches Image ist mein wahres Ich.
- o Ich möchte, dass andere mich respektieren.
- o Ich hole das Beste aus den Menschen heraus.
- o Ich meide negative Menschen.

Punktzahl: ____

Enneagramm-Diagnose-Test: Enneatyp 4

4

- Ich muss selbst verstehen können.
- Ich koste das Gefühl des Schmerzes aus.
- Ich erlebe ständige Wechselbäder der Gefühle.
- Ich entscheide hauptsächlich nach meinen Gefühlen.
- Ich habe oft sehr melancholische Phasen.
- Oft habe ich ein eigenartiges Gefühl des Verlustes.
- Ich fühle mich gern traurig oder melancholisch.
- Dinge, die zu leicht zu bekommen sind, sind nicht so viel Wert.
- Ich schätze tiefgründige Beziehungen mit Niveau.
- Die Liebe (= der richtige Partner) wird mir das große Glück bringen.
- Ich bin anders als andere, ich gehöre nirgendwo hin.
- Ich erlebe mich selbst als herzlich und sensibel.
- Ich möchte, dass man meiner Seele auf den Grund kommt.
- Die Eigenheiten anderer Menschen ärgern mich.
- Ich möchte nicht sein wie alle, sondern etwas ganz Besonderes.
- Ich interessiere mich für auffällige, einzigartige Menschen.
- Ich freue mich über die Schönheit der Natur.
- Ich wünsche mir Intimität und Romantik in Liebesbeziehungen.
- Ich will oft mehr, als ich habe und mag nicht, wenn man mich kontrolliert.
- Ich achte darauf, dass andere integer und vertrauenswürdig sind.
- Ich konzentriere mich gedanklich und auch emotional auf die Vergangenheit oder die Zukunft, selten auf die Gegenwart.
- Ich bin sehr sensibel für die Gefühle anderer und verfüge über viel Empathie.
- Ich sehe oft mehr als das Negative als das Positive.
- Ich bin nicht von der Mode abhängig und doch modebewusst.
- Ich tendiere dazu, Mitmenschen in verwickelte Beziehungsdramen einzubeziehen, bin aber eine gute Stütze in einer Krise.
- Es verletzt mich, wenn man mich vergisst, nicht entsprechend beachtet oder gar kritisiert.
- Ich kann nur sehr schwer verzeihen und vergessen.
- Ich nehme es in Kauf, anzuecken.
- Niemand wird mich je verstehen können.

Punktzahl:

______

Enneagramm-Diagnose-Test: Enneatyp 5

5

- o Ich kann sehr gut auf Dinge verzichten.
- o Meine Freunde kennen sich einander nicht.
- o Selbstbeherrschung ist eine Tugend.
- o Ich habe Angst vor Intimität und zu heftigen Gefühlen.
- o Ich stelle manchmal das Telefon ab, um nicht gestört zu werden.
- o Es fällt mir oft schwer, andere um etwas zu bitten.
- o Ich mag keine allzu theatralischen Menschen und bin selbst eher nüchtern und sachlich orientiert.
- o Nur wenn ich allein bin, kann ich mich auch schon einmal meinen Gefühlen hingeben.
- o Ich teile mein Leben gedanklich in verschiedene Bereiche auf und liebe es, zu beobachten.
- o Ich bin gern mit Leuten zusammen, die sich in meinem Sachgebiet auch gut auskennen, mit denen ich dann fachsimpeln kann.
- o Ich möchte meine Lebensumstände am liebsten voraussehen und lebe zurückgezogen.
- o Ich liebe Systeme, die die verschiedenen Arbeitsweisen von Menschen analysieren.
- o Ich finde es toll, mich in meinem speziellen Sachgebiet auszukennen.
- o Ich bin lieber der stille Beobachter der Dinge, als dass ich mitmache.
- o Ich kann die Lebensvorgänge recht gut objektiv analysieren mit einer gewissen mentalen Distanz.
- o Ich bin eher ein Einzelgänger und engagiere mich nicht allzu gern.
- o Ich möchte immer wissen, was mich zukünftig erwartet.
- o Ich mag es nicht, wenn man zu viel Wirbel um mich als Person macht.
- o Manchmal beobachte ich mich selbst während des Tages.
- o Ich fühle mich manchmal anderen intellektuell überlegen.
- o Ich kann mich stundenlang meinen Interessen/Hobbys/Projekten widmen.
- o Ich würde lieber nicht zu der Party gehen.
- o Ich kann die Dinge am besten rückblickend genießen.
- o Ich weiß oft nicht, was ich fühle, wenn man mich fragt.

Punktzahl: ______

Enneagramm-Diagnose-Test: Enneatyp 6

6

- o Ich denke eher nach, als dass ich handle.
- o Ich vergesse sehr leicht die guten Zeiten.
- o Ich habe manchmal eine rebellische Ader und leiste oft innerlich Widerstand.
- o Führer haben möglicherweise Hintergedanken.
- o Wenn ich mich entschlossen habe, mich für eine Sache zu engagieren, dann bin ich dabei sehr loyal.
- o Ich fühle mich oft unsicher und mitunter verzweifelt.
- o Ich habe eine blühende Phantasie.
- o Ich hege oft ängstliche oder auch sorgenvolle Gedanken und rechne oft mit dem Schlimmsten.
- o Ich verhalte mich oft unangepasst und stelle gerne alles in Frage.
- o Ich bin voller Widersprüche.
- o Ich befürchte oft, dass sich meine Situation noch verschlimmern könnte.
- o Ich kann sehr wütend werden.
- o Ich akzeptiere keine Autoritäten (= kontraphobischer Typ 6).
- o Ich kann Gefahren ins Auge sehen.
- o Es fällt mir mitunter schwer, Projekte zu Ende zu führen.
- o Ich möchte gern immer alles richtig machen.
- o Ich betrachte die Welt als einen gefährlichen Ort.
- o Ich überlege lange, ob ich einen Konflikt anspreche.
- o Ich scheitere eher, als dass ich Erfolg habe.
- o Ich misstraue besonders Autoritäten.
- o Ich setze mich für Schwächere und Benachteiligte ein.
- o Ich zeige überhaupt nicht gern, dass ich zornig bin.
- o Ich setze mich gern für eine gute Sache ein.
- o Ich bin verantwortungs- und pflichtbewusst.
- o Ich verliere häufig mein Selbstvertrauen und bin recht selbstkritisch.
- o Ich verhalte mich oft bestimmt und direkt.
- o Es bin intelligent, humorvoll und geistreich.
- o Ich verhalte mich loyal gegenüber Autoritäten.
- o Ich registriere intuitiv atmosphärische Stimmungen.

Punktzahl: ______

Enneagramm-Diagnose-Test: Enneatyp 7

7

- Ich mag Unterhaltung, Spaß und Vergnügen.
- Ich bin eigentlich ein glücklicher Mensch.
- Ich habe nicht gern Langeweile, bin spaßorientiert.
- Ich kann mich gut aus einer Sache herausreden.
- Ich kann nicht gut mit depressiven Menschen umgehen.
- Ich bin schnelllebig und brauche immer Abwechslung.
- Ich ziehe Vergnügung und Spaß der harten Arbeit vor.
- Ich bin ein hoffnungsloser Optimist und schmiede gerne Pläne.
- Ich bin vielseitig begabt und interessiert.
- Ich bin kein guter Zuhörer.
- Ich bekomme in aller Regel, was ich will und gönne mir gern etwas.
- Ich halte mir gern alle Möglichkeiten offen.
- Ich habe nicht viele Probleme und nehme das Leben leicht.
- Ich bin gern mit Menschen zusammen, weil ich ein geselliger Mensch bin.
- Ich verdränge gern unangenehme Dinge und bin ein „Schmerzflüchter".
- Ich möchte das Beste aus dem Leben herausholen.
- Ich mag es gern leicht und denke nicht zu viel über das Leben nach.
- Ich bin gern mit geistreichen und witzigen Menschenzusammen.
- Durch positives Denken löst man viele Probleme.
- Ich komme schneller über Verluste hinweg als andere.
- Ich habe hohe Ideale und bin positiv ausgerichtet.
- Ich mag nicht so gern Verpflichtungen und Pflichten.
- Ich möchte mich engagieren und gleichzeitig meine Freiheit und Unabhängigkeit bewahren.
- Ich lasse mich aufgrund mangelnder Fokussierung leicht ablenken.
- Ich habe oft mehrere Projekte gleichzeitig am laufen.
- Ich mache auch gern einmal Späße und bin lustig.
- „Don`t worry, be happy" ist mein Lebensmotto.
- Man sollte sich das Leben nicht zu schwer machen.
- Ich vergesse unangenehme Ereignisse relativ rasch.
- Ich bin manchmal unersättlich und anfällig für Süchte.
- Ich sage offen meine Meinung.

Punktzahl: ______

Enneagramm-Diagnose-Test: Enneatyp 8

8

- o Ich trage gern die Verantwortung.
- o Ich verfüge über viel Energie und Stärke.
- o Ich traue anderen keine Verantwortung zu.
- o Gerechtigkeit ist mir wichtig.
- o Ich tue oft Dinge mit großem Einsatz, voller Power.
- o Ich bin manchmal aggressiv, wütend oder schnell ärgerlich.
- o Ich respektiere Menschen, die sich zu ihrer Meinung bekennen.
- o Es gibt nur eine richtige Meinung: meine.
- o Ich halte mit meiner Meinung nicht hinter dem Berg.
- o Ich kann sehr gut Entscheidungen treffen.
- o Ich arbeite hart und schaffe viel.
- o Wenn ich jemandem vertraue, macht mich das verletzlich.
- o Ich schaue, wem ich die Schuld zuschieben kann.
- o Schuldige sollten bestraft werden.
- o Ich verhalte mich häufig nonkonformistisch.
- o Ich bin machtorientiert, durchsetzungsstark und agiere kämpferisch.
- o In einer Gruppe verhalte ich mich eher als Beobachter.
- o Ich habe gern die Entscheidungsmacht und kann andere Menschen gut führen und leiten!
- o Ich lebe eher exzessiv, das Normalmaß übersteigend.
- o Ich neige dazu, Regeln zu brechen. Kompromiss? Was soll das sein?
- o Ich verteidige die Schwachen; beschütze Menschen, die mir nahe stehen.
- o Ich langweile mich, wenn es keine Konflikte oder Anregungen gibt.
- o Ich werde leicht wütend, möchte die Kontrolle und kann Streitsituationen gut aushalten. Ich kann allgemein gut mit Zorn umgehen.
- o Ich kann mich sehr unverblümt und deutlich ausdrücken.
- o Ich mag keine Vorspiegelung falscher Tatsachen.
- o Ich benutze Zorn und Sex, um Menschen nahe zu kommen.
- o Ich hasse es, abhängig und unselbstständig zu sein.
- o Ich sehe alles schwarz oder weiß.
- o Ich habe gern Klarheit und bin direkt im Umgang.
- o Ich trete selbstbewusst und raumgreifend auf.

Punktzahl:

______

Enneagramm-Diagnose-Test: Enneatyp 9

9

- o Ich schiebe wichtige Dinge bis zuletzt auf.
- o Es fällt mir schwer, „nein" zu sagen.
- o Freunde sagen, ich sei oft ein wenig zerstreut.
- o Die Vergangenheit ist sehr real für mich.
- o Ich möchte von anderen geschätzt und gewürdigt werden.
- o Ich kann sehr gut die Gefühle anderer nachempfinden.
- o Ich zeige nur sehr ungern meinen Zorn, oft empfinde ich ihn überhaupt nicht bewusst.
- o Ich neige dazu, Wut zurückzuhalten, die erst später deplaziert herausbricht.
- o Manchmal geht bei mir nichts mehr, dann bin ich stur.
- o Wenn ich meine Meinung sage, dann wird mich der andere verlassen.
- o Ich kann Stunden mit unwichtigen Dingen verbringen.
- o Es fällt mir schwer zu wissen, was ich wirklich will.
- o Alle Enneatypen beschreiben mich im Grunde.
- o Ich kann alle Seiten eines Problems sehen; ich nehme alles „gleich wichtig".
- o Ich fühle mich eins mit anderen Menschen und der Natur.
- o Es fällt mir recht schwer, Entscheidungen zu treffen; ich weiß oft gar nicht, was ich will.
- o Ich halte mich gern an vertraute Routine und alte Gewohnheiten.
- o Ich vermeide, eigene Positionen, Wünsche und Gefühle zu spüren
- o Ich schließe mich oft den Vorschlägen anderer an.
- o Ich verteidige nicht oft meinen Standpunkt; lasse anderen gern den Vortritt.
- o Andere Menschen haben eine festere Meinung als ich.
- o Ich möchte oft die Regeln brechen.
- o Ich bin einfach gern mit Menschen zusammen.
- o Ich denke oft an viele Dinge auf einmal und bin ein Sammler.
- o Es fällt mir schwer, eine Arbeit anzufangen.
- o Ich unterstütze gern andere Menschen.
- o Ich stelle eigene Bedürfnisse als unwichtig zurück.
- o Ich muss mich oft zu Dingen aufraffen.
- o Ich bin ein friedliebender Zeitgenosse.
- o Ich nehme mich tendenziell nicht so wichtig.

Punktzahl:

____

Zu guter Letzt

Jeder Mensch ist in gewisser Hinsicht ...

gleich *keinem* anderen Menschen (an der Oberfläche seiner Lebensumstände im Sinne der äußeren Welt der menschlichen Erscheinungen),

gleich *einigen* anderen Menschen (aus der Sicht der 9 Enneatypen im Sinne seiner essenziellen Natur),

gleich *allen* anderen Menschen (als göttliches Wesen an sich in der Tiefe des Seins im Sinne der Einheit des Lebens selbst).

Detlef Rathmer

Weitere Werke des Autors

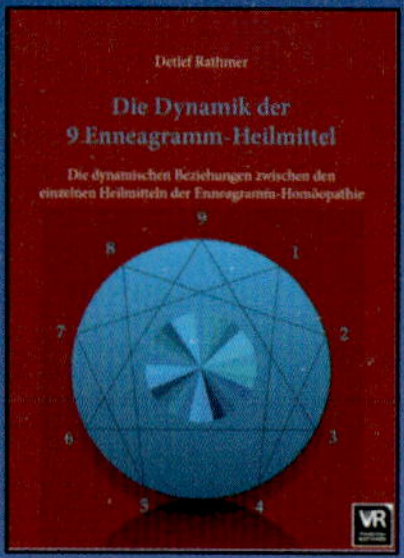

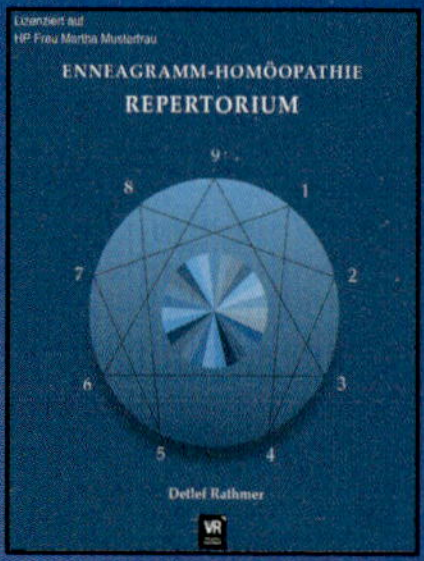

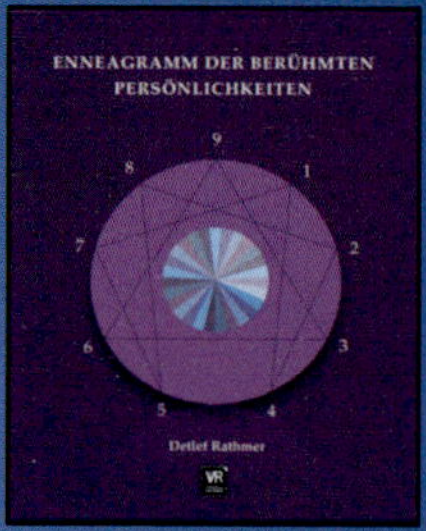

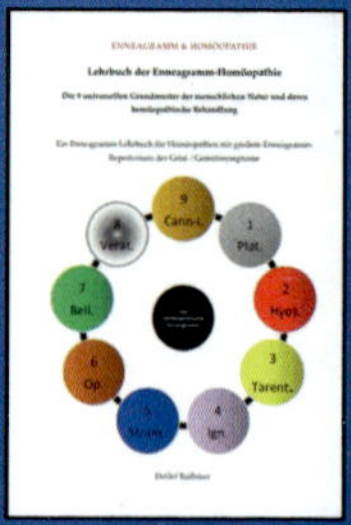

Ausführliche Informationen zu den Büchern unter

www.verlagshaus-rathmer.com